U0928650

商业模式创新理论与实践系列

Business Model Innovation:
Perspective on Cloud Computing Enterprise

商业模式创新

云计算企业的视角

孟　鹰　余来文　封智勇　著

经济管理出版社
ECONOMY & MANAGEMENT PUBLISHING HOUSE

图书在版编目（CIP）数据

商业模式创新：云计算企业的视角/孟鹰，余来文，封智勇著. —北京：经济管理出版社，2014.5

ISBN 978-7-5096-3103-4

Ⅰ. ①商… Ⅱ. ①孟… ②余… ③封… Ⅲ. ①计算机网络—商业模式 Ⅳ. ①F713.36

中国版本图书馆 CIP 数据核字（2014）第 088960 号

组稿编辑：申桂萍
责任编辑：申桂萍　丁慧敏
责任印制：黄章平
责任校对：张　青

出版发行：经济管理出版社
　　　　　（北京市海淀区北蜂窝 8 号中雅大厦 A 座 11 层　100038）
网　　址：www. E-mp. com. cn
电　　话：(010) 51915602
印　　刷：三河市延风印装厂
经　　销：新华书店
开　　本：720mm×1000mm/16
印　　张：14.5
字　　数：244 千字
版　　次：2014 年 7 月第 1 版　2014 年 7 月第 1 次印刷
书　　号：ISBN 978-7-5096-3103-4
定　　价：45.00 元

前 言
PREFACE

继计算机、互联网之后，云计算这一革命性的IT浪潮已悄然袭来。作为未来IT发展的方向，云计算逐渐成为信息技术（IT）发展的趋势，并将带动IT产业的深刻变革。云计算产业也日益成为IT产业的重要组成部分。可以说，云计算在全球掀起了一场云革命。一方面，云计算已经得到了各国政府的青睐和支持，有些国家甚至将“云计算”上升到国家战略层面。各国政府不仅视云计算为国家软件产业发展的重要机遇，有些国家还专门将云计算纳入战略性产业，为其制定了长期发展战略，部署国家级云计算基础设施。由此可见，政府对于云计算的热衷溢于言表。另一方面，谷歌（Google）、卓越亚马逊（Amazon）、国际商用机器公司（IBM）等国际知名企业都纷纷进入云计算领域，并成为云计算在企业应用最主要的推动者和实践者。可以说，“云计算”的技术概念最早是由IT业内公司提出的，后来得到了IT行业的一致认同。但云计算在企业的广泛应用已经远远超出了IT行业，并日渐形成了规模实力和技术能力都极其强大的云计算产业。

为此，本书以云计算企业为研究对象，以商业模式创新为研究视角，对云计算企业商业模式创新展开实证和案例研究，以期探索出适合我国云计算企业发展的创新商业模式。为此，本书以我国深圳、北京、上海等地的有代表性的云计算试点企业为调研对象，展开了问卷调研和实证分析，在此基础上，构建了云计算企业商业模式创新的理论模型。不仅如此，本书还对国内四家比较有特色且具有代表性的本土云计算企业，包括深圳的天威视讯、金蝶软件、卓望数码和上海贝岭分别进行了案例研究，分析每家公司是如何从原有的商业模式向云计算商业模式转型的，同时进一步验证之前所构建的云计算企业商业模式创新的“5+1”模型。具体框架如下：第一章，绪论。主要介绍本书的研究背景、研究意义、研究方法与结构、本书的创新点以及相关概念。第二章，企业商业模式创新的理论回顾与展望。本书在总结前人学者研究成果的基础上，将国内外关于企业商业模式及其创新的相关理论进行了回顾与评析。第三章，云计算企业商业模式创新的理论模型和实证研究。对云计算企业商业模式创新展开问卷调研和实证分析，在此基础上，拟构建云计算企业商业模式创新模型。第四章，云计算企业商业模式创新的案例研究。针对深圳的天威视讯、金蝶软件、卓望数码、上海贝岭等企业展开案例研究，分析这些企业是如何从原有商业模式向云计算企业商业模式创新的。第五章，云计算企业商业模式创新实施路径与政策建议。第六章，结论与展望。包括基本结论、创新点、不足之处以及后续研究。

此外，本书还运用文献研究、规范研究与实证研究相结合、SPSS17.0统计分析、案例研究、综合分析与归纳相结合等研究方法，按照提出问题、分析问题和解决问题的研究思路，通过采用实证研究和案例分析相结合的方式，对云计算企业商业模式创新的构成要素展开探索式研究，并形成以下结论：云计算企业商业模式创新模型由六大因素构成，包括价值创造、资源整合能力、盈利模式、组织能力、行业选择与定位和资本运作。这些因素都直接影响着云计算企业的商业模式创新。在云计算企业商业模式创新模型中，组织能力、盈利模式、资源整合能力这三个因素共同构成了云计算企业发展的内部动力，而行业选择与定位和资本运作则是云计算企业发展必不可少的外部因素。云计算企业发展的内、外部因素共同作用于价值创造。可以说，正是基于这六大构成要素之间的相互配合，也就构造了如今走向成功的云计算企业商业模式创新的“5+1”模型。

总之，云计算企业商业模式本身就是一种商业模式的创新。通过实证研究和案例研究相结合，两者同时验证了本书所提出的云计算企业商业模式创新的“5+1”模型，即由相互独立且又相互关联的六个因素共同作用。通过对本土云计算企业商业模式创新研究，旨在探讨适合我国云计算企业的创新商业模式，进而对云计算企业未来发展提供借鉴和参考。应该说，该研究具有很高的理论价值和现实意义。

目　录

CONTENTS

第一章　绪　论

云计算（Cloud Computing）从提出时广受质疑发展到如今备受企业、社会的关注和推进，不过短短几年时间。似乎云计算一下子涌进了大众的视野，大街上、电视杂志上，关于电脑以及手机等科技通信产品很多都打上了云计算的烙印。根据电子发烧友网的调查，对于相当一部分群体来说，并没有很明确的云计算概念，只知道流行于当下，是一个颇为新潮的概念。另外，云计算的快速发展不仅预示该项技术拥有美好的应用前景，还表明该项技术可以带来经济之外更多的收益。为了在未来云计算所改变的互联网新商业应用模式中赢得主动权及占领市场主导地位，具有云计算发展资源的企业已经在整合资料的基础上，不断推出相应服务应用，引导构建云计算商业应用模式；为了应对数据量的不断增长，数据依赖性很高的企业已经开始布局自己的云计算网络。此外，具有节能减排、高经济社会价值的云计算也吸引了政府的极大关注，并以不同的方式积极推动云计算技术和云计算产业的发展。

第一节 研究背景

进入 21 世纪，我们迎来了第三次信息产业革命，“云计算”正向我们走来。自 Google 公司 CEO 埃里克·施密特于 2006 年 8 月在搜索引擎大会上首次提出

“云计算”概念以来，在全球各大 IT 巨头的努力推动下，最近几年，云计算在全球获得飞速发展，日益成为信息化建设领域的一大热点和未来趋势。可以说，云计算是继计算机、互联网变革之后的第三次 IT 浪潮（见图 1-1）。

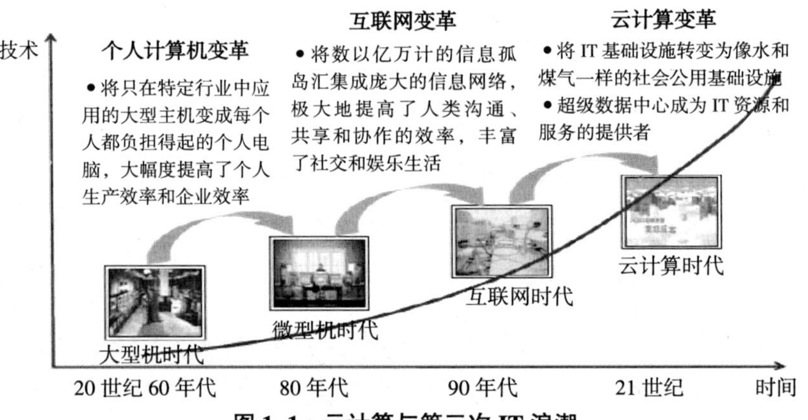

图 1-1　云计算与第三次 IT 浪潮

云计算的概念早在 20 世纪 80 年代就已出现。当时美国著名商业服务器解决方案公司太阳电脑（Sun Microsystems）提出“网络就是一台电脑”（The Network is the Computer）。伴随着个人电脑和互联网的广泛普及，席卷全球的信息科技给人类的生产和生活带来了深刻的变革。正是在这种背景下，“云计算”也应运而生，并成为近年来互联网领域的一大热点。自从 2006 年 Google 提出云计算这一概念以来，云计算可谓掀起了一场“云”的革命：无论是微软、SAP、IBM 等国际知名的软件业巨头，还是 Salesforce 等软件即服务厂商的先行者，都陆续推出了基于云计算技术的产品和服务。正如已故的苹果公司前任首席运行官乔布斯在 2011 年的 iPad2 发布会上就说过：“跟 PC 说再见了，该制造云终端了！”其后，乔布斯再次向世人宣告：“云”时代已经来临。

云计算是一种集高速网络连接能力和强大网络计算能力于一身的全新技术，作为未来计算机和网络技术的发展方向，云计算逐渐成为 IT 发展的趋势，并将带动 IT 产业的深刻变革。可以说，云计算产业日益成为全球 IT 产业的重要组成部分。当前云计算已经开始逐渐由概念转变成为各信息技术企业重点关注甚至付诸实施的重点，成为信息技术产业新的发展领域。

一、云计算的概念界定

作为当今炙手可热的IT流行词，云计算似乎成为高新信息技术的代名词。同时，广泛应用的云计算，已开始融入我们的日常生活。对于云计算概念，我们还一知半解，有点云里雾里的感觉，那么究竟什么是云计算呢？云计算概念的由来与互联网有着不解之缘。云计算中所指的“云”，其实就是一个对于互联网的形象化比喻。我们经常用一朵云来描绘互联网，而基于互联网的新兴计算方式，自然就产生了云计算这一全新概念。因此，云计算可理解为将“共享计算”这种革命性技术从本地计算机网络转移到互联网上的一种更为形象的描述。

在个人计算机时代，用户发现计算机越来越多，期望计算机之间能够相互通信，实现互联互通，由此，实现计算机互联互通的互联网概念出现。技术人员按照互联网的概念设计出目前的计算机网络系统，允许不同硬件平台、不同软件平台的计算机上运行的程序相互之间能够交换数据。思科等企业专注于提供互联网核心技术和设备，成为IT行业的巨头。在互联网时代，信息越来越多，形成了一个信息爆炸的信息时代。2006年底，全球数字信息的总量达到161EB（1EB等于10的18次方字节），相当于已出版书籍量的300万倍，而且还在不断增加。截至2013年12月，我国网站总数达320万个，较2012年同期增长了19.4%。而中国网页数量为1500亿个，较2012年同期增长了22.2%。如此大规模的数据，使得用户在获取有用信息的时候存在极大的障碍，如同大海捞针。类似的，互联网上所连接的大量的计算机设备提供超大规模的IT能力（包括计算、存储、带宽、数据处理、软件服务等），用户也难以便利地获得这些IT能力。由此产生了在互联网上直接面向用户需要，提供用户需要的服务的需求，从而形成了云计算的概念。

Leonard Kleinrock早在1969年就提出了云计算的概念，随着计算机网络的发展壮大，效用计算的扩展，就像电和电话一样，它将服务每个单独的家庭和办公室。而云计算的第一个学术定义是Ramnath K.Chellepa于1997年给出的，计算的边界可以不是技术局限，而是经济合理性。可以说，云计算就是基于互联网面向用户提供的一种个性化的计算服务，但由于各云计算提供商、研究机构、研究专家从不同的研究视角加以界定，到目前为止，云计算还未形成一个统一公认的定义。

作为云计算提供商的杰出代表，Google 认为，云计算就是以公开的标准和服务为基础，以互联网为中心，提供安全、快速、便捷的存储和网络计算服务，让互联网这片云成为每一个网民的数据中心和计算中心。IBM 公司在《“智慧的地球”——IBM 云计算 2.0》中，对于云计算概念的界定为：“云计算是一种计算模式，在这种模式中，应用、数据和 IT 资源会以服务的方式通过网络提供给用户使用；同时，云计算是一种基础架构管理方法论，即大量的计算资源组合成 IT 资源池，用于动态创建高度虚拟化的资源以供用户使用。”由此可见，IBM 公司实质上是将云计算视作一个虚拟化的计算机资源池，一种新的 IT 资源提供模式。

有关云计算的研究机构更是比比皆是。美国加州大学伯克利分校（2009）在《云之上：伯克利眼中的云计算》一文指出：“云计算是互联网上的应用服务及在数据中心提供这些服务的软硬件设施，互联网上的应用服务一直被称作‘软件即服务’（SaaS），而数据中心的软硬件设施就是所谓的‘云’。”美国国家标准技术研究所（NIST）在《NIST 的云计算定义》一文中指出，云计算是一种对 IT 资源的使用模式，它是通过网络以便利的、按需付费的方式从可配置资源共享池中获取所需的资源（如网络、服务器、存储、应用和服务），这些资源以最省力和无人干预的方式获取和释放。市场研究机构 Forrester Research 将云计算定义为：云计算是信息技术（如基于互联网的服务和软件，信息技术设施等）的一种标准化形式，它由服务提供商所提供，使用者根据自己实际的需要使用任何一台接入互联网的计算机，通过互联网协议进行访问。它采用“使用付费”或者“基于广告”的收费形式，有基于网络或可编程的控制接口，来满足用户完全的自助服务。另一家市场研究机构 Gartner 则把云计算定义为：一种计算的方式，在这种方式下，大规模的、可以扩展的、与信息技术相关的功能和信息通过互联网提供给众多外部客户；同时，客户不需要关心他们所使用的这些服务的实现方式，而只着眼于这些服务如何满足他们业务的需求。

许多研究专家更是热衷于对云计算的研究，并从不同的角度对云计算加以定义。国外很多学者都以自己的视角对云计算进行过定义。基于对这些定义的分析和云计算的理解，Ian Foster 将云计算定义为，一个由规模经济驱动的大型分布式计算模型，在该模型中，抽象的、虚拟化的、动态可伸缩的并可管理的计算资源、存储资源、平台和服务构成了一个资源池。资源池中的资源通过互联网，按需提供给池外的用户。不仅如此，国内学者更是从多个维度加以界定，如资源池、计算模式、服务、商业计算模式、技术方法论等。为便于将云计算看得更清楚、更透彻，我们对国内外有关云计算的定义加以汇总，如表 1-1 所示。

表 1-1 云计算定义汇总表

角度	学者或机构	定 义
资源池、数据或计算中心	胡惠、王辉	云计算可以将巨大的系统池连接在一起以提供各种 IT 服务
	Google	云计算就是以公开的标准和服务为基础，以互联网为中心，提供安全、快速、便捷的存储和网络计算服务，让互联网这片云成为每一个网民的数据中心和计算中心
	沈昌祥	云计算是一种运营模式，是把 IT 资源、数据和应用作为服务通过网络提供给用户
	加州大学伯克利分校	云计算包含互联网上的应用服务及在数据中心提供这些服务的软硬件设施
	美国国家标准技术研究所	云计算是一种模型，该模型支持用户随时随地便捷地按需访问一个共享的、可配置的资源池
	中国云计算专委会	通过整合、管理、调配分布在网络各处的计算资源，并以统一的界面同时向大量用户提供服务、借助云计算，网络服务者可以瞬息之间处理数以千万计甚至亿万计的信息，实现和超级计算机同样强大的效能
计算模式	王维栋、孙伟、季统凯	云计算是一种计算模式，它实现了对共享可配置计算资源方便、按需访问；这些资源可以通过较小的管理代价或服务提供者的交互被快速地准备和释放
	张建勋、古志民、郑超	云计算系统是以付费使用的形式向用户提供各种服务的分布式计算系统，系统对用户来讲是透明的，其本质是对虚拟化的计算和存储资源池进行动态部署、动态分配/重分配、实时监控的系统
服务	李兰	云计算是将 IT 相关的能力以服务的方式提供给用户
	贾海燕	云计算是一种基于 Web 的服务，目的是让用户只需要为自己需求的功能付费，同时清除硬件、软件、专业技能方面的花费
	龚强	由许多台计算机和服务器组成的通过互联网实现的网络服务
	Reuven Cohen	云计算是一种基于 Web 的服务，目的是让用户只为自己需要的功能付钱，同时消除传统软件在硬件、软件和专业技能方面的投资
商业计算模式	李桂银、刘鹏	云计算是一种商业模型，它将计算任务分布在大量计算结构构成的资源池上，使用户能够按需获取计算力、存储空间和信息服务
	张纪元	云计算是由分布式计算、并行处理、网格计算发展而来的一种新兴的商业计算模型
技术及方法论	黄晓庆	云计算是一种利用大规模低成本运算单元通过 IP 网络连接，以提供各种计算服务的 IT 技术
	刘俊生	云计算事实上是一种方法论、一套控制模式、一种建立在新技术资源上的数据整合能力和分析能力

综上所述，对云计算概念的定义可谓是智者见智、仁者见仁，还不能一言以概之。作者认为，云计算是集合用户所需资源于一身并能通过互联网提供即时即需计算服务的一种技术服务模式。另外，云计算定义虽然纷繁众多，但是从云计算定义而衍生的应用有着统一的划分。不同的云计算种类是由于划分标准不同而形成的，但是主要形式并没有变化。具体如下：

第一，根据云计算的概念，云计算包含两层：云平台和云服务（见图 1-2）。云平台是基于硬件的服务，提供计算、网络和存储能力。即用户不需要为了跟上软件而更换硬件设施，只需通过云平台即可实现所用数据处理的要求。对于企业来说，不用再为存储海量数据而不停更换服务器、内存等。Google App Engine 就是一个典型的云平台，它为用户构建了这样一个平台，用户可以通过这个平台将自己开发的软件和应用放在上面分享，而对于这些软件和应用的管理就由平台来处理。云服务则是指基于抽象的底层基础设施且可以弹性扩展的服务，它不一定基于云平台，但它为用户提供可以直接使用的服务。例如，Saleforce.com 的 CRM 软件只需上网，在线使用就可以搞定复杂的客户管理工作。云服务就是为用户提供便捷快速的计算服务。

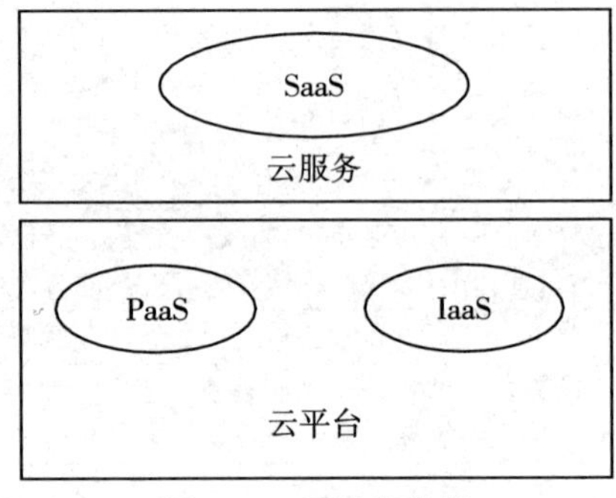

图 1-2　云计算分类

第二，依据服务类型，云计算便可划分为基础架构即服务（Infrastructure as a Service，IaaS）、平台即服务（Platform as a Service，PaaS）、软件即服务（Software as a Service，SaaS）等（见图 1-2）。基础架构即服务是以服务的方式提供虚拟硬件资源，如虚拟主机/存储/网络/数据库管理等资源。用户无须购买服务器、网络设备、存储设备，只需通过互联网搭建自己的应用系统。例如，只要能访问互联网就能使用 Amazon Web Service，通过程序访问亚马逊的计算基础设施，

AWS 提供存储、计算、消息传递等服务。平台即服务提供应用服务引擎，如互联网应用编程接口/运行平台等，用户基于该应用服务引擎可以构建应用。例如，Force.com 是 Saleforce.com 推出的一组集成的工具和应用程序服务，在这个平台上运行的业务软件超过 80000 个。软件即服务是指用户通过 Internet 来使用软件，即用户不用购买软件，只需从互联网上租用。Google Docs 就是典型代表，用户编写文档不需要存放在电脑中，也不需要担心忘了拷贝而不能修改，只需上网就可以管理自己的文档。

第三，依据是否公开发布服务，云计算分为公有云、混合云和私有云。公有云和私有云之间在技术上并没有差异，只是私有云仅限于企业、政府等对私密性要求高的组织自己运营并使用的云平台，而公有云可以使用第三方运营的云平台服务而已。

二、国外云计算的发展

据工业和信息化部电信研究院发布的《云计算白皮书》（2012）显示，2011 年全球云计算服务规模约为 900 亿美元，其中，美国云服务市场规模约占全球的 60%，而欧洲云服务约占 24.7%，日本云服务约占 10%。我国的云计算服务市场规模仅占全球 ICT 市场总量的 1/40，但近年来增长尤为迅猛，未来几年的年均增长率预计将超过 20%。据有关部门预测数据，全球云计算服务市场规模 2015 年预计将达到 1768 亿美元，可见，云计算发展空间十分广阔。一方面，少不了各国政府不遗余力的政策扶持；另一方面，自然也离不开世界各大 IT 企业的关注和推动。各国政府也纷纷将云计算服务视为国家软件产业发展的机遇，甚至有些国家将“云计算”上升到国家战略层面。发达国家和地区纷纷将云计算纳入战略性产业范围，从政策、标准、政府应用等方面制定了长期发展战略，部分国家已开始部署国家级云计算基础设施。与此同时，云计算技术是 IT 产业界的一场技术革命，已经成为 IT 行业未来发展的方向。“云计算”的技术概念最早是由 IT 业内公司提出的，后来得到了 IT 行业的一致认同。国际知名 IT 企业把云计算作为引领下一轮信息技术创新的重要产业机遇，纷纷投入巨资进行前沿技术研发和标准研究，希望在云计算领域占据主导地位。

美国是“云计算”概念的发源地，也是云计算市场发展最快、规模最大的国家。一方面，美国拥有一批具有云计算技术并推广应用的企业，包括 Amazon、Google、IBM、Microsoft 和 Yahoo 等 IT 巨头都是全球云计算的先行者；另一方面，美国政府机构都在大力推行云服务或构建云计划。例如，2009 年，美国奥巴马政府宣布了一项影响深远的长期性云计算政策——联邦政府的云计算年发展计划。对此，2009 年 9 月 15 日，美国政府开通了联邦 apps.gov 官方网站，并利用它宣传云计算理念，推广云计算应用。2010 年 12 月，联邦政府还宣布了“云优先”（Cloud First）政策，规定所有新建的政府信息系统，必须优先考虑云平台。2011 年，美国国家标准与技术研究院先后发布云计算标准路线图和技术路线图，进一步明确云计算作为国家战略的发展路径。2011 年 2 月，白宫正式发布了《云战略》，并规定，各个国家部委必须确定 3 个可以推向云平台的系统，并在年内至少完成一个。此外，奥巴马还在工业界和学术界聘请了 71 名专家，成立了“云”委会，帮助政府普及“云”知识、制定“云”政策、推动“云”部署，并发布了《公共机构云计算纲要》，对政府如何实施云计算提出了具体的标准和方案。不仅如此，美国联邦政府 2012 年财政预算显示，在联邦政府每年 800 亿美元的 IT 项目支出中，25%的份额（约 200 亿美元）用于云计算。美国联邦政府各部门必须在 18 个月内做出本部门完成云计算迁移的具体部署。美国联邦政府准备在 3 年内建立若干大型云计算中心，向各联邦政府部门提供云服务，已大幅节省联邦政府的财政预算。这些举措都能看见美国政府的野心，借助云计算确保其在全球保持领先优势，同时这些举措又极大地推进云计算产业的发展。

作为云计算的追随者，欧洲在优先发展云计算基础设施上仅次于美国，由于对数据的安全性和隐私性要求比较严格，对云计算的应用采用审慎的态度。越来越多的欧洲中央政府、地方政府、医院等机构采用云计算服务，世界各大知名 IT 商也纷纷在欧洲设立数据中心、云计算中心。其中，欧盟制定了第七框架计划（FP7），该框架计划为期 7 年（2007~2013 年），总预算 500 多亿欧元。FP7 为若干个云计算项目提供资金支持，并组织专家为云计算的研究方向制定框架；在 2011 年工作计划中，云计算成为其重要的研究主题，包括：基础设施虚拟化与跨平台执行技术；不同云计算环境的互操作性；对移动情景感和雇用的无缝支持云计算软件与服务的能效与可持续性；支持计算与网络环境集成的架构与技术；云计算软件栈的开源执行等。2012 年 9 月，欧盟委员会宣布启动了一项开发欧洲云计算潜力的战略计划，加快扩大云计算的应用，并创造大量的就业机会。欧盟希望，到2020年，云计算能够在欧洲创造250万个新就业岗位，每年能够创造1600亿欧元的产值，即达到欧盟国民生产总值的1%。

在云计算领域，日本政府制定“霞关云计划”，并尝试建立一个全国范围的云计算基础设施，2011年还在北海道设立了云计算特区。不仅如此，日本政府还发布了云计算与国家竞争力关系的报告。2010年8月16日，日本经济产业省发布了《云计算与日本竞争力研究》报告，并指出：通过开创基于云计算的新服务开拓全球市场，2020年前培育出累计规模超过40万亿日元的新市场。例如，在云计算平台上，基于传感器信息采集技术，挖掘新的需求、创造新的服务；通过扩大远程办公，提升生产力与工作参与度，实现GDP助长0.3%；通过在交通领域引进实时智能管控系统，改善能源使用效率，实现相当于1990年7%的CO_2减排。不仅如此，报告还指出，要从完善基础设施建设、改善制度、鼓励创新三方面推进云计算发展。云计算对日本来说是一个前景看好的领域，日本政府积极推进云计算发展，谋求利用云计算创造新的服务和产业，并为此推出了“有效利用IT、创造云计算新产业”的发展战略。

不仅如此，越来越多的企业认同并广泛应用了云计算技术，云计算在全球掀起一场云革命。自从Google提出云计算的概念以来，随着云概念的普及，无论是微软、SAP、IBM等国际知名的软件业巨头，还是Salesforce等软件即服务厂商的先行者，都陆续推出了基于云计算技术的产品和服务。不仅如此，这些国际IT巨头纷纷将云计算作为公司未来的主要战略方向。思科、惠普、戴尔、EMC等国际IT企业不仅成立了云计算部门，还相继发布了云计算战略。此外，这些IT巨头在云计算领域的并购也是风起云涌。例如，IBM收购Platform，戴尔收购Force10，微软收购Opalis，Verizon收购Terremark。可以说，正是这些IT巨头在云计算领域的集体发力，云计算大战已经打响。另外，国际IT企业开始抢滩中国市场，2013年7月，IBM与首都在线签署公有云长期战略合作协议，实现了公有云落地。2013年12月，联想成为中国首家微软Cloud OS战略合作伙伴。同一天，IBM还联手世纪互联，将IBM顶级的云计算基础架构服务SCE+正式引入中国。亚马逊AWS公有云服务在国内落地。2013年12月，亚马逊不仅推出了中国区域云计算平台服务，还宣布与光环新网和网宿科技达成合作。可以说，Google、Amazon、IBM等国际知名企业都纷纷进入云计算领域，并成为云计算在企业应用最主要的推动者和实践者（见图1-3）。

图 1-3 云计算在国外企业的应用

（1）Google。Google 是最早提倡和实践云计算技术的企业之一，当数最大的云计算使用者。Google 围绕互联网搜索创建了一种超动力商业模式。Google 的云计算技术实际上是针对 Google 特定的网络应用程序而定制的。经过多年的发展，Google 云计算技术日趋成熟，针对自身特点建立了一套极其有效的商业模式和产品、服务组合。Google 云计算技术基础架构主要由四个相互独立但又密切关联的部分组成，即分布式文件系统（Google File System，GFS）、Map Reduce 编程模式、分布式的锁机制 Chubby 和大规模分布式数据库 Big Table，如图 1-4 所示。

图 1-4 Google 云计算平台技术架构

2006 年，Google 推出了"Google101"计划。Google CEO 埃里克·施密特首次提出了"云计算"相关理论与概念。一直以来，互联网搜索业务是 Google 的核心业务。而 Google 云计算服务也是基于互联网提供服务。2008 年，Google 推出了 Google App Engine（GAE）网络应用平台。该平台是 Google 为网络应用程序开发人员提供的应用开发、测试和部署平台。Google 允许第三方通过 Google App Engine 运行大型并行应用程序。2009 年，Google 还发布了企业级的 Google App 作为核心的云计算产品，并加以推广。2012 年 6 月，Google 在 Google I/O 大会上推出云计算服务的“谷歌计算引擎”（Google Compute Engine），帮助其他公司利用 Google 的服务器运行应用及存储数据。可以说，Google 云计算已经覆盖了从个人用户到企业用户。作为全球最具影响力的高科技企业之一的 Google，正以一种先行者的姿态拥抱云计算时代。

（2）Amazon。Amazon 不仅是互联网最大的在线零售商，而且也为独立开发人员以及开发商提供云计算服务平台。Amazon 将自己的云计算平台称为弹性计算云（Amazon Elastic Compute Cloud，Amazon EC2），它是最早提供远程云计算平台服务的公司。用户可以通过弹性计算云的网络界面去操作在云计算平台上运行各实例，而付费方式则由用户的使用状况决定，即用户仅需要为自己所使用的计算平台实例付费，运行结束后计费也随之结束。这就是令 Amazon 拥有很好的声望和良好的按使用量收费（Pay Only for What You Use）的模型，如图 1-5 所示。

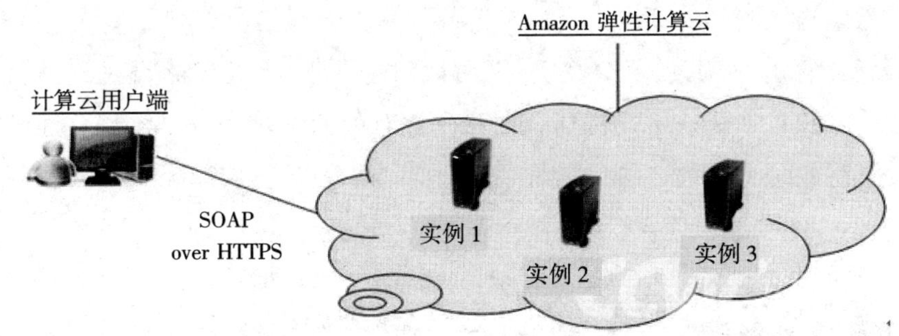

图 1-5 Amazon EC2（弹性计算云）模型

Amazon 2006 年就开始提供云计算服务，即亚马逊网络服务（Amazon Web-Services）。Amazon EC2 实际上是一个 Web 服务，通过它可以请求和使用云中大量的资源（换句话说，是由 Amazon 托管的资源）。EC2 提供从服务器到编程环境的所有东西。该服务逐步发展成四大核心服务，即简单存储服务、弹性计算云、简单排列服务以及尚处于测试阶段的 Simple DB。2009 年，Amazon 成为首批进军云计算新兴市场的厂商之一。2010 年 10 月，Amazon 还推出 Beta 测试版的虚拟私有云计划（VPC），并对该公司的 EC2 云计算用户开放这项服务。Amazon 成功推出 AWS 服务，成为全球公有云计算主导者。AWS 共提供 14 类 28 项服务，基础设施功能已经相当丰富，能满足构建超大互联网应用的大多数需求，并面向开发者提供的工具包、SDK、文档、社区和技术支持等服务。具体来看，大致可分为计算、存储、应用架构、特定应用、管理五大类。据 2012 年财报显示，Amazon2012 年营收为 610 亿美元，其中，AWS 业务营收达到 35 亿美元，并还将迅速增长。Amazon 创始人兼 CEO 杰夫·贝索斯认为，对于 AWS 业务发展，只要得到充分的发展时间，AWS 将可能成为亚马逊的最大业务。另外，据市场研究机构 Gartner 的数据显示，Amazon AWS 在公共云服务市场具有绝对的优势，它的规模是 Gartner 研究所涉及的其他 14 家公司总和的 5 倍多。

（3）IBM。作为最早提供云计算服务的 IT 企业，IBM 早在 2007 年 11 月就推出了蓝云计算平台。其中，“蓝云”基于 IBM Almaden 研究中心（Almaden Research Center）的云基础架构，包括 Xen 和 PowerVM 虚拟化、Linux 操作系统映像以及 Hadoop 文件系统与并行构建。“蓝云”由 IBM Tivoli 软件支持，通过管理服务器来确保基于需求的最佳性能。这包括通过能够跨越多服务器实时分配资源的软件，为客户带来一种无缝体验，加速性能并确保在最苛刻环境下的稳定性。IBM 蓝云产品架构如图 1-6 所示。IBM“蓝云”解决方案是由 IBM 云计算中心开发的企业级云计算解决方案，该解决方案可以对企业现有的基础架构进行整合，通过虚拟化技术和自动化技术，构建企业自己拥有的云计算中心，实现企业硬件资源和软件资源的统一管理、统一分配、统一部署、统一监控和统一备份。

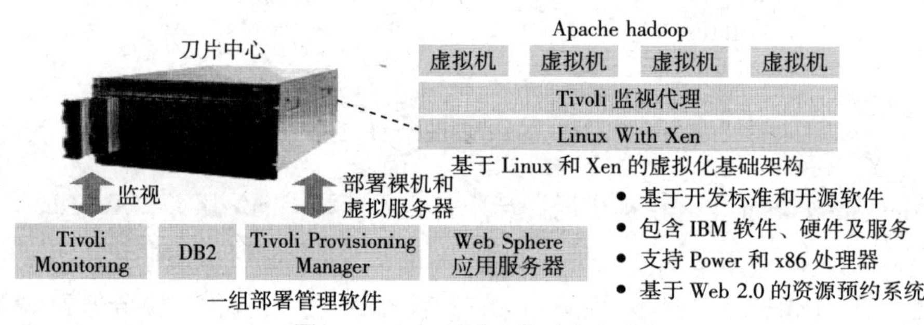

图 1-6 IBM “蓝云”产品架构

2007 年 11 月，IBM 推出了“蓝云”（Blue Cloud）计划。2008 年 4 月，IBM 推出了一种新型服务器 iDataPlex，用于满足那些使用 Web 2.0 类型的计算，并满足那些运营有数万台服务器的大型数据中心的公司在技术方面的需求，能够有效地将很多独立的计算机转变为一个共享资源池，也就是所谓的“云”。到 2008 年，IBM 在云计算领域的累计投入超过 10 亿美元。2009 年 1 月，IBM 总部新成立了专门负责云计算的 Enterprise Initiatives（EI）部门，它独立于 IBM 硬件、软件和服务部门，能整合 IBM 所有产品线来支持云计算。从 2009 年开始，IBM 开始加大投入云计算，计划投资200亿美元进行并购、开发云计算终端、推出网络软件等，摆出了一副志在必得的架势。2010年，IBM表示，收购Cast Iron Systems能大大扩展公司在云计算领域的业务，并且认为，未来几年，云计算市场将以28%的比例增长。2012年云计算市场有望实现1260亿美元的盈利。2013年7月，IBM与首都在线签署公有云长期战略合作协议，开启其在中国提供公有云服务的征程。

近年来，IBM一直致力于加速向云计算商业模式转型。IBM在IaaS、PaaS、SaaS三个层面都有方案推出，公有云、私有云、混合云一个不落。近两年来，IBM的“智慧”战略如火如荼，智慧地球、智慧城市、智慧通信、智慧医疗……一切都是智慧的，IBM智慧的云计算也是其智慧战略的重要组成部分，其云智慧正不断向云计算领域延深。

（4）Microsoft。作为云计算领域的后起之秀，Microsoft紧跟云计算步伐，于2008年10月推出了Windows Azure操作系统。Azure（译为“蓝天”）是继Windows取代DOS之后，Microsoft的又一次颠覆性转型——通过在互联网架构上打造新云计算平台，让Windows真正由PC延伸到“蓝天”上。Microsoft的Azure产品则直接瞄准Microsoft开发人员。云+端、软件+服务是对微软云计算的最佳诠释，其云计算平台Windows Azure被认为是Windows NT之后，16年来最重要的产品，关乎微软的未来。

微软服务器与工具总裁Satya Nadella于2012年9月14日在美国加州Anaheim举办的2011年分析师会议上披露了Microsoft 2012财年最新的云计算战略。他表示，微软服务器操作系统的下一代版本将命名为Windows Server 8，该产品将和System Center 2012一道全方位针对企业级用户进行云优化。而开发代码为“Denali”的下一代SQL Server数据库可以使ISV在SQL Server上的各种应用平滑地迁移到云上。Satya Nadella还表示，微软未来10年将致力于通过广而深的云计算平台去优化企业级用户的每项业务（Cloud Optimize Every Business），微软的公有云和私有云的平台和产品覆盖了身份管理、运维、虚拟化、应用和开发等深度应用。不仅如此，2013年12月18日，微软与联想签署合作，后者成为中国首家Microsoft Cloud OS的战略合作伙伴。联想将基于Microsoft Windows Server及Hyper-V、System Center和Windows Azure Pack向客户交付云服务解决方案，同时为客户提供自有数据中心部署和Windows Azure公有云平台之外的新选择。

此外还有 HP、AT&T、Salesforce、Sun、Vmware 以及 Cisco 等一批知名企业，前仆后继地进军云计算领域，推出了相应的云计算产品和服务，积极投身云计算的企业应用实践。据国外媒体报道，市场研究机构 IDC 与国际数据集团 IDG2011 年联合发布了一份云计算市场调查报告，报告显示，大多数企业信息主管认为，云计算将给企业 IT 支撑系统产生重大影响，与此同时，传统 IT 服务提供也将发生巨大改变。这份云计算市场调查报告有一些重要数据，值得引起我们足够的注意：超过 70%的受访者认为，到 2014 年，1/3 的 IT 组织将为其客户以及合作伙伴提供云计算服务；将近 80%的受访者认为，到 2015 年，云计算服务提供商和服务集成商将通过公有云平台提供各种服务；超过 80%的受访者认为，到 2014 年，财富 1000 强企业中将有 1/3 公司至少将一种关键业务系统部署在云中；大部分受访者认为成本不是云计算唯一优势，创新性和灵活性才是其核心价值；50%以上的受访企业 IT 管理人员认为，到 2014 年移动云计算服务将成为主流；2010 年，超过 40%的存储采购是云存储，未来一到两年，这个比例将继续增加；未来几年，风险投资的焦点不是计算机、存储、网络硬件、基础设施等公司，而是云计算、社交媒体、电子商务等新型产业。现在，很多 IT 服务提供商都推荐了相应产品。Amazon、Microsoft、Rackspace 以及富士通都提供了 IaaS（基础架构即服务）服务，这些服务属于公有云服务范畴。而惠普公司则表示，将在今年晚些时候提供混合云服务。随着各大厂商云计算方案的不断推出，企业对云计算产品的认识水平也正在一步步提高。据最新调查显示，与前两年相比，企业对云计算的认可度也已经大为改善，对云计算期望值也大不一样。

提到云计算的产业链，我们先想到的一定是 IaaS、PaaS 以及 SaaS 这三个词语，但实际上这只是云计算基础的三种服务模式，云计算的产业链并不止于此。云计算企业还包括设备供应商、基础架构即服务、软件与解决方案提供商、平台即服务、软件即服务。

第一，设备供应商，设备供应商由来已久，但云计算设备供应商与普通的 IT 设备供应商又存在着区别，云计算并非很新的技术，因此云计算设备的特点除了一些硬性指标外，更重要的是符合云的思想。云计算的设备供应商主要可以分为服务器供应商、存储设备供应商以及网络设备供应商三种。服务器：IBM、戴尔、浪潮、惠普；存储设备：戴尔、NetApp；网络设备：思科、华为、Juniper。

第二，基础架构即服务，消费者通过 Internet 可以从完善的计算机基础设施获得服务，这类服务称为基础架构即服务（IaaS），其提供给消费者的服务是对所有设施的利用，包括处理、存储、网络和其他基本的计算资源，用户能够部署和运行任意软件，包括操作系统和应用程序。计算服务：Amazon、Rackspacer、Gogrid、Joyent、Flexiscale、云快线科技；存储服务：Amazon、Rackspace、Google、Microsoft；监控服务：Cloudkick。

第三，软件与解决方案提供商，云计算软件解决方案提供商可以说是最激烈的战场之一，国内外厂商也纷纷由普通的解决方案提供商向云计算解决方案提供商转型。为了更好地帮助用户规划其云计算实现途径，云计算软件与解决方案提供商应运而生。从大的分类来讲，软件与解决方案提供商一般来说提供包括商业解决方案与开源解决方案在内的两种服务。商业解决方案：VMware、Microsoft、Citrix、IBM 、惠普；开源解决方案：AMD、戴尔、思科、Intel。

第四，平台即服务，提供给消费者的服务是把客户采用的开发语言和工具部署到供应商的云计算基础设施上去。用户不需要管理或控制底层的云基础设施，包括网络、服务器、操作系统、存储等，但客户能控制部署的应用程序，也能控制运行应用程序的托管环境配置。应用运行平台包括 Microsoft、Google、Salesforce.com、新浪、SAP；应用管理平台包括 Engine Yard、Trackvia.com；应用开发测试部署平台包括 SOASTA、uTest、CloudSwitch。

第五，软件即服务，提供给用户的服务是运营商运行在云计算基础设施上的应用程序，用户可以在各种设备上通过搜索客户端界面访问，如浏览器。用户不需要管理或控制任何云计算基础设施，包括网络、服务器、操作系统、存储等。Salseforce.com、NetSuite、Google、Microsoft、八百客、Zoho 等。

云计算的应用日益广泛，使得涉猎云计算领域的众多企业相互联系起来，使得云计算的发展脉络渐渐清晰。从云计算发展来说，它可以简单地划分为三个部分，即云计算平台供应商，像 Amazon、Google；云平台使用者/云计算服务商，例如，Microsoft、IBM；云计算用户，如图 1-7 所示。这三者之间还存在着支撑平台、云计算服务的应用开发者。

尽管各企业对自己在云计算产业中的定位并不是十分清晰，但是它们似乎已经将它进行了细分。像友友创新公司就是以云计算系统中间件为主营，而 Cloudera 则是因循 Hadoop 开源以服务形式提供云计算策略咨询服务。

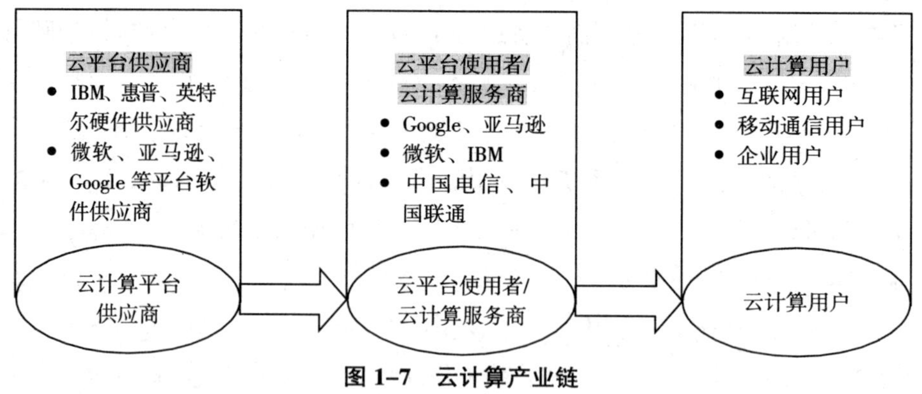

图 1-7 云计算产业链

三、我国云计算的发展状况

我国云计算服务市场尚处于起步阶段。我国云计算服务市场总体规模较小，但发展势头迅猛。据 Gartner 估计，2011 年我国在全球约 900 亿美元的云计算服务市场中所占份额不到 3%，但年增速达到 40%，预期未来我国与国外在云计算方面的差距将逐渐缩小。2012 年，我国云计算、物联网进入快速发展阶段，将产生巨大的应用市场。我国云计算市场保持着高速增长态势，从 2010 年的 167.31 亿元，上升至 2013 年预估的 1174.12 亿元，年均增长率高达 91.5%以上（见图 1-8）。中国互联网协会综合中国互联网络信息中心、艾瑞咨询、易观国际等多家权威机构报告显示：预计 2012 年我国云计算市场规模将超过 600 亿元，“十二五”期间，云计算产业链规模可达 7500 亿~10000 亿元人民币。

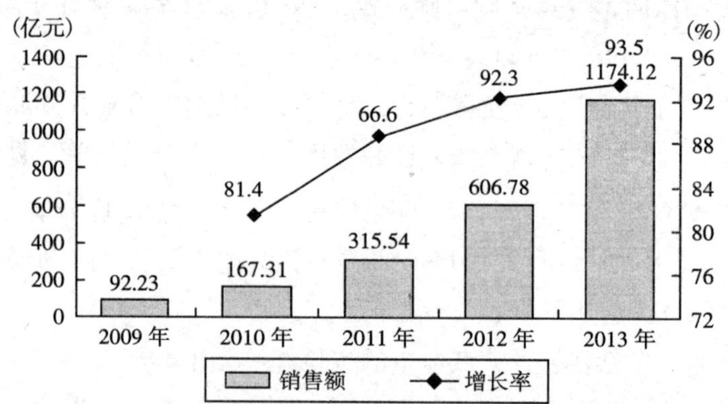

图 1-8 2009~2013 年中国云计算市场规模及增长率预测

数据来源：赛迪顾问 2011。

我国政府高度重视云计算产业的发展，目前已经进入了实质性操作阶段。“十二五”期间，国家已经把新一代信息技术产业作为第一位的战略性新兴产业。例如，北京推出了“祥云工程”，立志成为全世界的云中心；江苏无锡联手 IBM 创建全球第一个商业云计算中心；广东东莞和佛山主导搭建本地化公益性云计算平台等。2010 年，《国务院关于加快培育和发展战略性新兴产业的决定》明确提出，加快推进云计算的研究和示范应用。2010 年 10 月，国家发展改革委与工业和信息化部联合印发《关于做好云计算服务创新发展试点示范工作的通知》，确定北京、上海、深圳、杭州、无锡 5 个城市先行开展云计算服务创新发展试点示范工作。可以说，作为云计算创新发展的试点城市，北京、上海、深圳、杭州、无锡这些城市是中国云计算发展大潮中的领跑者。截至目前，中国已有数十个城市都将云计算确定为重点发展的产业，并采取多种举措促进云计算的发展。各地政府还分别制订各自的云计算发展计划，例如，北京的“祥云工程”、上海的“云海计划”、深圳的“鲲云计划”、杭州的“西湖云计算”、无锡的“太湖云谷”、广州的“天云计划”、重庆的“云端”计划等。

第一，北京启动“祥云工程”，抢占云计算产业先机，打造世界级云计算基地和世界级云计算城市。北京是全球最早将云计算产业提升为地区战略的城市之一，也是北京抢抓战略性新兴产业发展制高点的关键布局。2010 年 7 月 9 日，由联想、赛尔网络、中国移动研究院、百度、神州数码、用友、金山、搜狐等 19 家单位发起的中关村云计算产业技术联盟挂牌成立。2010 年 9 月 8 日，《北京“祥云工程”行动计划》公布，首次确立云计算作为“北京战略性新兴产业的突破口”，标志着“祥云工程”正式启动。北京“祥云工程”致力于通过 3 年的努力，建设面向全国的云计算产业发展服务平台。“祥云工程”分两步走：第一阶段是 2010~2012 年，计划完成云计算产业链整体布局，基本形成技术、产业、应用一体化发展，聚集一批全国领先的云计算企业，推广一批高标准、高效能、高可用、低成本的云服务和云应用。第二阶段是 2013~2015 年，计划实现云计算产业化发展，形成 500 亿元的产业规模，争取带动产业链规模达到 2000 亿元，推动云应用水平居世界前列，使北京成为世界级云计算产业基地。2011 年 7 月 28 日，北京“祥云工程”的云后台正式落户中金数据系统有限公司，这是我国新兴的云计算产业中第一个建成投入使用的公共云后台，这不仅标志着北京“祥云工程”云计算产业链的进一步完善，而且对打造“智慧北京”，落实“科技北京”

行动纲领，将北京打造成世界级云计算产业基地具有重大意义。

对于北京“祥云工程”中金云后台，中金数据副总裁黎江曾形象地将其描述为“131”体系，即一个云数据中心，三大核心支撑系统（包括云资源管理平台、云数据托管平台、云后台运营服务支撑平台）和一套运营服务体系，在云咨询、云集成、云运营方面向用户提供一站式服务。目前的北京云数据中心能提供高等级、高可用机房 2000 平方米，可支撑上万台服务器运行；到 2012 年，将能够提供高等级机房 20000 平方米，支撑 10 万台以上服务器同时运行，每天处理的数据将在 10p 以上。作为北京市“十二五”软件信息服务业和电子信息发展规划重大工程，“祥云工程”将围绕芯片、网络设备、网络运营、各种终端以及各种云应用构建北京完整的云计算产业链条，带动首都信息技术产业的整体提升。有关部门将抓紧部署一批云计算的重大示范应用，特别是推动电子政务全面向云时代转型，规划和建设政务资源云、政务信息云、智能交通云等政府云，扶持建设一批面向社会经济发展的共有云和行业云。因此，北京正在借“祥云工程”来打造世界级云计算城市。

第二，上海发布“云海计划”，抢占云计算产业战略制高点，致力将上海打造为“亚太云计算中心”。上海有着较好的云基础设施，已建成数字化、广覆盖的信息通信网络，城域网信息化通信出口在国内率先达到 TB 级，国际互联网出口带宽超过 200G。上海超级计算中心、各电信运营商和独立数据中心提供商，拥有庞大的计算和存储资源，并已对各自的基础设施资源启动了基于云计算模式的升级改造。2010 年 8 月 17 日，上海发布了《上海推进云计算产业发展行动方案（2010~2012 年）》三年行动方案，即“云海计划”，并将上海在云计算领域定位为亚太地区的云计算中心。“云海计划”明确提出上海在云计算领域的产业发展目标，并简单概括为“十百千”计划，即在 3 年内培育 10 家国内年经营收入超过亿元的云计算技术与服务企业，建成 10 个面向城市管理、产业发展、电子政务、中小企业服务等领域的云计算示范平台；推动百家软件和信息服务业企业向云计算服务转型，带动信息服务业新增经营收入千亿元，培养和引进千名云计算产业高端人才。为了更好地推进云计算应用，2010 年 8 月 17 日，“上海市云计算产业基地”正式落户上海市北高新技术服务业园区。腾讯、阿里巴巴、上海电信、杭州电信、付费通等企业率先入驻。该基地是中国首个国际通信运营商聚集区，利用上海数据港云计算基础设施服务平台为国内 40 家上市互联网公司打造

“数据总部”以及为特大型互联网公司定制运营数据中心。2010 年 8 月 18 日上海成立了云海产业联盟，整合云计算产业链上下游 50 多家企业、高校院所、机构组织，打造上海云计算整体品牌。2010 年 10 月 26 日，“上海市云计算创新基地”落户杨浦创智天地。该基地将有效地聚集“杨浦区国家创新型（试点）城区”和云计算产业金融资本的资源，设立国内第一个云计算中早期创业投资基金，形成以“技术创新、金融创新、人才创新和商业模式创新”为支撑的云计算产业创新体系，打造云计算创业园、加速器、总部基地、人才实训基地“四位一体”的产业功能区。EMC 中国卓越研发集团、卡巴斯基上海实验室、百度上海公司、天云科技等首批企业已入驻基地。

“云海计划”的发布强烈吸引了该领域的重量级跨国企业。目前包括 IBM、EMC 在内的许多 IT 巨头已决定加大在沪投入。2010 年 9 月，Microsoft（中国），做出部署，其云计算创新中心选择上海落户。此外，国内的华为、浪潮等云计算厂商也积极参与上海几大云计算示范项目的建设。不仅如此，上海正在成立一只首期募资额达 3 亿元的专业云计算风投基金，即“云海投资基金”，以在资金上支持上海当地相关云计算企业的发展。2012 年，第三届上海市云计算应用推进大会表示，上海“云海计划”规划了推动云计算发展的“三步走”战略，分 9 年实施。其中，第一阶段（2010~2012 年）的重点是“自主研发、试点示范”，现有 10 多家企业形成了一批优秀的云计算解决方案；第二阶段（2013~2015 年）的重点是“优化环境、示范推广”，自 2013 年起面向个人、企业、政府等用户，大力推进安全、可控、高效的云计算服务；第三阶段（2016~2018 年）的重点是“深化应用、产业升级”，即让云计算服务真正成为信息化的标准范式，带动相关产业能级提升。

第三，深圳启动“鲲云计划”，打造“华南云计算中心”。深圳是首个国家创新型城市，也是首批国家云计算服务创新发展试点城市之一，具有发展云计算产业的良好基础和条件，深圳市委、市政府把云计算产业作为新一代信息技术产业和战略性新兴产业的重要内容，全力推进云计算技术研发、应用和产业化发展。2009 年 11 月 11 日，全国首家云计算产业协会在深圳成立，协会的成立标志着深圳市政府对于云计算产业在未来发展的高度重视。深圳“云计算”产业中心是国内首个财政出资建设的大规模云计算产业基地，已经选址西丽大学城，建筑面积为 4 万平方米，项目总投资达 8 亿元，其中，国家投资 2 亿元，深圳市政府配套投资6亿元。深圳市政府"十二五"期间着力谋划建设"智慧深圳"，2010年10月25日正式发布的《深圳市人民政府关于印发优化产业结构加快工业经济发展方式转变的若干意见》（深府〔2010〕158号）文件中提出"加快发展云计算产业，建设华南云计算中心，以系统应用为重点，突破虚拟化核心技术，构建云计算管理平台和基础设施，形成国际领先的云计算技术解决方案，打造完整的云计算产业链，力争到2015年，培育10家左右在国内有影响的年营业收入超亿元的云计算企业，带动信息服务业新增营业收入超过1000亿元"。

作为我国五个云计算服务创新发展试点示范城市之一，深圳具有发展云计算产业的良好基础条件。深圳率先制订了云计算产业战略和投资方案，成立了全国第一个云计算产业协会，深圳云计算产业正呈现爆发式增长，云集着华为、中兴、腾讯、金蝶、迅雷等一批云计算企业。目前，深圳已建立与云计算相关的国家级、省级和市级工程实验室8个，重点实验室11个，公共技术服务平台6个，2010年依托国家超算深圳中心成立了深圳云计算中心。国家超级计算深圳中心（深圳云计算中心），总投资12.3亿元，一期建设用地面积为1.2万平方米，总建筑面积为4.3万平方米。主机系统由中国科学院计算技术研究所研制、曙光信息产业（北京）有限公司制造，2010年5月，经世界超级计算机组织实测确认，运算速度达每秒1271万亿次，排名世界第二，该项目是国家"863"计划、广东省和深圳市重大项目。2011年8月，深圳市云计算产学研联盟正式宣布成立，在联盟统筹下，各参与单位共同推进实施的深圳云计算发展"鲲云计划"也同步正式启动。深圳市云计算产学研联盟的成员包括华为、金蝶、迅雷、中科院深圳先进技术研究院等50余家单位，覆盖了深圳地区一批从事云计算产业相关的网络、技术、内容、服务和运营等产学研单位和机构。未来3~5年，该联盟将带动云计算产业相关产值超过1000亿元，发展面向公共部门、互联网、中小企业、行业的云计算解决方案和服务。在联盟的统筹下，各参与单位将共同推进深圳云计算"鲲云计划"。"鲲云计划"包括5个任务：推进云计算创新解决方案的试点、促进重大公共技术的研发、推进知识产权管理与标准化、加强认证检测与集成互通测试的服务、加强专业人才的培养。中科院计算技术研究所研究员、中国工程院院士倪光南认为，深圳市云计算产学研联盟的成立将会推动深圳市形成完整的云计算产业链，希望通过实施"鲲云计划"，深圳市云计算产学研联盟能够把深圳的云计算以及中国的云计算带动起来。根据深圳市云计算产学研联盟的统计，截至2010年10月，深圳从事云计算相关业务的企业超过300家，直接提供云计算技术与服务的企业近百家。

第四，杭州启动西湖云计算公共服务平台，力争将其打造成中国云计算研究中心和应用基地。中国“十二五”规划中将云计算列为国家重点发展产业，云计算的应用领域越来越宽泛。自杭州成为云计算服务创新发展试点城市以来，杭州市政府及相关部门紧紧抓住这个有利契机，对云计算的技术研究、业务部署和产业推进进行了积极探索，陆续起草和发布了《杭州市电子信息产业“十二五”发展规划》、《杭州市软件和信息服务业“十二五”发展规划》等，都把云计算发展列为杭州市未来五年的重点发展领域之一。2010年11月，杭州市文三街区管委会、东华大学、浙江工商大学和IBM中国开发中心共同启动建设西湖云计算公共服务平台。作为西湖云计算公共服务平台运营单位，杭州湾云计算技术有限公司立足于国内顶尖计算机技术业务，站在行业新高度引领云计算技术、虚拟化技术、SaaS（软件即服务）应用以及云主机、云存储技术业务的深入扩展。公司平台垂直深入行业领域，整合行业资源优势，为各行业领域（如政府、传统企业、IT企业、电子商务企业及个体）提供公共云服务、企业云服务、开发测试云平台、商务云服务、云存储、云主机租用、SaaS软件服务平台等服务；是各专业领域政府企业创新建设首选平台。西湖云平台解决方案采用云计算技术，打造“云化数据中心”，满足应用的快速发展，并突破电能供应等发展“瓶颈”。西湖云平台解决方案包含两个层面：云计算系统硬件层（云终端产品）和基础服务软件层（资源池）。作为全国云计算服务创新发展试点城市，杭州陆续吸引了大批云计算龙头企业入驻。Microsoft 2009年就宣布在杭州成立微软中国首个云计算中心，全国领先的互联网应用服务提供商万网将云机房部署到杭州。同时，一批本土的云计算企业（如阿里云、华数、银江集团）开始崭露头角，在电子商务、媒体云、电子政务、智慧城市等方面取得了可喜成果。例如，阿里云计算公司就是国内第一家专门定位于云计算平台服务的企业，华数集团也正在建设媒体云综合运营系统，杭州电信云计算技术和应用服务也都走在了全国电信系统的前列，一大批杭州知名软件信息服务企业正在积极地探索和进入云计算的应用和服务领域。

不仅如此，杭州还规划建设了全省首个云计算产业园，目前已落户转塘科技经济园区，并将吸引大量云计算企业入驻，并把平台和产业园打造成全市“云产业”的一大亮点。“西湖云”还将在园区内建立一个先进的、能够辐射全市乃至全省的云计算 IDC 中心，致力于打造“政务云”和“商业云”两片云。同时，在云平台产品上线运行的基础上，还将增加计量和监控能力，开展人才培训，建立云服务超市。2011 年 9 月 28 日，杭州市云计算协会成立。中国电信杭州分公司、阿里云计算有限公司、杭州华三通信技术有限公司、浙江工商大学计算机与等信息工程学院等 17 家企业及院校成为理事会成员单位。2012 年 10 月，中国云计算应用联盟正式在杭州成立。来自北京、上海、深圳、杭州等地的 150 家云计算企业代表参加了成立大会。中国云计算应用联盟旨在联合全国云计算领域重点企业和研究机构，发展云计算应用业务，通过云计算示范应用提升联盟合作单位影响力。中国云计算应用联盟希望依托杭州成熟的云计算应用基础，把杭州打造成中国云计算研究中心和应用基地的同时，辐射带动国内云计算产业发展。目前，联盟已经有上海盛大、北京云基地、深圳宝德科技、曙光科技股份、杭州湾云计算、华数网通信息港、城云科技、同花顺、顺网等近 120 家企业成员。接下来将出版《中国云计算应用丛书》，推出云计算行业网站“中国云计算服务网”、联盟企业交流杂志《云旗》、计划承办行业高峰论坛等。

第五，广州部署“天云计划”，助力“智慧广州”，拟建亚太智慧城。广州位列国家中心城市，毗邻中国香港、中国澳门，是中国三大通信和互联网枢纽之一，拥有最大的国际出口带宽容量。伴随着“信息广州”的出台，通过实施电子政务创新应用、电子商务创新发展、“无线城市”建设应用创新、数字家庭与三网融合、信息化和工业化融合等系列工程，信息化在社会经济发展中起到了倍增器的作用。2010 年广州市信息化综合发展指数（IDI）达到 0.946，电子产品制造业产品产值突破 1803 亿元，信息服务业的快速发展为云计算大规模应用提供了产业化条件。众多知名企业、高等院校、科研院所也纷纷加入到云计算服务模式的探索研究和应用推广行业。例如，香港亚洲脉络有限公司拟与政府合作，投资 10 亿元建造云计算科技园，为众多世界 500 强知名企业提供云计算服务。中国电子科技集团在穗第七研究所更是建成了国内首个云计算体验中心。

为此，广州市科技和信息网发布了《广州市云计算产业 2011~2015 年发展行动计划》，即“天云计划”。根据天云计划的发展思路和目标，广州提出“三年打基础、五年见成效”。争取用 3~5 年的时间，试点先行，重点突破一批云服务示范应用、基础设施和关键核心技术，培育一批云计算骨干企业，以奠定云计算产业发展的坚实基础。至 2015 年，初步形成云计算基础平台、核心技术、关键产业和推广应用一体化发展的格局，掌握自主发展的关键技术，争取成为全国云计算应用服务创新发展试点示范城市，逐步建成世界级云计算产业基地。“天云计划”将实施一批云应用示范试点项目，涉及电子政务、医疗卫生、文化教育、城市管理等重点领域，都将以点带面地建立云计算公共服务平台。例如，推动电子政务全面向云时代转型，建设“政务云”；选择金融、教育、医疗、交通等信息化应用水平高的行业为试点，利用云计算创新的服务模式，为市民提供便捷的云计算服务。到 2015 年，建成 5 个以上国际水平的云计算服务平台，云计算产业规模将突破 150 亿元，并带动 600 亿元相关产业链产值。为保障天云计划顺利实施，广州将完善政策配套和加大资金的投入，计划不断提高云服务采购在政府信息化采购支出中所占比例，至 2015 年，广州市科技经费每年安排不少于 1000 万元，重点支持自主可控的云计算技术研发及产业化和标准制定。

此外，截至 2012 年初，北京、上海、杭州、深圳、成都、青岛、西安和佛山等城市在政府云应用领域进行了积极探索，并取得丰硕成果，政府云计算应用效果正在逐渐显现。目前，各地政府纷纷开展的政府云应用项目可详见表 1–2。

表 1–2　各地方政府积极开展政府云应用项目

城市	项目名称	建设内容
北京	面向特大型城市交通出行信息服务云	以中国移动云服务平台“大云”为基础，汇集公众出行所需要的各类动静态交通数据，采用并行数据挖掘工具、分布式海量数据仓库等云基础工具，制定数据交换与服务互操作规范，为交通信息服务提供可二次开发、配置与集成的开放式服务接口，形成面向公共交通（公交、地铁）、自驾车（汽车、自行车）的城市交通出行信息公共服务云
	城市应急管理云平台	城市应急管理云平台建设采用云计算的通用模型，即 IaaS（基础架构即服务）、PaaS（平台即服务）以及 SaaS（软件即服务）三层模型，实现城市应急管理云平台统一规划、建设，具体内容包括综合预警预测、应急指挥调度、应急综合保障、应急模拟演练、应急管理评估、重点区域防控、机动车防控、智能化综合应用、信息互联 9 个方面
	面向中小型企业的业务支撑与供应链金融云服务平台	突破供应链金融服务软件平台、跨平台与虚拟技术的 IaaS 运营支撑平台、绿色机房管理系统、高性能云计算综合安全网关等技术，集成超过 1500 台服务器，提供云计算供应链金融、供应链管理、办公自动化等服务以及云服务平台集成及平台建设咨询等技术服务
	公共安全及文化产业云	多媒体云服务平台；多媒体数据管理和业务支撑平台；面向大规模计算系统的多媒体云计算优化系统；底层多媒体数据采集和监控网络平台搭建。提供多媒体数据存储带宽优化、多媒体云高级编辑、多媒体云内容分析、多媒体云数据加密和备份、媒体云播放、媒体云数据处理自动化、智能监控云平台等应用

续表

城市	项目名称	建设内容
上海	浦软汇智 IT 服务云	涵盖了云服务三个层面的全部内容，包括基础架构即服务、平台即服务和软件即服务，从而全方位地满足成长期企业的不同需求，成为国内首个国产全业务 IT 服务云
	上海闸北健康云	中心机房通过光纤连接覆盖了保德路分院和闻喜路分院，所有云服务都运行在总院的中心机房；70%的应用软件已经搬迁至云平台，包括 HIS 系统、LIS 系统、电子病历系统、门急诊工作站、PACS 系统、排队叫号系统、输液系统等
深圳	深圳市云计算公共服务平台	突破面向云服务的高性能计算、云资源自主弹性管理调度、自动化云检验检测、云安全保证与管理评价等技术，整合利用现有计算资源，向 500 万个人和 5000 家企业提供云计算服务，开展性能、可靠性、安全性、效能等方面云计算检验检测服务
	面向社会服务的云平台	通过有云计算虚拟化运行平台、SaaS 应用开发平台、云计算平台的智能化管理系统三部分组成的整体解决方案，搭建养老业务运营系统
	中小企业管理云	突破云中间件虚拟化管理、云中间件动态负载均衡、云服务多租户、云服务碎片化等技术，集成约 2 万台服务器，提供超过 5000 类云服务
杭州	面向园区服务的私有云平台	该项目利用西湖云计算公共服务平台为入驻园区的企业提供包括存储、软件服务等在内桌面云服务，可将用户桌面环境托管在企业的数据中心，实现多桌面系统灵活切换与多业务处理，网络访问的方式为企业用户提供了非常灵活的工作处理能力，并实现数据的集中存储，站点复制，从而构建完整容灾体系
	富阳市政府云数据中心	该中心可提供对海量数据存储、分享、挖掘、搜索、分析和服务的能力，使得数据能够作为无形资产进行统一有效的管理。通过对数据集成和融合技术，打破政府部门间的数据堡垒，实现部门间的信息共享和业务协同
无锡	基于物联网应用的“城市云”计算平台	突破虚拟化基础软件、海量分布式云存储管理软件、面向大规模云计算环境的智能应用交付系统等涉及的关键技术，集成 2000 台服务器，提供 5 项物联网领域云应用、40 项电子政务领域云应用以及云平台建设方案咨询、系统集成、技术培训等服务
	“盘古天地”软件服务创新孵化平台	平台具有软件工程服务、软件服务技术孵化、软件服务信息情报提供等多种功能，园区软件企业可以直接租用平台进行项目的设计、开发、测试及应用，以节省开发成本及 IT 维护成本
成都	成都超级计算中心	一期工程建设共有 300 个节点，达到每秒 30 万亿次的计算能力，作为西部通信枢纽的重大工程，该中心将成为西南地区的信息化通信枢纽，为四川乃至整个西部地区的电子政务及科学研究提供服务，为西部的经济发展提供支撑
青岛	青岛电子政务私有云	建设电子政务私有云计算平台，实现统一规划、统一网络、统一软件和分级推进，以整合青岛市级机关各部门资源，降低信息系统建设和运营维护成本，提高投资绩效，提升信息资源的使用效率

资料来源：赛迪信息，2012 年 4 月。

除了各地政府的大力支持之外，国内各地企业也不遗余力地推动云计算的应用。例如，浪潮、华为、曙光先后推出各自的云计算战略，而在 IT 行业内位于领先地位的大型互联网公司（如新浪、百度、阿里巴巴以及腾讯等）更是通过自主创新研发云计算技术，提供云计算产品和服务。例如，百度专门成立了几百人的研发团队，从事云计算中分布式计算等核心技术方面的研究。联想计划通过云计算将企业从设备提供商发展成为“设备+服务”创新的领先企业，实现战略转型。阿里巴巴成立了专门从事云计算的阿里云计算公司，并在南京市筹建国内首个电子商务云计算中心。正是这批企业及其在云计算领域的企业应用实践，加快了云计算在我国的应用和发展。根据赛迪顾问的预测，2012 年，中国云计算市场规模将达 606.78 亿元。“十二五”期间，我国云计算领域的产业链规模预计可达 7500 亿~10000 亿元。我国云计算产业可大体分为基础设施类、应用平台供应商、安全产品供应商和应用软件和服务等四类。云计算领域公司具体描述如下：

第一，基础设施类。包括浪潮信息、中兴通讯、鹏博士等。浪潮信息是中国领先的计算平台与 IT 应用解决方案供应商，同时也是中国最大的服务器制造商和服务器解决方案提供商。公司提出行业云的概念，提供 IaaS 解决方案，是国内的云计算龙头企业。中兴通讯则牵头成立非正式兴趣组（Bar BOF），在 IAB & IESG 获得通过并获许成立云计算运维工作组和云计算应用兴趣组。“电信云计算”的三大核心技术：中兴通讯分布式结构化存储、中兴通讯云存储分布式文件系统、中兴通讯虚拟化技术。公司称其“彩云”Cloud 平台正服务于多家电信客户。鹏博士公司主营的电信增值业务是云计算应用的基础设施业务。公司拥有的城域光纤网已达到 12000 公里，覆盖北京城区和 18 个区县。公司在高端商业客户互联网专线接入的市场份额达到 50%，网吧专线接入市场份额接近 100%，互联网数据中心业务也占有较高的市场份额。

第二，应用平台供应商。包括网宿科技、华胜天成等。网宿科技是一家互联网业务平台提供商，知识和技术密集型的高新技术企业，自主研发了速通 VPN 企业互联平台系统、网宿 CDN 平台软件 V2.0、网宿 CDN 平台软件 V3.0、网宿快速海量文件传输软件 V1.0、网宿分布式海量存储软件 V1.0、网宿服务质量监测软件 V1.0 等专有技术，并取得了计算机软件著作权。而作为信息技术应用与服务提供商，华胜天成公司主营业务包括硬件及系统集成、软件、IT 服务三部分。公司主要客户是电信运营商、金融企业、邮政体系等。在硬件及系统集成领域，公司是国内最大的 Sun 服务器提供商。在 IT 服务业务上，公司依托与电信运营商、设备制造商等的良好合作关系，在电信领域形成了较强的竞争优势。在软件业务上，公司主攻对应服务器网络的嵌入式软件和面向行业的应用软件。

第三，安全产品供应商。包括卫士通、启明星辰等。卫士通提供全系列密码产品、安全产品和安全系统，包括核心的加密模块和安全平台，密码产品和安全设备整机，以及具备多种安全防护功能的安全系统，是目前国内以密码为核心的信息安全产品和系统的最大供应商。同时公司具备提供信息安全整体解决方案、提供安全集成和工程实施服务的能力，能为用户提供"一揽子"解决方案，满足用户对信息安全的全方位需求。建立国内首家"安全云实验中心"，已推出基于云技术的全系列安全存储产品。2010 年 9 月推出"安全云存储系统"。启明星辰是一家拥有完全自主知识产权的网络安全产品、服务与解决方案的提供商，我国自主创新的重要民族品牌和网络安全行业的领导者，也是入侵检测与防御、漏洞扫描、统一威胁管理网关（UTM）、安全合规性审计、安全专业服务和安全管理平台（SOC）的市场领导者。预期通过整合相关技术将大大加强公司在以网络为基础的云计算市场的竞争力。

第四，应用软件和服务。包括用友软件、焦点科技、超图软件等。用友软件是亚太地区最大的管理软件供应商之一，国家重点软件企业。公司的管理软件、ERP 软件、财务软件等产品在国内处于领先地位，"用友软件"是中国软件行业最知名的品牌。公司的 ERP/企业管理软件、集团企业和行业解决方案和小型企业管理软件及在线服务三条产品业务线，全面覆盖了众多行业领域、企业规模和成长阶段。目前正加大小型企业管理软件及在线服务投入。发布 S+S 的云服务核心策略，计划 2015 年成为亚洲最大的云服务提供商。焦点科技是一家本土领先的综合型第三方 B2B 电子商务平台运营商，国内最早专业从事电子商务开发及应用高新技术的企业之一，致力于为客户提供全面的电子商务解决方案。公司的业务特点非常适合应用云计算以提高效率，降低成本。自主开发运营的中国制造网电子商务平台作为第三方 B2B 电子商务平台为中国供应商和全球采购商（供求双方）提供了一个发布供求信息和寻找贸易合作伙伴的电子交易市场，为供求双方提供交易信息的发布、搜索、管理服务，提供初步沟通与磋商的手段与工具，及其他涉及供求双方业务与贸易过程的相关服务。向云计算的过渡迁移，有利于提高公司业务的效率，降低成本。超图软件是亚洲领先的地理信息系统平台软件企业，从事地理信息系统软件的研究、开发、推广和服务，是我国 GIS 行业最具技术实力的企业。主营业务贯穿 GIS 软件产业链的三个组成部分，在国内GIS 软件行业保持优势竞争地位，国产 GIS 基础平台软件市场份额第一。研发的GIS 基础平台软件具有良好的通用性，既可直接销售给最终用户，也可销售给增值开发商。

第二节 我国云计算产业的发展趋势

我国对云计算产业的探索期比较短，是在看到 IT 产业的变革作用之后才开展的云计算。中国云计算产业虽处于发展初期，市场规模不大，但将会引导传统 ICT 产业向社会化服务转型，未来发展空间十分广阔。纵观我国云计算产业的发展，大体可分为准备、起飞和成熟三个阶段，如图 1–9 所示。我国云计算产业从 2007 年开始准备，目前正处于起飞阶段，预计 2015 年之后将会进入成熟阶段。具体来说，我国云计算产业的发展阶段可分为如下三个阶段：

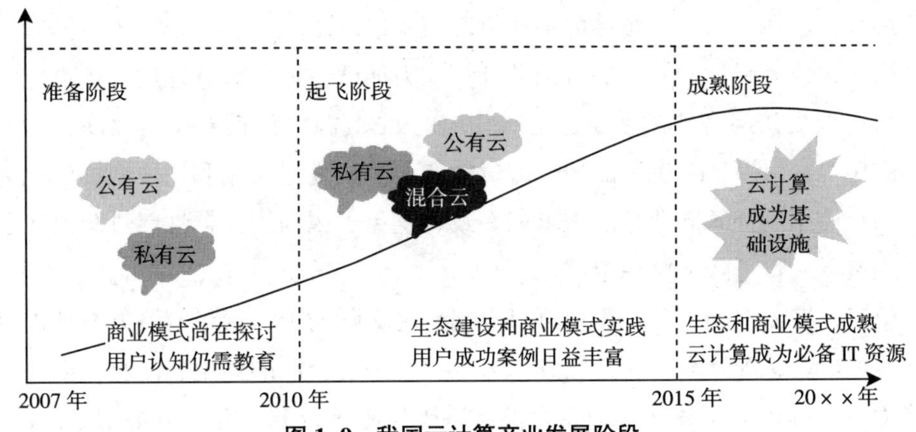

图 1–9 我国云计算产业发展阶段

第一，准备阶段（2007~2010 年）。主要是技术储备和概念推广阶段，解决方案和商业模式尚处于探索和尝试。用户对于云计算的认知度较低，初期以政府公有云建设为主。

第二，起飞阶段（2010~2015 年）。在这一阶段，产业高速发展，生态环境建设和商业模式成为产业发展的关键因素。进入云计算产业的“黄金机遇期”。用户对于云计算有一定的了解和认知，厂商也逐渐介入，出现了大量的应用解决方案，用户主动考虑将业务与云计算相结合，公有云、私有云、混合云建设齐头并进。

第三，成熟阶段（2015—）。在此阶段，云计算产业链、行业生态环境基本处于稳定状态，各厂商有更加完善的解决方案，能提供丰富的 XaaS 产品。用户对于云计算应用所带来的效用感到满意，并成为 IT 系统不可或缺的组成部分，云计算成为一项基础设施。

一、我国云计算产业发展特点

云计算采用计算机集群构成数据中心，并以服务的形式交付给用户，使得用户可以像使用水、电一样按需购买云计算资源。计算机资源服务化是云计算重要的表现形式。因此，云计算的特点可归纳如下：

第一，资源池化。资源以共享资源池的方式统一管理。将计算资源汇集在一起，通过多租户模式服务多个消费者。在物理上，资源以分布式的共享方式存在，最终在逻辑上以单一整体的形式呈现给用户。

第二，快速弹性服务。服务商的计算能力能够快速而有弹性地实现供应。服务商可以根据访问客户的多少，增减相应的 IT 资源（包括 CPU、存储、宽带和软件应用等），使得 IT 资源的规模可以动态伸缩，满足应用和用户规模变化的需要。用户使用的资源同业务的需求相一致，避免了因为服务器性能过载或冗余而导致的服务质量下降或资源浪费。

第三，按需自助服务。用户可以根据自身实际需求，通过网络方便地进行计算能力的申请、配置和调用，服务商可以及时进行资源的分配和回收。以服务的形式为用户提供应用程序、数据存储、基础设施等资源，并可以根据用户需求，自动分配资源，而不需要系统管理员干预。

第四，可度量的服务。监控用户的资源使用量，并根据资源的使用情况对服务计费。云服务系统可以根据服务类型提供相应的计算方式，据用户使用云资源的时间长短和资源的多少进行服务收费。

第五，广泛的网络访问。用户可以利用各种终端设备（如 PC 电脑、笔记本电脑、智能手机等）随时随地通过互联网访问，即可获得云的计算资源，也就是我们所说的云服务。正是由于云计算的上述五个特性，使得用户只需连上互联网就可以源源不断地使用计算机资源，实现了“互联网即计算机”的构想。

当前我国云计算处于起步阶段，在我国发展还算较为迅猛。但与国外云计算相比，我国云计算和世界云计算应用还有差距。据全球24个国家在云发展环境调查的一项报告显示，中国综合排名在第21位。在全球市场上，美国云服务市场占了60%、欧洲27%，而我们的比例还很小。对比美国等云计算先进国家，我国云计算的发展呈现出如下特点：

第一，重建设、轻应用。美国政府云计算战略的核心目的是大幅减少数据中心的数量（5年内减少800个），以降低建设运营成本，而我国有超过20个省（市）制订了各自的云计算规划，云计算基础设施投资热潮涌动。其中，11个城市的预算超过100亿元。

第二，技术已有一定基础，但仍有差距。越来越多的中国企业掌握了虚拟化等私用云技术，开始试验性应用。在公共云技术领域，一些大型互联网公司已经具有了一些突破，但可管理的资源规模普遍偏小，商用经验也少。

第三，电信公司云服务起步。传统电信公司等在云计算方面的定位和发展路线日益清晰，纷纷推出内部IT系统虚拟化、云存储、虚拟桌面和新一代数据中心服务等。

第四，政府引导力量加深。发展和改革委、工业和信息化部的5城市云计算试点工作落地，15个企业获得支持。

在接下来的几年内，云计算的市场不断成长，应用案例逐渐丰富，云计算的商业应用概念逐渐开始形成。用户在了解云计算的基础上认可并开始考虑云计算和自身IT应用的关系。预计接下来的数年间，云计算市场年复合增长率达到50%以上。

二、制约我国云计算产业发展的问题

目前，云计算技术的研究尚处于起步阶段，云计算技术还面临着一些亟待解决的问题，而这些问题又直接阻碍着云计算产业的发展。具体问题如下：

第一，标准问题。很多研究机构和IT企业都在着手制定我国云计算的标准，但都没有取得任何进展。由于目前尚缺乏一个统一的云计算标准，也就直接导致了对云计算的理解和表述各不相同，这也给云计算技术的开放形成了一定的障碍。即使 2009 年 IBM 同众多 IT 技术公司共同签署“开放云计算宣言”（Open Cloud Manifesto），旨在为开放云计算制定若干原则，以保证未来云计算的开放性。但也遭到了一些公司的抵制，这些公司拒绝签署该宣言。而在我国，当前中国云计算产业参与者尚未形成一套共同遵循的技术标准和运营标准。具体表现在数据接口、数据迁移、数据交换、测试评价等技术方面，以及 SLA、云计算治理和审计、运维规范、计费标准等运营方面，都缺少一套公认的执行规范，不利于用户的统一认知和云服务的规模化推广。

第二，安全问题。云计算平台必须提供数据的安全保证，否则一切应用都很难实现。可以说，安全问题直接关系到云计算能否在全社会得以推广。而目前云计算技术并不安全。因为要将原本保存在本地、为自己所掌控的数据交给一个外部的云计算服务中心，安全性自然成为顾客考虑的首要问题。

第三，可用性问题。支撑云计算的是大规模的服务器集群系统，当系统规模增大后，可靠性和稳定性就成为最大的挑战之一。需要通过有效的系统配置、监控、管理、调度、虚拟化等技术，实现一个强大的、动态的、自治的计算和存储资源池，以提供云计算所需的高性能的计算能力和大容量的存储能力。

第四，应用可移植性问题。这一问题也与云计算标准问题相关，到目前为止，各云计算平台是异构的。如果不重新编写和测试应用程序，就不可能把一个云计算平台中的应用程序转移到另一个云计算平台中。如果用户要将应用迁回属于自己的数据中心，也要付出高昂的代价。由于用户的应用不能在不同的云计算平台之间进行迁移，这也导致了目前供应商锁定问题难以有合理的解决方案，致使企业用户在决定是否采用云计算时会迟疑不前。

第五，整合问题。整合不同云计算平台的服务可以为用户和 CCSP 带来更大的价值。虽然目前很多用户也提出了整合不同云计算平台服务的需求，而各 CCSP 也已经开始意识到云计算联盟的重要性，很多研究机构也提出云计算联盟的实现模型，但不同云计算平台之间实现可移植和互操作并没有实质的进展，开放云计算联盟目前还只能停留在概念和模型阶段。

第六，大型服务商和成功案例较少。在技术浪潮和产业热情推动下，一大批厂商进入中国云计算市场，但由于目前尚未形成有效的评价、资格认证和准入机制，云计算市场上鱼龙混杂，缺乏大型、可信赖的服务提供商，也缺乏行业普遍认可的成功应用实践案例，这在一定程度上制约了产业规模的扩张。

从以上分析可见，目前云计算尚处于发展初期，还存在诸多有待解决的问题，而随着云计算技术应用和研究的深入，出现了将不同云计算平台的计算资源整合，共同为用户提供服务的需求。云计算联盟是一种整合不同云计算服务平台的资源来共同为用户提供服务的联合云计算机制，已经成为目前云计算研究的热点问题之一。

三、我国云计算产业发展趋势

推动中国信息基础设施建设和信息化进程：云计算能够提供可靠的基础软硬件、丰富的网络资源、低成本的构建和管理能力，能有效加速信息基础设施建设，解决政府、大型企事业单位目前面临的 IT 机房建设和信息系统运维难、人工成本和能源消耗巨大等问题。

第一，构建规模更大的生态系统，提振中国 IT 产业：云计算产业具有极大的产业带动力量，在云计算的驱动下，新的业态和新的商业模式将层出不穷，各种融合式创新将不断涌现，从而推动中国整体 IT 业产值的大幅提升。

第二，提升科技创新能力，提高业务动态性和敏捷性：通过提供海量数据存储和强大的数据处理能力，云计算能够为科技创新提供坚实基础，提高科技创新能力，并缩短产品和服务进入市场的周期，提高用户业务的敏捷性和动态性。

第三，降低总体拥有成本（TCO），助力绿色 IT 和节能减排：云计算可以提高现有设备运行效率，并减少初期投资和运营成本（管理、更新成本），降低用户总体成本。同时，云计算对 IT 资源的集中和整合使用可以减少设备规模、及时关闭空闲资源、有效降低能源消耗、提高资源利用率，推动国家节能减排政策的落地。

第四，支撑中小企业信息化升级，保障国家经济平稳较快发展。目前，真正使用 IT 的中小企业比例很低，这阻碍了这些企业的发展。云计算服务的产生将有效地支撑中小企业的信息化应用，将企业的资本投入转变为日常开支和运营成本，大大减轻了中小企业的资金压力，降低其信息化门槛，弥补其在 IT 投资和维护方面的不足，促进中小企业生产、管理与市场开拓的升级，提高中小企业收入，从而保障国家总体经济的平稳较快发展。

云计算商业模式的迅速发展将对中国 IT 产业产生重要的影响，涉及服务器、存储、网络等基础架构以及中间件、操作系统、应用软件、网络服务诸多领域，从而开创一种全新的 IT 应用前景。在云计算未来的发展中，会在很大程度上呈现出如下趋势：

第一，云计算定价模式简化。在现阶段，云计算的价格计算公式还较为复杂，一般的用户难以面对和理解，简化定价方式，可以让更多的用户更加轻松便捷地购买云计算服务。

第二，技术研发将提升云计算的性能和服务质量。在云计算领域，更加先进的技术意味着云计算功能的强大，因此，云技术的研发和创新是会不断前进的。在性能提升的基础上，相应的服务也会细化和提高，这是云计算厂商将业务推广到更大范围的必要条件。

第三，云计算性能监控时刻存在。与其他的技术和商业活动一样，随着云计算的发展和普及，相应的用户要求和意见也会不断增加。在云计算极为广泛存在的情况下，用户对于云计算的性能监控要求会时刻存在，而云计算提供商也必须不断公布自身的运营情况和技术支持。

第三节 研究意义

云计算作为计算机科学和互联网技术发展的产物，也是引领未来信息产业创新的关键战略性技术和手段。它将带来工作方式和商业模式的根本性改变，对我国冲破国外企业的技术壁垒、发展高新技术产业具有重要的战略意义。调查显示，2000 年之前已经使用，或准备使用云计算服务的企业不到 10%。而到 2012 年，这个数字已经突破了 80%。有报告称，未来几年，随着云应用范围的扩大，其在企业中的地位会不断攀升，对整个 IT 服务产业的影响也将不断增强。而商业模式是以商品所有者为中心，把商品、消费者、信息、流通等元素按照一定的组织形式连接在一起所形成的实现商品价值转移的结构体系。简单地说，商业模式就是赚钱的策略。任何形式的技术革命都会带来商业模式的重大改变，一些技术创新也会带来商业模式的创新。信息技术的发展带来了新的商业模式，商品所有者可以利用电视、网络、报纸、短信等媒体宣传推销产品，通过开发人性的弱点来赚取更多的利润。可以说，云计算应用本身就是一种商业模式。

基于上述背景，云计算不再停留在技术层面的概念上，而是在企业中的应用越来越普及。为此，本书以云计算企业为研究对象，对其内在的商业模式展开探索式研究，主要探讨如下问题：一是云计算企业商业模式究竟由多少维度的构成要素组成，这是决定云计算企业是否能在市场竞争取得最终成功的关键所在；二是根据云计算企业商业模式的要求，企业又是如何成功地实现从原有商业模式向云计算商业模式转型的；三是如何构建适合企业自身的云计算企业商业模式，企业该如何做，政府又该怎么做，这些都关系到云计算企业商业模式成功实现的实施路径问题。

基于此，对云计算企业商业模式创新展开系统研究。通过采用实证研究和案例分析相结合的方式，对云计算企业商业模式创新的主要构成要素展开探索式研究。一方面，我们加深了对云计算这一技术创新的深刻理解，同时也对云计算企业商业模式创新有了全新认识；另一方面，我们也试图找到一种适应云计算企业发展的成功商业模式。具体研究意义如下：第一，更好地促进云计算企业的发展。本书通过对云计算商业模式创新的研究，不仅确定了云计算企业发展的方向，而且也在探索云计算企业商业模式创新的几大构成要素。可以说，该研究针对云计算企业的进一步发展具有极强的实践意义。第二，为我国云计算产业做大做强提供借鉴。通过对深圳、北京等地的云计算企业展开分析，可以窥探出当前我国云计算的发展态势，也将对其他地区的云计算发展提供借鉴。第三，进一步强化对企业商业模式创新的研究。云计算本身就是一大技术创新，因此，云计算企业商业模式研究本身就是创新的成果。唯有强化对商业模式的创新，云计算企业方能在第三次信息革命浪潮中立于不败之地。

第四节 研究路径与方法

由于工作原因，加上兴趣爱好，首先选择云计算这一新的研究领域展开研究，初步确定云计算企业商业模式创新作为研究方向。其次，通过查阅文献资料的收集和分析、前期调研及资料的整理，编写论文草拟的大纲，并与研究小组一同沟通和讨论，确定论文的最终大纲。再次，根据论文大纲编写论文，形成初稿。最后，根据部分云计算企业高管提出的宝贵意见进行修改，并修订和完善并定稿。可以说，本书是严格按照上述的研究路径展开的，具体分为六章，具体结构安排如图 1–10 所示。

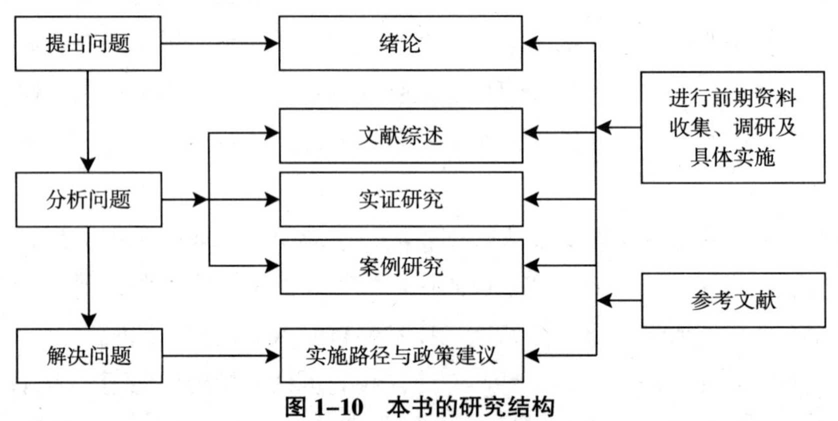

图 1–10 本书的研究结构

第一章，绪论。主要介绍本书的研究背景、研究意义、研究方法与结构、本书的创新点，以及相关概念解释。特别是从云计算在国内外的应用现状入手，探讨了国内外政府和企业的云计算应用状况，并就云计算发展进行回顾和展望。

第二章，企业商业模式创新的理论回顾与展望。在总结前人学者研究成果的基础上，将国内外关于企业商业模式及其创新的相关理论进行了回顾与评析，首先，本书就不同专家对企业商业模式及其构成要素的研究进行了总结和归纳。其次，在此基础上，对企业商业模式创新进行研究综述，包括企业商业模式创新理论演变，以及商业模式创新的动力、途径、实施和阻力等进行研究。最后，就云计算商业模式及其创新研究的未来做出展望。

第三章，云计算企业商业模式创新的实证研究。首先，本书对云计算进行了简单综述，包括对云计算的概念界定和应用分类等。其次，就云计算企业商业模式创新展开研究，进行研究设计，先确定研究对象，再进行研究假设，并制定研究程序。再次，就是编制相应的调查问卷，对问卷调查的数据进行收集和整理，运用 SPSS17.0 进行探索性因子分析，同时还对问卷的信度和效度进行分析。最后，根据问卷调研，探索云计算企业商业模式创新的几大构成要素，并期望对本研究的假设进行验证，进而达到本研究的目的。

第四章，云计算企业商业模式创新的案例研究。在分析云计算企业商业模式创新的六大构成要素的基础上，结合深圳的天威视讯、金蝶软件、卓望数码、上海贝岭等企业，分析这些企业如何从原有商业模式向云计算企业商业模式创新的，专门对其商业模式构建的六大要素展开系统阐述，进而再次验证之前的实证研究结论。

第五章，云计算企业商业模式创新实施路径与建议。本书首先对云计算企业商业模式创新动力时机以及创新管理进行分析。其次，阐述了云计算企业商业模式创新的盈利来源，并就云计算企业商业模式创新的实施路径展开深入探讨。再次，针对云计算企业商业模式创新，进行必要的风险控制以及评价标准。最后，对政府提出了关于云计算产业发展以及云计算企业商业模式创新的政策建议。

第六章，结论与展望。包括基本结论、创新点、研究不足及后续研究。

遵循上述研究路径，本书对云计算企业商业模式创新展开了研究，主要采用文献综述、规范和实证分析以及案例研究等方法。本书的基本研究方法如下：

第一，文献研究法。为了深入研究企业商业模式及其创新理论，本书参阅了大量国内外的相关文献研究和专著，所引用的文献资料都是已公开发表的关于商业模式及其创新的研究，同时系统地从现有的企业商业模式理论文献中收集、整理资料，并进行相关的文献综述，从而为企业商业模式研究奠定理论基础，对完成本书的研究任务具有重要的指导意义。

第二，实证研究法。本书以云计算企业商业模式的主要构成因素为研究对象，对来自深圳和北京的 10 多家云计算企业中的 300 多位中高层管理人员进行问卷调研，收集相关数据，获得第一手数据和资料；并采用 SPSS17.0 统计分析软件作为资料分析的工具，采用的统计方法主要包括信度和效度分析、探索性因子分析等。

第三，案例研究法。本书以深圳、北京等地的企业为研究个案展开深入分析和研究，以案例分析的形式对商业模式的主要构成因素进行分析和探究。特别是对天威视讯、金蝶软件、卓望数码、上海贝岭等云计算企业的商业模式创新的案例分析，从中探讨云计算企业商业模式形成的有效途径和实施方法，给出相应的对策建议，供其他云计算企业借鉴和参考。

综上所述，正是基于上述研究路径和研究方法，本书对云计算企业商业模式创新展开了探索式研究，以期望对云计算产业发展和云计算企业商业模式创新做出应有的贡献。

本章小结

本章是本书的绪论部分。该章主要介绍本书的研究背景、研究思路、研究路径和方法以及研究的创新点等。可以说，本章为本研究定了基调，并导引着后续的研究。

首先，本章介绍了本书的研究背景，特别是从云计算在国内外的应用现状入手，探讨了国内外政府和企业的云计算应用状况，并对云计算发展进行回顾和展望。另外，本章还指出了我国云计算产业发展概况，包括产业发展特点、产业发展障碍以及产业发展趋势。其次，本章分析了研究意义，并对云计算企业商业模式创新的主要构成要素展开探索式研究。一方面，加深了对云计算这一技术创新的深刻理解，同时也对云计算企业商业模式创新有了全新认识；另一方面，作者也试图找到一种适应云计算企业发展的成功商业模式。再次，分析了本书的研究路径，指出从文献综述开始，到实证分析，再到案例研究，最后到政策建议等过程开展本书的研究。总之，本章是本书的开始，分析了本书的总脉络。

第二章　企业商业模式创新的理论回顾与展望

近年来，商业模式已成为学者和企业家共同关注的热点问题。无论是商业模式理论研究还是企业的商业模式实践，都可谓层出不穷，让人应接不暇。现代管理大师彼得·德鲁克认为："当今企业之间的竞争，不是产品之间的竞争，而是商业模式之间的竞争。"可以说，商业模式是企业更高层次的创新行为，离开了商业模式创新，那么其他的产品创新、技术创新、组织创新将失去持续发展和盈利的基础。

第一节 商业模式研究综述

"商业模式"（Business Model）一词最早出现于 20 世纪 50 年代，直到 20 世纪 90 年代伴随着互联网技术的出现，商业模式概念开始逐渐使用和传播。对商业模式的研究热潮始于 20 世纪末的互联网创业潮。在互联网风起云涌的那个年代，很多企业为了捕捉稍纵即逝的市场机会，从产品、服务到商业模式不断追求创新，竭尽所能确保企业能在日益激烈的市场竞争中力拔头筹。正是在这种背景下，商业模式迅速吸引了很多投资者、管理者和研究者的眼球，并成为当下最受关注的热门词汇之一。早在 2001 年，世界 500 强企业中仅有 1/4 的企业在其年度报告中提到了"商业模式"这一概念。但到 2008 年，IBM 有一项调查数据显示，几乎所有的企业高管都认为公司的商业模式需要调整。其中，2/3 以上的人士认为有必要对企业的商业模式进行大刀阔斧的变革。2009 年，IBM 又有一份调查数据显示，大约 70%的企业从事着商业模式的创新活动，并有高达 98%的企业认为，他们也在不同程度地进行着商业模式的创新活动。可见，商业模式对我们而言已不再陌生。

一、商业模式的概念界定

商业模式概念起源于信息管理领域，是由 Konczal 和 Dottore 在其数据和流程的建模研究中首次提到 Business Mode 这一概念。20 世纪 90 年代，互联网的兴起推动了商业模式的研究与应用。特别是电子商务的出现，让商业模式很快进入企业家的视野。直到 1998 年，商业模式正式作为一个独立的领域为众多研究者所关注。自此之后，越来越多的学者加入了这一研究群体，并从不同视角对商业模式加以剖析，让商业模式在短时间内进入了百家争鸣、百花齐放的时代。即便如此，究竟什么是商业模式，到目前为止尚未形成统一的认识。

一直以来，我们认为商业模式似乎什么都是、无所不包，其实不然。商业模式虽然涉及内容广泛，但只有与企业运营相关的活动和政策，才能理解为商业模式的一部分。对此，很多学者开始对商业模式概念加以界定。Morris 等(2003)通过对 30 个商业模式定义中的关键词进行分析，并将这些定义由低到高分为经济类（Economic）、运营类（Operational）和战略类（Strategic）三类。原嘉(2007）参考了 Morris 等对商业模式定义的归类，将商业模式的定义从总体上归类为由经济向运营、战略和整合递进的等级。可以说，伴随着商业模式在企业中的应用，我们对商业模式的定义也经历着从经济类向运营类，再向战略类，最后是整合类这一逐层递进的过程，如图 2-1 所示。

第一，经济类界定。在经济类层面上，商业模式仅仅被描述为企业的经济模式，其根本内涵为企业获取利润的逻辑。与此相关的变量包括盈利模式、定价策略、成本结构、最优产量等。代表性人物包括 Stewart、Rappa、Afuah 等。Rappa(2000）认为，商业模式最根本的含义是企业为了自我维持，也就是产生利润而经营商业的方法，从而清楚地说明企业如何以在价值链（价值系统）中进行定位，从而获取利润。Afuah 等（2001）把商业模式定义为企业获取并使用资源，

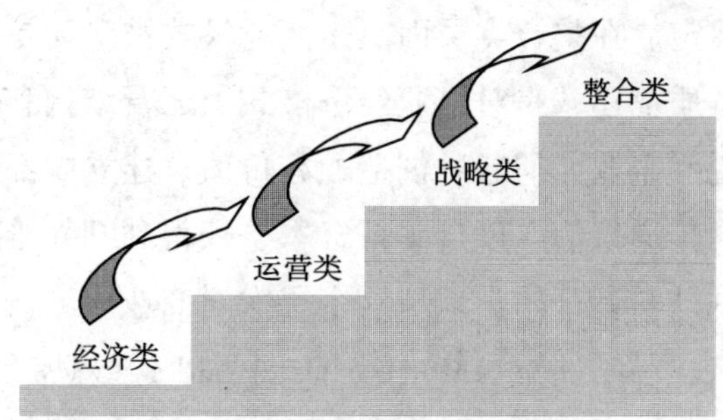

图 2-1 商业模式定义的演进过程

为顾客创造比竞争对手更多的价值以赚取利润的方法。

第二，运营类界定。在运营类层面上，商业模式被描述为企业的运营结构，焦点在于说明企业通过何种内部流程和基本构造设计，使得价值创造成为可能。相关变量包括产品/服务及其交付方式、业务流、资源流、知识管理和后勤流等。美国管理学家迈克尔·汉默（2004）认为，商业模式是企业的深层变革，即运营创新。商业模式意味着要用全新的方法完成企业运作的活动。其代表性人物包括Timmers、Mahadevan、王波和彭亚利等。Timmers（1998）将商业模式定义为：用来表示产品、服务与信息流的一个架构，包含各个商业参与者与其角色的描述、各个商业参与者潜在利益的描述以及获利来源的描述。Mahadevan（2000）认为，商业模式是企业与商业伙伴及买方之间价值流（Value Stream）、收入流（Revenue Stream）和物流（Logistic Stream）的特定组合。

第三，战略类界定。在战略类层面上，商业模式被描述为不同企业战略方向的总体考察，涉及市场主张、组织行为、增长机会、竞争优势和可持续性等。与此相关的变量包括资源和能力、价值主张与价值活动、利益相关者网络和联盟、组织行为、竞争优势与可持续性等。其中，代表性人物包括阿福亚赫和图西、Weill、Petrovic、马格利·杜波森、Dubosson Torbay、朱吉初和张大亮、王方华和徐飞等。Weill 等（2001）将商业模式定义为：对一个公司的消费者、伙伴公司与供货商之间关系与角色的描述，这种描述能辨认主要产品、信息与金钱的流向，以及参与者能获得的主要利益。王方华、徐飞（2005）认为，商业模式说是企业的价值创造过程及与价值相关活动的一种凝练。商业模式是企业通过投入自身经济要素，并整合周围所有经济关系和利益相关者的相关资源而形成的一种用来实现价值创造、获取收益，并最终实现利益分配的组织机制和商业架构。

第四，整合类界定。在整合类层面上，商业模式被认为是一种对企业商业系统如何很好运行的本质描述，是对企业经济模式、运营结构和战略方向的整合和提升。它多被用来说明企业如何通过创造顾客价值、建立内部结构，以及利用关系网络来开拓市场、传递价值、创造关系资本、获得利润并维持现金流的商业本质。越来越多的国内外学者开始尝试从这个层次对商业模式概念加以理解。其代表性人物包括 Linder、马哈迪温、Morris、Osterwalder、魏炜和朱武祥等。Linder 等（2000）认为，商业模式是组织或者商业系统创造价值的逻辑。马哈迪温（2000）认为，商业模式是对企业至关重要的价值流、收益流和物流三种流量的唯一混合体。Morris 等（2003）在考察了众多商业模式定义的基础上，为商业模式提供了一种整合类的定义：商业模式是一种简单的陈述，说明了企业如何通过对战略方向、运营结构和经济逻辑的一系列具有内部关联性的变量进行定位和整合，以便于能够在特定的市场中建立持续竞争优势。Osterwalder（2005）在对众多概念进行比较研究的基础上，去除了一些他认为不应当包括在内的因素后，认为商业模式是一种建立在许多构成要素以及它们之间的关系上的，用来说明特定企业商业逻辑的概念性工具。它说明了公司如何通过创造顾客价值、建立内部结构，以及与伙伴形成网络关系，来创造市场、传递价值和关系资本，并获得利润、维持现金流。魏炜、朱武祥（2009）认为，经此一轮经济危机后，如何重新定位企业的客户价值和市场，发现新的巨大成长机会；重新确定企业的活动边界，界定利益相关者及其合同内容，构建新的高效成长机制；重新设计收益来源和盈利模式，培育新的持续赢利能力，或许是中国企业在危机中重生的关键。

根据收集到有关商业模式定义的文献资料，作者加以汇总并按照经济类、运营类、战略类和整合类加以分类，如表 2-1 所示。

表 2-1　商业模式定义汇总

研究视角	研究者及年代	商业模式定义
经济类	Stewart 等（2000）	商业模式是企业能够获得并且保持其收益流的逻辑陈述
	Rappa（2000）	商业模式最根本的含义是企业为了自我维持，也就是产生利润而经营商业的方法，从而清楚地说明企业如何以在价值链（价值系统）中进行定位，从而获取利润
	Hawkins（2001）	商业模式是企业与其产品/服务之间的商务关系，是一种构造各种成本和收入流的方式，通过产生收入而使企业变得可生存和持续

续表

研究视角	研究者及年代	商业模式定义
经济类	Afuah 等（2001）	把商业模式定义为企业获取并使用资源，为顾客创造比竞争对手更多的价值以赚取利润的方法
运营类	Timmers（1998）	商业模式是用来表示产品、服务与信息流的一个架构，包含各个商业参与者与其角色的描述、各个商业参与者潜在利益的描述以及获利来源的描述
	Mahadevan（2000）	商业模式是企业与商业伙伴及买方之间价值流（Value Stream）、收入流（Vevenue Stream）和物流（Logistic Stream）的特定组合
	Applegate（2001）	商业模式是复杂商业现实的一种简化，通过这种简化的商业模式能够分析商业活动的结构、各结构性元素之间的关系，以及商业活动是如何影响现实世界的
	王波和彭亚利（2002）	谈及商业模式概念的时候，实际上是在说明三种不同的事情：商业模式的组成部分；企业的运行机制；对运营机制的扩展和利用。他们认为，只有后两种才是真正的组成部分
	迈克尔·拉帕（2004）	商业模式就其最基本的意义而言，是指做生意的方法，是一个公司赖以生存的模式，一种能够为企业带来收益的模式
战略类	阿福亚赫和图西（2000）	把商业模式看成是公司运作的秩序，以及公司为自己、供应商、合作伙伴及客户创造价值的决定性来源，公司依据它使用资源、超越竞争者和向客户提供更大的价值
	Weill 等（2001）	对一个公司的消费者、伙伴公司与供货商之间关系与角色的描述，这种描述能辨认主要产品、信息、金钱的流向，以及参与者能获得的主要利益
	Petrovic 等（2001）	商业模式是一个通过一系列业务过程创造价值的商务系统
	马格利·杜波森等（2002）	商业模式是企业为了进行价值创造、价值营销和价值提供所形成的企业结构及其合作伙伴网络，以产生有利可图且得以维持收益流的客户关系资本
	Dubosson-Torbay 等（2002）	商业模式是说明企业及其伙伴网络如何为获得可持续的收益流，而为一个或者数个目标顾客群体架构创造、营销、传递价值和关系资本的描述
	朱吉初、张大亮（2003）	商业模式通常指如何组织和利用资源，通过哪些途径，提供什么样的服务来创造利润
	王方华、徐飞（2005）	商业模式可以说是企业的价值创造过程及与价值相关活动的一种凝练。商业模式是企业通过投入自身经济要素，并整合周围所有经济关系和利益相关者的力量相关资源而形成的一种用来实现价值创造、获取收益，并最终实现利益分配的组织机制和商业架构
整合类	Linder 等（2000）	商业模式是组织或者商业系统创造价值的逻辑
	马哈迪温（2000）	商业模式是对企业至关重要的价值流、收益流和物流三种流量的唯一混合体
	托马斯（2001）	商业模式是开办一项有利可图的业务所涉及的流程、客户、供应商、渠道、资源和能力的总体构造
	Amit、Zott（2001）	商业模式是交易活动各组成部分的一种组合方式，其目的是开拓商业机会
	Magretta（2002）	商业模式描述了企业的每个部分通过匹配配合组成一个系统，从而为顾客创造价值的活动

续表

研究视角	研究者及年代	商业模式定义
整合类	贝因霍克和卡普兰（2003）	强调了商业模式的综合性、直觉和创造精神
	Morris 等（2003）	在考察了众多商业模式定义的基础上，为商业模式提供了一种整合类的定义：商业模式是一种简单的陈述，说明了企业如何通过对战略方向、运营结构和经济逻辑的一系列具有内部关联性的变量进行定位和整合，以便能在特定的市场中建立持续竞争优势
	翁君奕（2004）	把商业模式界定为由价值主张、价值支撑、价值保持构成的价值分析体系，提供了商业模式创意构思和决策的一种思维方法
	罗珉、曾涛、周思伟（2005）	商业模式是指一个组织在外部假设条件、内部资源和能力都明确的前提下，通过整合组织、供应链伙伴、顾客、员工等利益相关方来获取超额利润的一种战略创新和可实现的结构体系
	Osterwalder（2005）	在对众多概念进行比较研究的基础上，去除了一些认为不应当包括的因素后，认为商业模式是一种建立在许多构成要素以及它们之间关系之上的，用来说明特定企业商业逻辑的概念性工具。它说明了公司如何通过创造顾客价值、建立内部结构，以及与伙伴形成网络关系，来创造市场、传递价值和关系资本，并获得利润、维持现金流
	袁新龙和吴清烈（2005）	商业模式可以概括为一个系统，它由不同部分、各部分之间的联系及其互动机制组成；它是指企业能为客户提供价值，同时企业和其他参与者又能分享利益的有机体系；它包括产品及服务流、信息流和资金流的结构，包括对不同商业参与者及其角色的描述，还包括不同商业参与者收益及其分配的划分
	周永亮（2007）	企业的商业模式是企业将人才、技术、品牌、外部资源等诸要素巧妙而有机地融合在一起，并为企业创造价值的独有运营模式。企业经营的“表象”是商业模式的外在反映，而企业成功的“DNA”则在于拥有独特的商业模式。并揭示了商业模式是企业内外部资源的有机结合而产生的运营模式
	钱志新（2008）	商业模式是企业市场价值的实现模式，并把企业比喻成一个“黑箱子”，一侧输入的是经营资源，一侧输出的是企业价值，实现这种中间价值转换的就是商业模式，它集中体现了企业创造价值的能力，为企业实现市场价值最大化，是企业的价值转化机制
	Christoph Zott and Raphael Amit（2009）	商业模式是跨越并扩大核心企业组织边界的相互独立的活动体系，在该体系内活动主体共同创造价值，并分享价值
	魏炜、朱武祥（2009）	经此一轮经济危机后，如何重新定位企业的客户价值和市场，发现新的巨大成长机会；重新确定企业的活动边界，界定利益相关者及其合同内容，构建新的高效成长机制；重新设计收益来源和盈利模式，培育新的持续赢利能力，或许是中国企业在危机中重生的关键
	任锦鸾、吴妹（2009）	研究服务业商业模式构建方法，指出商业模式提供了一个全新的审视企业经营的视角，它注重描述企业的整体性和系统性，把价值创造与价值获取有机地结合起来，成为企业核心竞争力的重要组成部分
	李振勇（2009）	商业模式是为实现客户价值最大化，把能使企业运行的内外要素整合起来，形成一个完整的、内部化的，或利益相关的、高效率的、具有独特核心竞争力的运行系统，并通过最优实现形式满足客户需求、实现客户价值，同时使系统达成持续营利目的的整体解决方案

续表

研究视角	研究者及年代	商业模式定义
整合类	刘玉芹、胡汉辉(2010)	从结构体系、核心战略、价值创造三个层次总结商业模式内涵，认为商业模式是为实现顾客价值而进行价值创造的过程，该过程是以核心战略为依据，企业对内部结构和流程的整合以及对所在价值网络中的地位进行重新构造的一系列架构和活动

综上所述，作者还是比较倾向于第四种分类，即基于整合类的商业模式的定义。作者认为，商业模式指的是在商业操作中企业整合了什么资源，对资源如何整合的逻辑设计。简单地说，就是关于企业“做什么，如何做，怎样赚钱”。因此，商业模式是企业探求所经营业务的利润来源、利润生成过程和利润产出方式的系统方法，并且围绕企业如何盈利这个核心来配置企业资源和组织企业所有内外部活动的一个行为过程。正如埃森哲咨询公司王波和彭亚利认为的那样，商业模式至少要满足两个必要条件：商业模式必须是一个整体，有一定的结构，而不仅仅是一个单一的组成因素；商业模式的组成部分之间必须有内在联系，这个内在联系把各组成部分有机地关联起来，形成一个良性循环。

目前关于商业模式本质定义较有影响的观点包括以下几个：逻辑说，即商业模式是企业进行价值创造的总体逻辑（David J. Teece，2010）；故事说，即商业模式创新就是书写一个关于制造与销售活动的新故事（Joan Magretta，2002）；机器说，即商业模式是一种把能量转化为任务执行的机械装置，例如，汽车（R. C. Masanell and J. E. Ricart，2010）；关系说，即商业模式是跨企业边界的关系组合模板（C. Zott and R. Amit，2008，2009）。

总而言之，商业模式是企业价值的核心，包括了产品模式、用户模式、市场模式、营销模式和盈利模式在内的一个不断变化的、有机的商业运作系统，其中，任何一个模式都不能分开来考虑，其中，盈利模式是商业模式体系中最核心的子模式，其他几个子模式的最终目标都是实现盈利模式。

二、商业模式的构成要素

由于对商业模式本身的概念界定尚未达成统一定义，有关商业模式的构成要素更是众说纷纭。不同视角的商业模式，其构成要素自然也大相径庭。基于对商业模式剖析的深度、广度和详细程度的不同，不同研究者提出了，商业模式少则2种，多则9种的构成要素。其中，Morris（2003）等对商业模式的组成要素进行了总结，认为有的要素专门适用于电子商务领域，有的则适用于一般的公司和企业。Morris认为，商业模式的构成既有相同之处，也有很多的变化。不同成分的变化数量为3~8种。在上述不同的项目中，总共有24种商业模式构成要素，其中，15种是经常被提起的。提得最多的是企业的价值提供或价值定位（12次）；利润/收入/业务模式（包括收入源泉）（10次）；顾客界面或顾客关系（8次）；合作伙伴及其作用（7次）；内部基础设施或连接的活动（6次）；目标市场/市场定位（5次）。这些项目可能存在重复之处。为此，本书在收集整理了大量国内外研究文献的基础上，对已有的商业模式构成要素相关研究成果进行汇总，如表2-2所示。

表2-2 商业模式构成要素汇总

研究维度	学者及年代	具体构成要素
两大维度	Magretta（2002）	产生部分、售出部分
	Zhenya Lindgardt 等（2009）	价值定位、业务模式
	Rita Gunther McGrath（2009）	基本业务单元、关键流程矩阵
三大维度	Timmers（1998）	产品/服务/信息流结构、参与主体利益、收入来源
	Venkatraman（1998）	顾客互动、资源配置、知识杠杆
	Weathersby（2000）	价值主张、价值创造模型、价值获取机制
	Mahadevan（2000）	价值流、收入流、物流
	Applegate（2001）	概念、能力、价值
	Amit（2001）	交易内容、交易结构、交易治理
	Staehler（2001）	价值定位、价值构建、收入模式
	Hawkins（2002）	事务模式、收入模式、交易模式
	陈翔（2005）	价值增加、产品营销、资源配置
	李东（2006）	顾客价值定位、总成本结构、利润保护机制
四大维度	Markides（1999）	产品创新、顾客关系、基础设施管理、财务
	Hamel（2000）	核心战略、战略资源、价值网络、顾客界面
	Dubosson-Torbay 等（2001）	产品、顾客关系、伙伴基础与网络、财务
	Rayport 等（2001）	价值流、市场空间提供物、资源系统、财务模式
	Papakriakopoulos 等（2001）	协调问题、合作竞争、客户价值、核心能力

续表

研究维度	学者及年代	具体构成要素
四大维度	Betz（2002）	资源、销售、利润、资产
	Stahler（2002）	价值主张、产品/服务、价值体系、收入模式
	Maitland 等（2002）	价值取向、市场分割、涉及公司、收入模式
	Gartner（2003）	市场提供物、能力、核心技术投资、盈亏平衡
	翁君奕（2004）	价值对象、价值内容、价值提交、价值回收
	Scott M. Shafe（2005）	战略选择、价值网络、价值创造、价值获得
	Christensen（2007）	客户价值主张、盈利模式、关键资源、关键流程
	原磊（2007）	价值主张、价值网络、价值维护、价值实现
	Mark W. Johnson（2008）	顾客价值主张、盈利模型、关键资源、关键过程
	项国鹏等（2008）	价值主张、价值评定、价值支撑、价值维护
	IBM 全球企业咨询服务部	产品、服务、目标市场、业务流程、场地（社会基础）
	李振勇（2009）	融资模式、营销模式、管理模式、生产模式
五大维度	Horowitz（1996）	价格、产品、分销、组织特征、技术
	Viscio 等（1996）	全球核心、管制、业务单位、服务、连接
	Donath（1996）	顾客能力、市场战术、公司管理、内部网络化能力、外部网络化能力
	Timmers（1998）	产品/服务/信息流结构、业务参与者及作用、参与者利益、收入来源、市场营销战略
	Donath（1999）	顾客理解、市场战术、公司管理、内部网络化能力、外部网络化能力
	施百俊（2002）	套牢、互补品、网络外部性、私人知识、占先
	Lambert（2003）	提供的价值、收到的价值、价值链中的角色、交互作用的实体、交互作用的渠道
	Muller & Lechner（2005）	营销模式、服务提供模式、收入模式、服务配送模式、资本化模式
	栗学思（2008）	价值需求、价值载体、价值传递、价值创造、价值保护
	彭歆北（2008）	核心竞争力、业务组合、收入模式、运营模式、资源模式
	Oliver（2008）	人力资源、资本资源、生产资源、产品、能力政策
六大维度	Bell 等（1997）	外部力量、市场模式、业务流程、联盟、核心产品和服务、客户
	Chesbrough 等（2000）	价值主张、目标市场、内部价值链结构、成本结构和利润模式、价值网络、竞争战略
	Alt 等（2001）	使命、结构、流程、收入、法律义务、技术
	Thomas（2001）	流程、客户、供应商、渠道、资源和能力
	Forzi 等（2002）	产品设计、收入模式、产出模式、市场模式、财务模式、网络和信息模式
	Morris. M 等（2003）	供给品相关因素、市场因素、内部能力因素、价值战略因素、经济因素、个人/投资者因素
	Zhenya Lindgardt 等（2009）	目标细分市场、提供产品或服务、收入模式、价值链、成本模式、组织
	曾涛（2006、2008）	价值对象、价值主张、价值实现方式、内部构造、资源配置、价值潜力
	朱武祥、魏炜（2009）	定位、业务系统、关键资源能力、盈利模式、自由现金流结构、企业价值

续表

研究维度	学者及年代	具体构成要素
七大维度	Gordijn 等（2001）	参与主体、价值目标、价值端口、价值创造、价值界面、价值交换、目标顾客
	Petrovic 等（2001）	价值模式、资源模式、生产模式、顾客关系模式、收入模式、资产模式、市场模式
	Linder 等（2001）	定价模式、收入模式、渠道模式、商业流程模式、基于互联网的商业关系、组织形式、价值主张
	陈明、余来文（2010）	战略定位与行业选择、创业团队与创业精神、创业型企业盈利模式、创意能力与核心技术、资源整合能力、创业融资与风险投资、价值创新
八大维度	Afuah 等（2001）	客户价值、业务范围、定价、收入来源、连接活动、互补性、实施能力、可持续发展
	Weill 等（2001）	战略目标、价值主张、收入来源、成功因素、渠道、核心能力、目标顾客、IT 技术设施
	Gordijn 等（2001）	参加者、市场细分、价值提供、价值活动、利益相关者网络、价值界面、价值点、价值交换
	Laudon & Traver（2001）	价值取向、收入模式、市场机会、竞争环境、竞争优势、市场战略、组织发展、管理团队
九大维度	Osterwalder 等（2005）	价值主张、目标顾客、分销渠道、顾客关系、价值结构、核心能力、伙伴网络、成本结构、收入模式
	Alexander Osterwalder、Yves Pigneur（2011）	重要伙伴、关键业务、核心资源、价值主张、客户关系、渠道通路、客户细分、成本结构、收入来源
	方志远（2012）	业务价值模式、战略模式、市场模式、营销策略、管理模式、资源整合模式、资本运作模式、成本模式、营收模式

基于不同的研究视角，不同学者对商业模式的构成要素提出了各自不同的见解。商业模式的构成要素少则 2 个，多则 9 个。具体阐述如下：

第一，有的学者将商业模式构成要素浓缩成两种维度。如 Magretta（2002）指出，商业模式仅包括产生部分和售出部分。Zhenya Lindgardt 和 Martin Reeves（2009）认为，商业模式由价值定位和业务模式 2 个基本部分组成。

第二，有学者认为，商业模式构成要素包括三大维度。Timmer（1998）认为，商业模式构成要素包括产品/服务/信息流结构、参与主体利益、收入来源。Mahadevan（2000）认为，商业模式包括价值流、收入流、物流三大构成要素。Yunus、Moingeon & Lehmann-Ortega（2010）认为，商业模式包括价值主张、价值定位、利润方程。Amit & Zott（2012）认为，商业模式包括内容结构和治理。

第三，有学者认为，商业模式构成要素包括四大维度。Gartner（2003）认为，商业模式构成要素包括市场提供物、能力、核心技术投资、盈亏平衡。原磊

(2007) 认为，商业模式构成要素包括价值主张、价值网络、价值维护、价值实现。

第四，有学者认为，商业模式构成要素包括五大维度。Timmers (1998) 认为，商业模式构成要素包括产品/服务/信息流结构、业务参与者及作用、参与者利益、收入来源、市场营销战略。Teece (2010) 把商业模式的构成要素分为选择嵌入到产品/服务中的技术和特征，顾客从消费/使用产品/服务中获利，进行市场细分并选定目标市场确保可行的收入流和设计价值获取的机制，而且他还认为，这五个要素之间具有逻辑上的递进关系。

第五，有学者认为，商业模式构成要素包括六大维度。Morris M.等 (2003) 认为，商业模式构成要素包括供给品相关因素、市场因素、内部能力因素、价值战略因素、经济因素、个人/投资者因素。朱武祥、魏炜 (2009) 认为，商业模式构成要素包括定位、业务系统、关键资源能力、盈利模式、自由现金流结构、企业价值。

第六，有学者认为，商业模式构成要素包括七大维度。Linder 等 (2001) 认为，商业模式构成要素包括定价模式、收入模式、渠道模式、商业流程模式、基于互联网的商业关系、组织形式、价值主张。陈明、余来文 (2010) 认为，战略定位与行业选择、创业团队与创业精神、创业型企业盈利模式、创意能力与核心技术、资源整合能力、创业融资与风险投资、价值创新。

第七，有学者认为，商业模式构成要素包括八大维度。Weill 等 (2001) 认为，商业模式构成要素包括战略目标、价值主张、收入来源、成功因素、渠道、核心能力、目标顾客、IT 技术设施。

第八，有学者认为，商业模式构成要素包括九大维度。Osterwalder 等 (2005) 认为，商业模式构成要素包括价值主张、目标顾客、分销渠道、顾客关系、价值结构、核心能力、伙伴网络、成本结构、收入模式。Alexander Osterwalder、Yves Pigneur (2011) 认为，商业模式构成要素包括重要伙伴、关键业务、核心资源、价值主张、客户关系、渠道通路、客户细分、成本结构、收入来源。方志远 (2012) 提出了一个包含九要素的商业模式分析模型，这些要素包括业务价值模式、战略模式、市场模式、营销策略、管理模式、资源整合模式、资本运作模式、成本模式、营收模式。

可以说，不同学者眼中的商业模式各不相同，其构成要素汇总起来多达 80 种。其中，价值、收入、资源、产品、顾客是出现频率最高的要素。由此可见，商业模式还是基于整合的观点，其构成要素最终还是为了实现价值创造。

第二节 企业商业模式创新的理论综述

对商业模式创新的认识，最早可追溯到19世纪末，洛克菲勒（Rockefeller）在对交易成本的认识上发现了商业模式创新的秘密，把生产经营活动集中在公司内以降低交易成本。Amit和Zott（2001）认为，公司的商业模式是创新的重要土壤，也是价值创造的关键，商业模式创新是企业主导战略重新定位的驱动力。Rothman（2001）研究发现，商业模式创新是改变世界的公司经营成果的关键所在。Magretta（2002）认为，一个好的商业模式对任何一个成功的组织来说都是不可或缺的。德勤咨询公司（Deloitte Research，2002）通过对15家企业的商业模式创新进行研究，发现企业进行商业模式创新是为了满足消费者潜在的、尚未得到满足的需求，并不全是人们通常认为的技术、法律法规以及社会经济的变化。无独有偶，IBM（2006）就曾在世界范围内对700多名高管做过相关的调查，大约有300名被调查者认为竞争对手最有可能利用商业模式来改变产业的环境和格局，因此，他们也希望自己的公司能够参与并掌控这样的创新。Henning Kagermann（2008）指出，当今企业商业模式的创新比以往任何时候都需要实现伟大的转变：从以往单纯针对产品创新，到针对消费者的创新；从产品驱动型的商业模式，到服务与解决方案驱动型的商业模式。2008年，马克·约翰逊、克里斯滕森三位著名学者在《哈佛商业评论》上发表了经典文章《如何重塑商业模式》，认为企业若想实现变革性增长，依靠的往往不是产品和技术创新，而是商业模式创新。Bucherer、Eisert和Gassmann（2012）指出，虽然商业模式创新对企业的长期成功或失败具有决定性的作用，但与产品创新相比，我们对其仍知之甚少，在实践中还未开发出通用的商业模式创新方法。可以说，商业模式创新的重要性已经不言而喻了。郭海、沈睿（2013）以环境包容性和不确定性为切入点，在对国内185家企业进行研究后发现，市场竞争强度越高、技术波动越强、环境包容性越高，企业越有可能进行商业模式创新；需求不确定性越高，越不利于商业模式创新。市场竞争异常激烈，企业要想取得成功，必须探索商业模式的变革或创新之路。正是如此，企业商业模式创新吸引了众多学者的普遍关注。

一、企业商业模式创新再认识

企业商业模式创新是基于商业模式构成要素分析的基础上提出来的。一些学者希望通过探讨提高原有要素价值的途径或改变各要素之间关系的途径，来实现原有商业模式的创新。对于商业模式的“创新”，不同的学者基于不同的研究视角，研究结论也有所区别，具体如表 2-3 所示。

表 2-3 商业模式“创新”研究不同视角

研究学者	研究视角及其主要结论	创新词汇
Dubosson-toray；Zott 等	创新是个别部门的行为，企业需要主动设计	Design
Voelpel 等；Johnson 等	创新必须是颠覆性的结构设计，且企业需要主动选择	Reinvent
Sharma 等	创新是客观演化的结果，是长期、整体的企业行为，内生动力在创新中起决定性作用	Evolution
Yip；Pateli	创新是短期、随时、企业个别部门的行为，是企业主观改变的结果	Change
Petrovic 等	创新是企业经营模式的高层级跃进，内生动力起决定性作用	Develop/Development
Chesbrough 等；Mitchell 等；Giesen 等	包容上述研究的综合意义	Innovation/Innovate

不仅如此，不同学者从不同的角度对企业商业模式创新进行定义。Tucker（2001）从客户价值角度出发定义商业模式创新，认为商业模式创新过程就是从客户角度出发，发挥想象力来让事情变得更好的过程。Mitchell 指出，商业模式创新的目标是以最合适的方式提供给客户产品或服务，并剔除客户不要的东西。Siggelkow（2002）用增大、巩固、删减来描述调整过程，当调整超过一定限度，便成为商业模式创新。Mitchell 和 Coles 则从商业模式构成的基本要素 5W2H，即从“Who、What、When、Where、Why、How、How much”等方面来理解经营的本质。这七个要素中仅某一方面的变化使企业向好的方向发展被称为商务模式改进，商业模式的变革则至少要求四项以上的要素发生改变，而那些指向全新的或行业内未曾应用过的商业模式的变革便是商业模式创新。实现这种无先例的商业模式转型过程即被称为商业模式创新过程，从商业模式变化波及的范围和程度区分商业模式改进、模式变革和模式创新。Voelpel、Leidold 和 Tekie（2004）认

为，商业模式创新要从客户、技术、组织基础设施和盈利四个方面进行系统考虑，同时还强调了商业模式创新思维的系统性和与外部环境匹配的重要性。Osterwalder（2004、2007）更具体地指出，在商业模式这一价值体系中，企业可以通过改变价值主张、目标客户、分销渠道、顾客关系、核心能力、价值结构、伙伴承诺、收入流和成本结构等因素来激发商业模式创新。Davila、Epstein 和 Shelton（2005）则在其著作中较详细地阐述了如何从价值主张、供应链和目标顾客三方面进行商业模式创新，他们认为，可通过开发新产品或延伸现有产品的价值来改变价值主张，即改变送达市场的产品的价值；供应链创新，即改变创造和送达产品价值的方式，主要通过改进与合作伙伴的关系及运营整合来实现；目标客户创新是指企业发现并开发它们营销、销售和分销工作还没触及的细分市场。Chesbrough（2007）认为，商业模式创新不仅仅是技术。企业有 6 种层层递进的商业模式，并认为所谓的商业模式创新就是企业由低层级模式向高层级模式的不断跃进。对企业来说，商业模式的层级跃进并不是自然而然完成的，需要包括技术创新在内的各种要素的共同推动。黄谦明（2009）认为，对于一个新创商业模式，特定的企业家人力资本是不可或缺的，企业家创意价值的信息不对称性、企业家精神及其人格魅力的独特性、企业家能力的不可让渡性，决定了商业模式创新必定通过企业家自身来完成，即商业模式创新是企业家的创新。

Bucher、Eisert 和 Gassmann（2012）把商业模式创新定义为特地变革企业的核心元素和商业逻辑的过程。

二、企业商业模式创新理论演变

根据国内外学者对企业商业模式创新研究，作者整理并发现商业模式创新理论呈现“点—线—面—过程”这种进阶式的发展趋势。

第一，从点的角度分析商业模式创新。以“点”为代表的商业模式创新基本上是以归纳要素的改变为理论得来的，这些学者着重分析了某些要素的改变可以产生新的商业模式。具体的学者有：Petrovic 等（2001）认为，商业模式的变革与管理者心智模式的能力有关，因此有必要将双环学习引入心智模式，通过整体、广泛、长期和动态的观察来重新设计商业模式。这就强调了心智模式对于商业模式有着再设计的作用。Sterwalde（2002）认为，在价值系统中，商业模式创新既可以由供应链驱动，也可以由需求链驱动，即企业可以利用新技术、新方法或者满足新的顾客需求都可以实现企业新价值的创造，从而达到商业模式创新的目的。Giesen 等（2007）认为，企业组织结构的改进可以实现商业模式的创新，就是通过改变企业结构以及企业在价值链中作用、重新定义组织边界等依赖组织创新进而实现商业模式创新。Johnson 等（2008）认为，商业模式由顾客价值命题、盈利模型、关键资源、关键过程四个要素组成，这四个要素涵盖了企业经营的各个方面，企业商业模式创新可以围绕这四个要素的创新来实现。乔为国（2009）认为，商业模式是一个系统，由构成要素、要素间关系及系统动力机制组成。而 Yip（2004），Voelpel、Leibold、Tekie（2004）和 Teece（2010）等的研究，使得商业模式各构成要素间的关系得以体现，从而使得企业在通过更改商业模式构成要素进行创新的过程中，能够采用相关联的、系统的视角，确保商业模式创新的成功。因此，商业模式创新既可以以商业模式某要素及其具体形态创新变化为主，也可以以各要素组合结构关系或系统动力机制创新变化为主。以各要素为主要途径的商业模式创新有：以产品或服务为途径的创新、以目标客户为途径的创新、渠道创新、收益方式为主的创新、以企业内部价值链要素为主要途径的创新、以合作网络为途径的创新等。

第二，从线的角度分析商业模式创新。Christensen（2000）指出，企业所处的价值系统会面临很多不确定性，因此，企业必须不断对自身所处的价值系统的不同环节进行整合——或者改变某些环节，或者改变它们的组合方式，以实现商业模式变革。Magretta（2002）认为，商业模式应包括对参与者及其角色的识别，对价值的认识，以及对市场运作和市场关系的把握。后来，他将商业模式创新与价值链理论相结合，认为一个创新的商业模式是以企业经营活动的价值链为基础，再加上一些变化，新的商业模式都是对现有价值链的调整，是隐藏在所有商业活动下一般价值链前后两端上的变量。进而得出结论：一个新的商业模式或者起始于一个产品的创新，或者起始于一项流程的创新。RaPPa（2004）认为，商业模式创新意味着企业必须明确他们将开展何种活动来创造价值，以及如何在价值链上选取上、下游伙伴中的位置，最终与客户产生收益。Miles（2006）等从企业组织形式的角度出发，认为企业间的合作经营是推动企业商业模式持续创新的动力和方向，这也是基于价值网络内协作关系的创新。高闯、关鑫（2006）认为，在明确的外部假设条件、内部资源和能力前提下，企业商业模式是其价值链的一个函数，并可以将其看作是一种基于价值链创新的企业价值活动，及对其所涉及的全体利益方进行优化整合以实现企业超额利润的制度安排的集合，最终经过优化整合、重新排列来实现（见图 2–2）。

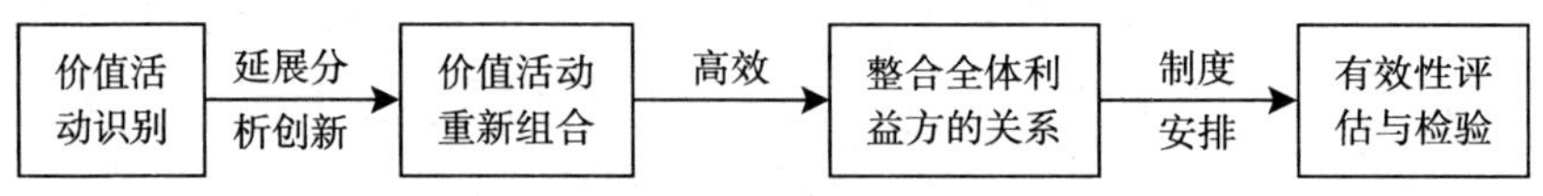

图 2–2 基于价值链的企业商业模式创新

他们提出，以企业基本价值链为基础，运用其在整条产业价值链（包括供应商的价值链、渠道价值链与顾客价值链）上的不同变动方式及其自身基础价值活动的创新来解释企业如何实现商业模式创新的内在机理。他们还认为，企业商业模式可能在一段时间内保持相对稳定，但在经济租金的驱动下，在外部经济、政治、文化和技术环境的影响下，企业商业模式创新会不断演进（见图 2–3）。

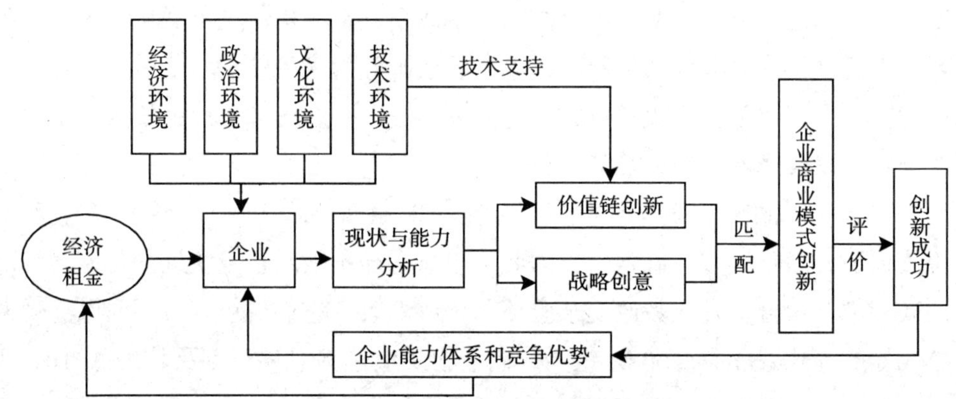

图 2–3 全方位的企业商业模式创新

他们还于 2008 年把知识和社会资本也引入到商业模式创新中来，并将企业商业模式的类型分为价值创新型、价值链分拆型、价值链延展型、价值链延展与分拆相结合以及混合创新型企业商业模式五种商业模式类型。

王阋（2009）考虑了商业模式与供应链的内在一致性，指出企业确定商业模式的转型方向后，可以利用供应链的思想，通过对企业可利用资源的组合方式的优化逆价值流而上，逐一对产业链进行调整。王锡秋（2010）认为，商业模式包括价值界定、流程管理和资源整合三个基本方面，因此，他主要从商业模式创新影响企业能力的角度来分析，认为商业模式创新为企业能力发展指明了方向（见图 2–4）。

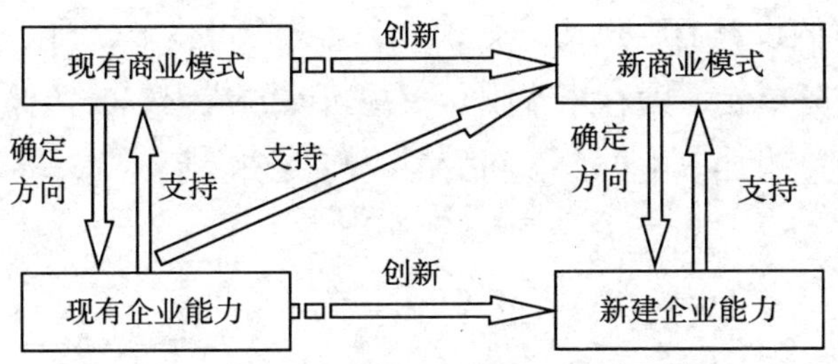

图 2-4 企业商业模式创新与企业能力的关系

根据不同类型的商业模式创新，需要企业发展不同类型的能力结构，同时也确定了企业能力的不同发展方向，具体的影响机制如图 2-5 所示。

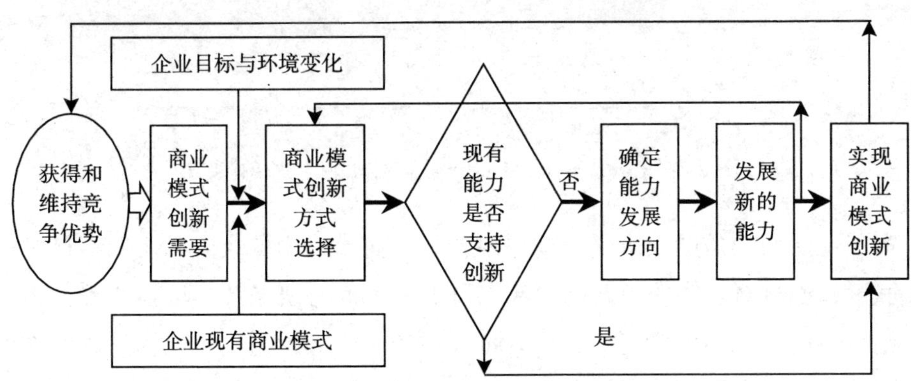

图 2-5 企业商业模式创新的实现机制

Cavalcante、Kesting & Ulhi（2011）的分析则比较微观，直接分析企业如何进行商业模式创新，他们把商业模式变革也分成了四个不同的阶段，分别是商业模式创意、商业模式扩展、商业模式调整和商业模式终止，如图 2-6 所示。在商业模式创意阶段，存在于企业家个人头脑中的“商业想法”迁移到图 2-6 中的Ⅰ，然后再迁移到新的企业，如建立和运营新的商业模式。商业模式扩展阶段意味着增加活动和/或把现存的核心流程扩展到一个现存的商业模式中。在图 2-6 中，通过从Ⅱ迁移到其他的Ⅱ来表示。第三种类型是商业模式调整，在图 2-6 中通过从Ⅱ迁移到Ⅲ来表示。通过调整，去除一些东西来修改现存的商业模式并用新的流程来取代，这在图 2-6 中的Ⅱ与Ⅲ之间通过符号（+）/（-）来表示。最后一种类型是商业模式终止，在图 2-6 中通过从Ⅱ向Ⅳ迁移来展示，用符号（-）来表示。这里，终止是指放弃/移除流程。商业模式终止是指关闭一个业务领域或业务单元（假设其有自己的商业模式），或关闭整个公司。如果决定关闭一个业务领域或业务单元，则意味着放弃一些当前的流程，公司保存下来的活动将继续发展，这通过图 2-6 中Ⅳ到Ⅱ间的虚线箭头来表示。

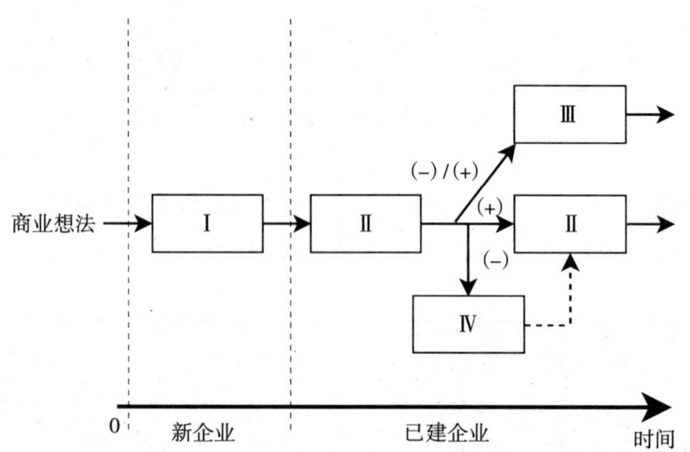

图 2-6　Cavalcante、Kesting 和 Ulhi 的商业模式变革

第三，从面的角度分析商业模式创新。商业模式的构成要素之间存在着一定的关联度，而且对于商业模式的创新在价值链方面有所拓展，以模块重组为主要特点的商业模式创新的学者有：Kneeht（2002）指出，企业在进行商业模式创新时，必须考虑两大问题：一是企业应该为顾客创造哪些价值；二是企业应如何实现这些价值。同时，他们认为，商业模式创新可以分成四个步骤，即环境分析、组织现状分析、价值提升以及实施创新。具体而言，就是首先通过分析外部因素的变化、趋势以及它们的关系来进行环境分析。其次，进行组织现状分析，进而来确定企业的核心竞争力，从而给企业定位。再次，通过描述组织角色，设计商业模式来实现价值提升。最后，通过商业模式从“旧”到“新”的转变来实施商业模式创新。Schindehutte 和 Mahadevan（2004）从价值创造的角度分析了不同因素共同作用影响商业模式创新的一种方式。他指出，一个新的商业模式是存在一定价值的，随着行业内竞争的加剧和现有客户需求的变化，企业现有商业模式价值被逐渐弱化，这种局面要求应用新技术或利用外部环境变化带来的机会去寻找创造价值的新策略，创造价值新策略的实现即表现为企业商业模式的创新。

徐迪（2004）把商务模式创新与商业模式创新等同化，并把商业模式核心界面要素的各种形态组合作为研究对象，研究核心界面要素的各种形态之间以及商业模式组分形态之间的相互关系和组合效应，从而发现各种不同组合所涌现出的新特性，以实现商业模式创新。徐迪（2005）利用复杂系统理论为商业模式创新的研究提供了方法论的支撑。他认为，商业模式具有复杂系统的相关性、开放性、动态性、层次性和适应性等基本特征，因此，商业模式创新实际上就是商业模式的各组分之间和各组分要素之间相互作用的涌现过程。Casadesus-Masanell、Richart（2007）十分重视不同企业之间商业模式的互动问题。他们认为，商业模式创新过程，就是企业与竞争对手、辅助组织、环境的共同演进过程。根据他们的逻辑，一个创新成功的商业模式，其内部必然存在一个“从选择到结果”的良性正反馈系统。他们的研究把商业模式创新的内在机理落实到存在于企业内部、企业与其他利益相关者之间的因果联系上来，从而使得商业模式创新的系统观更为具体，同时也为企业评估现有商业模式运作绩效，进而为开展商业模式创新实践提供了更恰当的理论工具与实践指导。

原磊（2007）并没有将价值创造与价值链、供应链相结合，而是借助模块化组织理论的“结构—界面—标准”思想，提出商业模式的 3-4-8 架构体系（见图 2-7），并从“远—中—近”三个层次对商业模式进行全面考察，并根据模块化的思想提炼出了基于价值模块的商业模式变革路径、基于界面规则的商业模式变革路径、基于两者混合的三种商业模式变革路径。根据其模块化的思想，将商业模式变革分成四种类型，完善型商业模式变革、调整型商业模式变革、改变型商业模式变革和重构型商业模式变革，并认为这四种类型商业模式变革对商业模式核

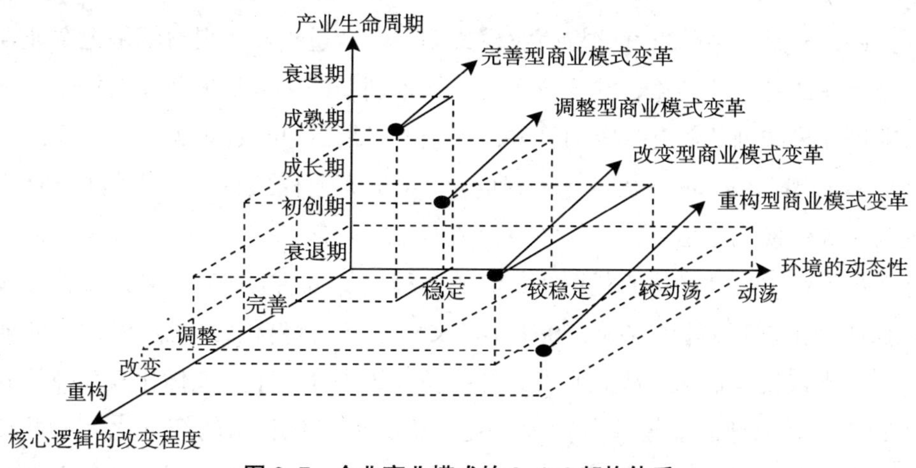

图 2-7 企业商业模式的 3-4-8 架构体系

心逻辑的改变逻辑的改变程度不同，分别适用于不同的环境动态和产业生命周期。

此外，韩炜（2010）提出从商业模式的角度明晰对新企业成长期的性质界定与阶段划分，从价值、过程、控制三个维度解析新企业商业模式的构成，构建了一个新企业成长的概念模型。李东运用 Meta-方法对构成商业模式的基础要素进行分析归纳，并据此研究了商业模式变革的规律，提出关于创新顺序的螺旋模型假设，认为一个企业的商业模式变革对应于企业相应的成长阶段，沿着“顾客价值转换—成本结构转换—利润保式转换”的顺序进行。姚伟峰、卢桐认为，利益相关者之间的博弈是影响商业模式创新的重要因素，同时也是商业模式创新的动力来源，因此，他们在深入探究了相关利益者对商业模式创新影响的内在机理后，开发出 TSB 模型（见图 2-8），用来描述技术创新、相关利益者及商业模式创新之间的关系。

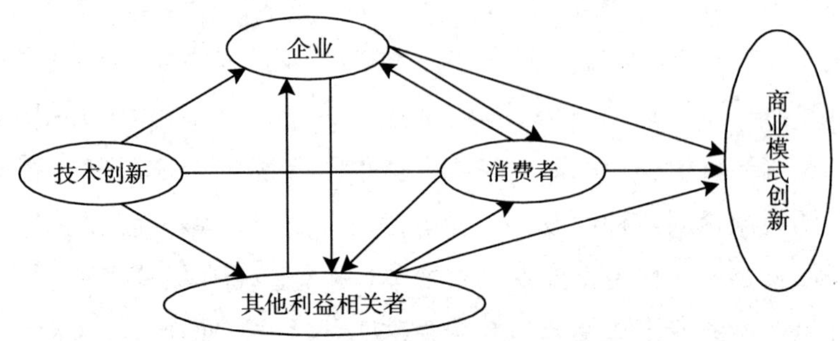

图 2-8　企业商业模式创新的 TSB 模型

第四，从过程性的角度分析商业模式创新。从过程性的视角就是把企业发展程度及企业的各相关利益者的价值活动均纳入创新的考量范围内。近年来，很多学者对商业模式创新都有一定的见解，从企业发展的过程性来关注商业模式创新的学者有：Chesbrough 2002 年注意到技术对于商业模式创新产生的推动作用，他认为，商业模式是位于技术与经济价值的中间构件，一个成功商业模式的形成就是将技术潜力与经济价值联系在一起的过程。从后期的研究中看出，他逐步拓展了商业模式创新路径。在他 2007 年的文章中，他将自己的观点表述为商业模式创新：不仅仅是技术。从商业模式升级角度详细介绍了企业优化其商业模式的方法和步骤。他把商业模式分为大众化、部分差异化、市场细分化、外部支持化、整合企业创新化、动态适应平台六种，并认为商业模式是否能够提升取决于现有商业模式是否能够创造足够的利润、企业是否有足够的开放程度以获得外部资源，以及企业是否愿意出售自己不需要的非核心资源。为了让商业模式的划分和升级具有可操作性，Chesbrough 还明确提出了衡量这六种商业模式的标准，分析了每种商业模式与上一层次商业模式的关键区别，指出这些关键区别就是商业模式提高的着眼点。与此同时，Chesbrough 还强调了开放性对提高商业模式的作用，认为这六种商业模式的总体趋势是公司不断趋向于开放式的创新和管理。他总结了六种层层递进的商业模式，认为所谓商业模式创新就是企业由底层级模式向高层级模式的不断跃进。对于企业而言，商业模式的层级跃进并不是自然而然完成的，而是需要包括技术创新在内的各种要素的共同推动。Magretta（2002）则把商业模式创新与价值链理论相结合，他认为，新的商业模式都是基于对现有价值链的调整，创新的环节是与制造有关的活动和与销售有关的活动。他把商业模式创新与价值链理论进行了结合，把企业全部活动纳入创新的范围内，这就使得企业从采购、生产、销售等环节的创新性设计都可以生成新的商业模式。

作为全球商业模式设计与创新的前沿学者，Osterwalder（2004，2010）则进一步说明了企业特征与选择创新程度的关系。通过对案例研究，他把商业模式创新分为存量型创新、增量型创新和全面创新三类。他认为，对于能够获得新资源、核心能力或分销渠道的企业，可以采用存量型创新方式来提供与过去相似的产品或服务；对于在某些点上滞后的企业，可以采用增量型创新方式，在现有的经营模式上增加新的要素以加强竞争优势；对于拥有新技术并能把握机会的企业，可以在新市场形成时进行商业模式的全面创新。后来，Osterwalder（2010）把企业商业模式创新的过程分为环境分析、商业模式设计、组织规划和商业模式执行四个阶段。环境分析阶段主要是规划团队成员就商业模式的社会、法律、竞争、技术等问题达成共识，然后规划商业模式的框架；设计阶段主要根据商业模式的要素来描述新的商业模式，在这个阶段，企业管理者可以选择一个或几个商业模式原型进行测试；在组织规划阶段，企业根据商业模式组合将商业模式分解为业务单元和具体的流程，同时规划支持商业模式执行的基础信息系统;最后是将设计好的模式付诸实施的阶段。

国内的陈玉峰通过对企业运行特点、企业创新方式的研究，并借鉴了现有商业模式创新的成果后，构建了一个框架用来识别三种商业模式创新类型，如图 2–9 所示。

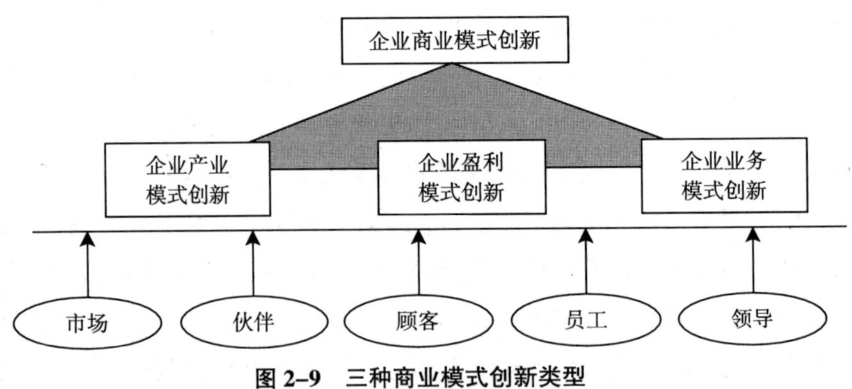

图 2-9 三种商业模式创新类型

田志龙在关于商业模式创新途径的探讨中提到了商业模式创新的路径必须是可行的而且必须并且能够产生充分增长的、比竞争对手更有优势的销量、收入和利润的效果。他把商业模式创新的途径分为六种：第一种是重新定义公司的客户需求；第二种是提供特别的产品或服务；第三种是改变提供产品或服务的途径；第四种是改变收入的分成模式；第五种是改变对顾客的支持体系；第六种是发展独特的营销价值网络。与此同时，他认为这六种途径可以单独使用，但组合使用是最好的途径。他是从创新途径来分析企业生产经营活动过程中如何达到商业模式创新的。李椿、高莉莉主要从商业模式创新的路径进行分析，认为商业模式创新的价值空间可以从三大方面进行：一是从顾客角度，二是从企业角度，三是放眼整个产业角度，从这三个方面就归纳出基本创新路径，具体的创新路径如图 2-10 所示。

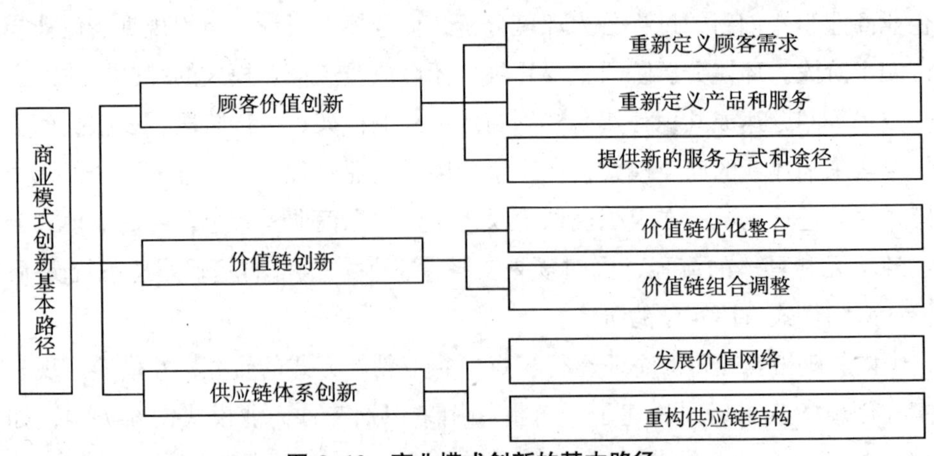

图 2-10 商业模式创新的基本路径

商业模式本身的动态性就要求企业在发展过程中不断调整商业模式来适应企业内外部的发展，但并不是任何商业模式变化都可以被认为是商业模式创新，只有改变那些能改变企业经营逻辑的商业模式才能称为商业模式创新。把企业生产运转整个运作过程都纳入创新领域时，就使得商业模式创新具有过程性特点。

三、企业商业模式创新的相关理论

企业商业模式创新是企业的不二选择，企业商业模式创新理论也呈现“点—线—面—过程”这种进阶式的发展趋势。不仅如此，不同的学者从不同的研究视角对企业商业模式创新展开研究，包括企业商业模式创新的动力、途径、实施以及阻力四个方面。

（一）企业商业模式创新的动力

商业模式创新是企业基于一定的动力驱动而开展的一项创新活动。众多学者探讨了商业模式创新的动力，并认为商业模式创新动力是企业选择商业模式创新时机和途径的前提。为此，作者主要将动力分为外部动力和内部动力（见图2-11）。其中，外部动力包括新技术推动、企业竞争驱动以及客户需求拉动等。而内在动力则主要来自企业高管和组织系统的双重支持。

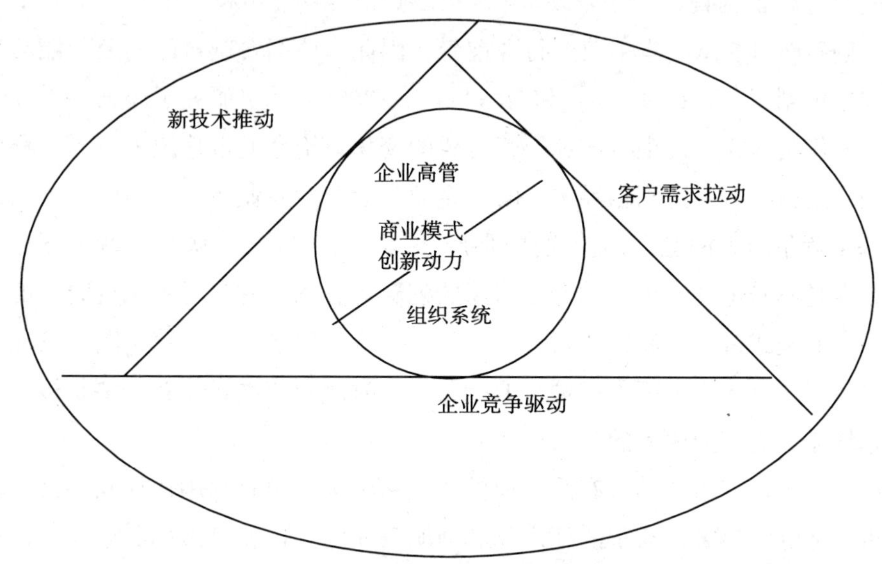

图 2-11　企业商业模式创新动力示意

第一，新技术推动。早期对商业模式创新的关注也更多地集中在新兴的互联网企业身上，Timmers（1998）、Amit 和 Zott（2001）等早期学者认为，以互联网技术为代表的新技术是商业模式创新的主要动力。后来，Faber 等（2003）、Kodama（2004）、Yovanof 和 Hazapis（2008）等学者的研究发现，在更广泛的IT和 ICT 领域，产业模块化和产业融合等技术变化推动了美国、欧洲国家和日本相关企业的商业模式创新，而且商业模式创新有助于企业在更大程度上获得技术变化所带来的收益。Willemstein、Valk 和 Meeus（2007）的研究也证实了企业内部技术的提升是推动生物制药企业商业模式创新的动力之一，不仅如此，新技术的市场化也是商业模式创新的动力之一。Christensen（1997）对突破性技术的市场化进行了研究，他认为，与持久性技术相比，突破性技术是一种比较激进的技术创新，在原有的商业模式中将其市场化是不可行的，必须采用一种全新的商业模式来使应用突破性技术的产品实现市场化。此时，商业模式的创新就是为了新技术的市场化而进行的。

第二，企业竞争驱动。商业环境瞬息万变，极不稳定，为了适应动态变化中的商业环境，应对市场竞争对手，企业的商业模式必须不断创新。可以说，市场竞争与经营危机压力是迫使企业寻求创新机会的一个重要原动力，也是迫使企业实施商业模式创新的重要驱动因素。IBM（2006）对世界范围内 765 个 CEO 或公司高管进行了调查，结果发现大约 40%的 CEO 或公司高管担心竞争对手的商业模式创新有可能从根本上改变行业前景，因此，他们希望自己的公司能够参与和掌控这种创新。Venkatraman 和 Henderson（2008）深入研究了压力促进商业模式创新的作用方式，发现技术和经营方式的变化会给企业带来压力，当这种压力积累到一定程度（或达到临界点）时，企业就会产生商业模式创新的需要。这是企业基于竞争压力而驱动商业模式创新。Sosna 等（2010）认为，特定商业模式的持续性是不确定的，市场的变化（新的创新者、竞争者和规则出现时）能够使现存的商业模式过时或者缺乏营利性。所以，从长远来看，持续不断的商业模式创新对每一个企业来说都是一种重要能力。此时的商业模式创新主要是被商业环境和市场竞争的压力驱动的。

第三，客户需求拉动。有些商业模式创新根本就没有利用任何新的技术，只是提供了能够满足客户需求的新产品和新服务而已。这就是市场需求拉动的商业模式创新。德勤咨询公司（Deloitte Research，2002）在对 15 家企业的商业模式创新进行研究后发现，推动商业模式创新的主要动力并不是大家通常认为的技术、法规和社会经济变化，而是企业为了满足消费者长期拥有但被忽视或未得到满足的需求而进行的努力，例如，美国西南航空提供的廉价短途航空旅行服务，星巴克提供的消费者可承受的奢侈和能够放松、交谈及参与的聚会场所。此外，有时商业模式创新也是为了抓住特定的市场机会而进行的。Lindgardt 等（2009）认为，商业模式创新能够帮助企业明确经济倒退时的特定商业机会。他们通过以往的研究得出结论，那些在经济倒退时期表现出色的公司都是利用危机提供的机会重新焕发生机，而不仅仅是靠财务或者运作上的创新。他们进一步得出结论，在经济危机时期，公司内部更容易对商业模式创新的大胆举动取得一致性的认知。

第四，企业内部支持。企业商业模式创新离不开企业的内部支持。企业内部支持主要包括两个方面，一方面是企业高管的重视；另一方面则是企业系统的有效支撑。Linder 和 Cantrell（2000）对 70 名企业高管的访谈和对二手资料的整理表明，企业高管是推动企业商业模式创新的主要动力，接受调查的 70 名企业高管把他们 30%左右的创新努力放在了商业模式创新上，有些甚至把商业模式创新放在传统创新之前。可以说，企业家发现机会的能力、承担风险和不确定性的能力对企业家的商业模式创新行为的正向影响显著，且企业家的商业模式创新行为对创新绩效的正向影响显著（严艳红，2008）。对于一个新创商业模式，特定的企业家人力资本是不可或缺的，企业家创意价值的信息不对称性、企业家精神及其人格魅力的独特性、企业家能力的不可让渡性，决定了商业模式创新必定通过企业家自身来完成，即商业模式创新是企业家的创新（黄谦明，2009），此外，一些学者试图系统地解释不同创新动力的作用方式。例如，Mahadevan（2004）从价值创造的角度考察了不同因素对商业模式创新的影响。也有学者从创新动因的角度对商业模式创新的研究进行归纳总结，如 Trimi & Berbegal-Mirabent（2012）认为，商业模式中的创新表现为三种不同的方式。结果表明，随着行业内竞争的加剧和现有客户需求的变化，企业现有商业模式的价值趋于减小，从而要求运用新技术或利用外部环境变化带来的机会去实施创造价值的新策略，其结果就是商业模式创新。这种理论从系统视角说明了商业模式创新是受到多种因素共同作用的结果。

（二）企业商业模式创新的途径

企业商业模式创新是关乎企业生死存亡的一项复杂的系统工程，由于创新者视角不同，企业商业模式创新途径各不相同。根据文献研究，作者发现，早期商业模式创新途径的研究主要侧重于对企业创新程度和商业模式构成要素创新而展开的。随着学者对商业模式创新认知的不断深入，研究者也开始从价值链和系统化的视角来看待商业模式创新。企业商业模式创新途径研究如表 2-4 所示。

表 2-4 企业商业模式创新途径研究

研究内容	研究视角	研究者
企业商业模式创新途径研究	企业创新程度	Linder 和 Cantrell（2000），Ostwalder（2004、2007），Mahadevan（2004），Schaltegger、Lüdeke-Freund 和 Hansen（2011）
	商业模式构成要素	Weill 等（2001），Osterwalde（2004、2007），Davila 等（2005），Johnson 等（2008），Lindgardt 等（2009）
	企业价值链	Magretta（2002），RaPPa（2004），Miles 等（2006）
	执行和实施	Osterwalder 和 Pigneur（2010），Bucherer、Eisert 和 Gassmann（2012）
	企业系统	Voelpel 等（2004），Amit 和 Zott（2009）

第一，基于企业创新程度视角的企业商业模式创新途径。有学者发现，不同类型的企业实施商业模式创新的程度大相径庭，这也决定了企业实施创新的途径有所区别。Linder 和 Cantrell（2000）把企业商业模式创新分为四种类型：一是挖掘型，即在不改变商业模式本质的前提下挖掘企业现有商业模式的潜力；二是调整型，即通过改变产品/服务平台、品牌、成本结构和技术基础来调整企业的核心技能，提升企业在价格/价值曲线上的位置；三是扩展型，即把企业的现有商业逻辑扩展到新的领域；四是全新型，即为企业引入全新的商业逻辑。此外，Mahadevan（2004）还考察了商业模式创新的可持续性问题。根据商业模式创新的程度和可持续性，Mahadevan 把企业分为当前领导者、趋势创造者、新进入者、模仿者和跟随者，并着重讨论了前三者的创新策略。Mahadevan 认为，当前行业领导者应该力图进行“妨碍性”商业模式创新，即通过实现范围经济、掌握垄断资源和控制供应链等方式来提高现有客户的转换成本。趋势创造者应该突出自己的商业模式的创新性，寻求可持续收益模式，并弥补在新领域缺乏的知识和能力。新进入者应该进行“战争式”商业模式创新，即降低现有客户的转换成本、提高交易效率，并向新客户宣传特殊的价值主张。Schaltegger、Lüdeke-Freund 和 Hansen（2011）在 Mitchell 和 Coles（2004）研究的基础上，把商业模式创新分为商业模式的调整、商业模式的采用、商业模式的改进和商业模式的再设计四个阶段。

第二，商业模式构成要素视角的企业商业模式创新途径。对于商业模式创新，很多学者都从商业模式构成要素展开入手，他们认为，通过改变商业模式构成要素及其之间的关系，进而实现企业商业模式创新。Weill 等（2001）强调了改变要素之间关系的重要性，他们提出了“原子商业模式”概念，并指出每个原子商业模式都具有战略目标、营收来源、关键成功因素和必须具备的核心竞争力这四个特征，通过改变原子商业模式的组合方式就可构建新的商业模式。Osterwalder（2004、2007）指出，在商业模式这一价值体系中，企业可以通过改变价值主张、目标客户、分销渠道、顾客关系、核心能力、价值结构、伙伴承诺、收入流和成本结构等因素来激发商业模式创新。Davila 等（2005）在其著作中较详细地阐述了如何从价值主张、供应链和目标顾客三方面进行商业模式创新，他们认为，可通过开发新产品或延伸现有产品的价值来改变价值主张，即改变送达市场的产品价值；供应链创新，即改变创造和送达产品价值的方式，主要通过改进与合作伙伴的关系及运营整合来实现。目标客户创新是指企业发现并开发其营销、销售和分销工作还没触及的细分市场。Johnson 等（2008）认为，商业模式由顾客价值命题（CVP）、盈利模型、关键资源、关键过程四个要素组成。这四个要素涵盖了企业经营的方方面面，企业商业模式创新可以围绕这四个要素的创新来实现的。Lindgardt 等（2009）也认为，商业模式创新可以通过商业模式组成要素的创新来实现。他们指出，商业模式包括价值命题和运营模式两个要素，每个要素又分别包含若干个子要素。

第三，基于企业价值链视角的企业商业模式创新途径。有些学者从企业价值链视角来研究企业的商业模式创新。Magretta（2002）认为，新的商业模式就是隐藏在所有商业活动下的一般价值链上的变量，价值链由两个部分组成：一部分包括所有与生产有关的活动，例如，设计、购买原材料、制造的环节；另一部分包括所有与销售有关的活动，例如，寻找并接触顾客、交易、分销渠道和售后服务等环节。进而得出结论：一个新的商业模式或者起始于一个产品的创新，或者起始于一项流程的创新。RaPPa（2004）认为，商业模式创新意味着企业必须明确他们将通过开展何种活动来创造价值，以及如何在价值链上选取上、下游伙伴中的位置，最终与客户产生收益。Miles 等（2006）从企业组织形式的角度出发，认为企业间合作经营是推动企业商业模式持续创新的动力和方向，这也是基于价值网络内协作关系的创新。

第四，基于企业系统视角的企业商业模式创新途径。有些研究者开始从系统的视角对商业模式创新进行研究。Voelpel 等（2004）认为，商业模式创新要从客户、技术、组织基础设施和盈利四个方面进行系统考虑，同时还强调了商业模式创新思维的系统性和与外部环境匹配的重要性。Amit 和 Zott（2009）认为，商业模式是一个由相互联系的若干活动所组成的系统，这个系统可能越过了企业的边界，并使企业和其商业伙伴能够创造价值，企业从中分享一部分价值。他们认为，商业模式这个活动系统的设计者需要考虑两个方面的因素，一方面是设计组成因素，具体包括内容、结构和治理；另一方面是设计主题，具体包括新颖性、锁定性、互补性和效率，这部分描述了商业模式活动系统价值创造的源泉。

第五，基于具体的执行与实施角度的企业商业模式创新途径。Osterwalder 和 Pigneur（2010）把商业模式设计过程划分为动员、理解、设计、执行和管理五个阶段。他们认为，这五个阶段不是线性的，尤其是理解与设计阶段，经常是并行的，而不具有先后顺序；而商业模式的原型起始于理解阶段，但在设计阶段会产生新的创意，从而回到理解阶段。Bucherer、Eisert 和 Gassmann（2012）的研究则把商业模式创新分为四个阶段：分析、设计、实施和控制。他们认为，分析阶段可能持续几年，当经理们观察到他们的传统商业模式逐渐处于压力之下时，在设计阶段，各种替代的解决方案被开发出来，随后的可行性研究被认为是非常关键的，从整体上讲，设计阶段是一个迭代的过程，但这个阶段看起来是一个连续的、耗时较少的阶段，实施阶段倾向于时间较短，此时老的商业模式被替代，这个阶段之所以必须快速发生，是为了避免在市场中引起混乱，最后是控制阶段，包括成功的控制和所有的内部、外部变革的监督，是一个持续的活动。

（三）企业商业模式创新的实施

企业商业模式创新实施是企业商业模式创新的最终环节，卓有成效的实施对企业商业模式创新来说至关重要。对于企业商业模式创新的实施研究，不同的学者从各自的角度展开研究，这些视角包括战略规划、组织学习、持续改进及 IT 变革等（见表 2-5）。

第一，面向战略规划的商业模式创新实施研究。对于商业模式创新的实施，德勤咨询公司（2002）构建了一个类似的三阶段（即机会分析、模式设计和计划实施）商业模式创新分析框架。在详细说明实施步骤时，该公司重点强调了高层管理者在商业模式创新尤其是实施中的作用。Voelpel 、Leidold 和 Tekie（2004）

表 2–5　企业商业模式创新实施研究

研究内容	研究角度	学　者
企业商业模式创新实施研究	战略规划	Voelpel、Leidold & Tekie（2004）；Osterwalder（2007）
	组织学习	Sosna 等（2010）；McGrath（2010）
	持续改进	Morris、Schindehutte & Allen（2003）
	IT 变革	Timmers（1998）；Kodama（2004）；Venkaraman & Henderson（2008）

则把创新实施研究的重点放在商业模式创新规划上，构建了一个基于客户测试、技术测试、企业基础设施测试和财务测试的商业模式创新实施循环框架。在这个框架中，客户测试主要考虑企业新的价值主张能否显著提高客户的满意程度或创造新的细分市场，以及原有客户能否迅速适应新的价值主张等问题；技术测试主要解决企业是否拥有实现新价值主张的技术，以及是否能够开发更新、更能满足企业需求的技术等问题；企业基础设施测试旨在回答企业内部组织和外部合作伙伴能否实现和传递新的价值主张等问题；而财务测试则旨在测试企业利润的可持续性以及竞争对手模仿可能对企业造成的冲击。不仅如此，Osterwalder（2007）把商业模式创新的过程分为环境分析、商业模式设计、组织规划和商业模式执行四个阶段。环境分析阶段的任务主要是使规划团队成员就商业模式的社会、法律、竞争、技术等问题达成共识，然后规划商业模式的框架。设计阶段的主要任务是根据商业模式的构成要素来描述新的商业模式。在这个阶段，企业可以选择一个或几个商业模式原型进行测试。在组织规划阶段，企业根据商业模式的构成要素将商业模式分解为业务单元和具体的流程，同时规划支持商业模式执行的基础信息系统。最后阶段就是将设计好的商业模式付诸实施。由此可见，这些学者都是基于战略规划的角度而展开商业模式创新实施研究的。

第二，面向个人和组织学习的商业模式创新实施研究。有些学者，包括 Sosna、McGrath 等，认为企业的商业模式创新实施过程是一个个人和组织不断学习的过程。Sosna 等（2010）认为，商业模式发展是一个最初的试验过程，这个过程是以不间断的试错（Trial–and–Error）学习作为基础的。他们指出，在这个过程中，个人和组织在不间断的商业模式适应和低成本的试验过程中学习应该被鼓励，因为知识的扩散作用可以抵制商业模式创新错误的负面影响。据此，他们提出了商业模式创新实施的四个步骤：第一步是初始商业模式的设计和测试；第二步是商业模式的发展过程；第三步是精炼和改进商业模式的过程；第四步是通过组织学习保持商业模式的成长。无独有偶，McGrath（2010）也持类似的观点，认同组织和个人学习在商业模式创新实施中的重要作用。但与 Sosna 不同的是，McGrath 认为，商业模式的试验（Experimentation）失败和学习过程既可能发生在组织内部，也可能跨越组织边界发生。

第三，面向持续改进的商业模式创新实施研究。有些学者认为，企业可以采取持续改进的方式进行商业模式创新实施。Morris、Schindehutte 和 Allen（2003）认为，商业模式创新就是企业在逐步加深对自身商业逻辑认识的基础上，不断完善和调整自己的商业模式。商业模式创新就是从基础层商业模式向专有层商业模式和规则层商业模式逐步递进的过程。Chesbrough（2006）则从商业模式升级的角度详细介绍了企业优化其商业模式的方法和步骤。他把商业模式分为大众化、部分差异化、市场细分式、能获得外部支持、能整合企业创新和能动态适应市场六种，并认为商业模式是否能够提升取决于现有商业模式是否能够创造足够的利润、企业是否有足够的开放程度以获得外部资源，以及企业是否愿意出售自己不需要的非核心资源。为了让商业模式的划分和升级具有可操作性，Chesbrough 还明确提出了衡量这六种商业模式的标准，分析了每种商业模式与上一层次商业模式的关键区别，并认为这些关键区别就是提升商业模式的着眼点。与此同时，Chesbrough 还强调了开放性对于提升商业模式的作用，认为这六种商业模式的总体趋势是促使企业不断趋向于开放式创新和管理。

第四，面向 IT 变革的商业模式创新实施研究。在信息化时代，IT 系统已成为企业不可或缺的组成部分。有些学者逐步开始从 IT 变革角度来研究企业商业模式创新。其中，Timmers（1998）、Kodama（2004）、Venkat Raman 和 Henderson（2008）等都谈到了 IT 系统在商业模式创新中的作用，并强调 IT 系统建设要与商业模式创新相匹配。不仅如此，IBM、SAP 等企业也高度重视 IT 系统对商业模式创新的重要性。IBM（2006）认为，IT 变革是商业模式转变的一个内在因素，同时也决定了商业模式转变的可行性。在商业模式创新中，企业技术人员应该配合企业管理者从三个方面实施商业模式创新的行动，即理解商业模式的系统构成、用商业思维对企业现有的 IT 模式进行创新、建设柔性化和响应化的 IT 基础设施。与此同时，SAP 公司的总裁（2007）在其著作中强调了变革时代全球经济的信息化特征，并认为企业应该通过建立弹性信息架构和协作业务网络来加快转型速度，以根据客户需要提供一套完整的服务与解决方案，而不再满足于向客户提供物美价廉的单个商品或服务。

（四）企业商业模式创新的阻力

企业进行商业模式创新，一方面，有来自组织内外部的多种动力；另一方面，也会遇到组织内外部的诸多阻力的羁绊。学者对商业模式创新阻力进行研究，得出如下几种阻力（见图 2-12）：

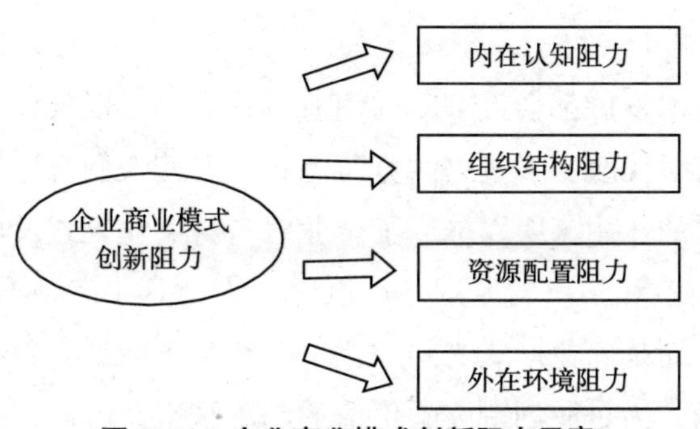

图 2-12 企业商业模式创新阻力示意

第一，内在认知阻力。有学者认为，内在认知阻力是组织商业模式创新的主要阻力。Chesbrough（2002）指出，企业内已建立的商业模式会强烈影响新创商业模式决策过程中所需要的信息。Sosna（2010）认为，管理层已经形成的基于环境的思维方式和不完备的认知反应会对商业模式创新试验产生阻碍。

第二，组织结构阻力。企业内部组织结构的不完善也会成为商业模式创新的阻力。Chesbrough（2009）指出，一些大公司的部门经理可能推动商业模式创新的实施，但他们往往频繁调动，以致商业模式创新的实施缺乏连续性。不仅如此，Sosna（2010）还认为，商业模式创新与组织结构内部权力结构的现状有关，分散的权利中心不利于商业模式创新的实施。

第三，资源配置阻力。企业商业模式创新也存在资源配置阻力问题。Christensen（1997）在研究了突破性技术市场化过程后认为，突破性技术商业模式创新的主要阻力是缺乏相应的资源，而这些资源大部分被持久性技术的商业模式所占有。Amit 和 Zott（2001）认为，商业模式创新常常与更多传统的企业资产配置相矛盾，企业经理更倾向于阻止商业模式创新试验，因为这些试验威胁到了他们在企业内贯彻的价值观。

第四，外在环境阻力。组织的外部环境也可能成为企业商业模式创新的阻力。Sosna（2010）指出，当新的商业模式刚被概念化时，经理层面对的是不确定的、不可预测的、快速变化的市场，这给经理的商业模式创新决策带来了阻力。

第三节 企业商业模式创新的展望

每一次信息技术发展都会带来新的商业模式变革，以云计算、互联网、物联网为代表的新经济时代改变了过去的竞争范式，促使人们意识到商业模式对于企业的发展起着怎样的作用，所以推进了企业对自身商业模式反思的同时对于成功企业的商业模式借鉴和学习的风潮。可以说，当今商业市场不再是简单的产品、品牌之间的竞争，而是商业模式之间的竞争。在市场中拥有独特的商业模式往往成为企业快速成长、为企业创造无限价值的制胜法宝，因此，商业模式的重要性已被企业提到了相当重要的地位。

随着商业模式比技术更为重要的舆论引导，商业模式之争可称为商界最为热议的话题，这正是因为商业模式已被公认为21世纪后金融危机时代的制胜法宝。现在“商业模式”一词已频频出现在企业高层领导者谈论中，可见商业模式的重要性已经引起了企业家的高度重视，系统化的商业模式能带给企业不同的发展空间，商业模式的发展更替更是商业模式本身所必备的特性，如何进行商业模式创新成为企业家现在亟须解决的问题。商业模式创新是打造一种全新的企业价值思维逻辑，通过全新的方式来实现企业价值的全新增长。并不是改变商业模式中的某些要素，甚至改变这些要素后给企业的营业额、利润率等带来了绩效改善就可以称为商业模式创新，商业模式创新是全方位的系统性的创新，能以全新的方式重组企业的业务及流程才可以称得上商业模式创新。

对于商业模式的研究，学术界对于商业模式的研究仍处于初级阶段，尽管很多学者都对商业模式进行了定义及描述，但是迄今为止，理论界对于商业模式的内涵、要素等仍没有一个统一的定义和清楚的框架。与此同时，尽管很多学者对于商业模式创新的动力进行了描述，同时对于商业模式的创新路径也有自己的看法，但都是基于自身的立场进行的，没法得到其他学者的信服。

对于企业商业模式创新，有关商业模式构成要素研究也是必不可少的。虽然商业模式的构成要素是分散的，但是商业模式却是由多个分散的要素组成的整体，各组成要素之间存在着有机的联系，互相支持，形成良性的循环。通过众多学者的观点分析、归纳其对商业模式组成要素的不同描述进行汇总，具体如表 2-6 所示。从这些高频的要素中可以简单地勾勒出企业的整个运作流程，给企业制定好合适的战略，在业务过程中打造企业的核心竞争力，产生企业的核心资源，通过不断协调价值链中的利益分配构建出合理的关系网络，使企业获得可持续性的盈利。

表 2-6 商业模式组成要素高频表

组成要素	组成要素描述	使用词频
管理者要素	营销治理、能力、个人（投资者）的因素、使命、知识	83
价值定位	价值定位、战略选择、业务流程、核心战略	105
核心资源	全球化核心、战略资源、核心能力、利润保护	96
业务内容	产品和服务、价值提供、价值主张、价值创造	77
关系网络	顾客关系、价值分享、伙伴网络、内外部网络能力	89
收入模式	收入来源、收益模式、资本模式、资金流、盈利模式	117
可持续性	可持续发展、可持续性	53

尽管商业模式发展至今，取得了一定的成果，对商业模式的关注度和研究度也不断加大，但仍有一些领域不够完善，特别是国内对此领域的研究仍需要进一步探索，如何设计出适合企业战略目标的商业模式成为创新型企业的出路，而对于有一定模式的企业来说，如何在动态环境下进行商业模式创新就成为企业的当务之急。企业商业模式必须考虑企业、顾客和竞争三大因素，并在某些客观条件的限制下，选择若干个具有战略性的设计变量作为奋斗目标。通过以上对商业模式及其创新的研究成果的系统梳理，对其未来做出如下展望：

第一，商业模式创新的“合法性悖论”研究。商业模式创新作为一个新的商业模式出现，尤其是破坏性创新商业模式，如何突破原模式的包围并成长为主导模式而不中途夭折的动态研究。所谓破坏性创新的商业模式就是指这样一种商业模式，该模式的出现将在较短的时间内将原有的商业模式淘汰，从而成为主导商业模式。这是企业商业模式创新不得不面对的一大难题。目前，已经有很多学者开始意识到这一问题。

第二，企业商业模式创新的案例研究。案例研究是商业模式创新研究广泛采用的一种方法，后续的商业模式创新研究应该加强案例研究工作，以弥补现有研究的不足。例如，增加资料收集的渠道以增强说服力，特别是采用与企业高管直接交流的方式来收集样本企业的数据；通过多案例研究，特别是跨文化案例比较研究来建立商业模式创新的理论框架；采用定量方法来确定商业模式创新变量之间的相互关系。

第三，商业模式及其创新价值评价。商业模式及其创新价值评价是商业模式研究的一个重要环节，这方面需要解决的主要问题是建立一套科学的商业模式及其创新价值评价指标体系和量化方法，对商业模式及其创新价值进行评估，从而为企业决定是否进行商业模式创新、选择商业模式创新的方向以及评价商业模式创新的结果提供依据。

本章小结

商业模式是企业价值的核心，是包括产品模式、用户模式、市场模式、营销模式和盈利模式在内的一个不断变化的、有机的商业运作系统。为此，本章主要就企业商业模式创新的理论回顾与展望进行了大量的文献综述。通过收集和整理国内外学者有关企业商业模式及其创新的相关研究，对企业商业模式、企业商业模式创新、企业商业模式创新研究展望进行了综述。

第一，对于企业商业模式的概念界定，作者主要从经济类、运营类、战略类和整合类的发展路径进行定义，并最终倾向于整合类商业模式的概念界定。商业模式指的是在商业操作中企业整合了什么资源，对资源如何整合的逻辑设计。简单地说，就是关于企业“做什么，如何做，怎样赚钱”的问题。不仅如此，基于不同的研究视角，不同学者对商业模式的构成要素提出了各自不同的见解。目前商业模式构成要素存在两个维度到九大维度的研究结论，其中，学者提及最多的就是三大维度、四大维度和六大维度。

第二，就企业商业模式创新的理论展开研究，首先，作者对企业商业模式创新进行概念界定。然后，从点、线、面及过程的角度对企业商业模式创新理论进行阐述。最后，本书对企业商业模式创新的动力、途径、实施、阻力等分别展开研究。

第三，对企业商业模式创新进行评述和展望。主要通过对商业模式及其创新研究成果的系统梳理，并对其未来研究展望如下：一是商业模式创新的“合法性悖论”研究；二是企业商业模式创新的案例研究；三是商业模式及其创新价值评价。

综上，企业商业模式创新已成为研究的一大热点，目前还有待深入研究。企业商业模式创新的理论回顾与展望为本书的后续研究提供了坚实的理论基础和可靠依据。

第三章　云计算企业商业模式创新的理论模型与实证研究

云计算通过互联网提供动态易扩展且经常是虚拟化的资源。云计算的发展过程是由以往单一的信息传输演变为提供一种以云计算资源的云服务的发展过程，如图 3-1 所示。云计算是继 20 世纪 80 年代大型计算机到客户端—服务器的大转变之后的又一种巨变。伴随着互联网的出现，企业服务器和用户就开始联结起来。当时人们关注的仅仅是服务器端和客户端，而不去关注网络转发过程。随着互联网的进一步发展，尤其是无线通信和信息网络的发展，互联网给人们带来了更多的云服务，为企业提供诸如办公系统、电子商务、客户关系管理等系统应用服务以及基础设施等服务。可以说，云计算是将所有的计算、存储、网络、操作

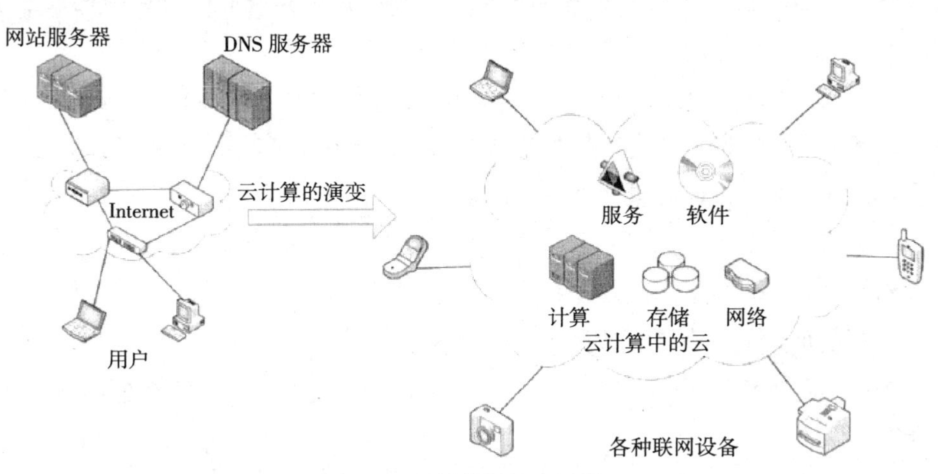

图 3-1　云计算的演变过程

系统、应用平台、Web服务、软件系统等都看作资源，并以商业租用的模式将这些资源封装，保留接口，屏蔽资源实现的细节，由第三方提供资源服务并管理，用户只需关注第三方提供资源服务的功能，通过接口接入云端，按自己的需求获取相应的服务，这就是我们通常说的云计算中的云。

云计算就是由一种纯粹的技术服务模式开始演变为一种创新的商业模式，自然而然，我们不再仅仅关注云计算的技术价值，而是要更多地挖掘其潜在的商业价值。通过前文对商业模式创新文献研究及分析归纳，作者认为，云计算企业商业模式创新的理论模型与实证研究具有理论价值和应用价值，这也是本章希望达到的目的。

第一节 研究设计

本章是云计算企业商业模式创新的理论模型构建和实证研究。通过对云计算企业商业模式创新的实证研究，包括编制有效问卷、开展抽样调研、进行数据分析，归纳出云计算商业模式创新的主要构成要素，并在此基础上构建云计算企业商业模式创新的理论模型。本章之所以要开展实证研究和模型构建，是基于对商业模式和商业模式创新的文献综述，并结合对云计算企业商业模式创新构成要素的再思考，通过企业问卷调研的方式，探讨云计算企业商业模式创新构成要素，进而构建云计算企业商业模式创新的理论模型。

本章主要是对云计算企业商业模式创新进行理论模型构建和实证研究，可以说，具有很高的理论价值和很强的现实意义。一方面，本章对云计算企业进行实证调研，进而推出云计算企业商业模式创新的几大构成要素，可以说，为一大批刚刚进入或正处于迷茫状态的云计算企业指明了发展的方向，指导他们着手去构建并创新自身的商业模式，进而对其他企业的商业模式创新提供借鉴和参考价值。另一方面，通过构建云计算企业商业模式创新的理论模型，可以为当下的商业模式及其创新研究积累资料，丰富现有的商业模式创新和云计算企业商业模式的理论知识。

一、研究方法

本章主要以云计算企业试点城市如深圳、北京等地的本土云计算企业为研究对象，对云计算企业的商业模式创新展开实证研究和理论模型构建。此次调研对象主要是云计算概念受益公司。这些云计算公司包括浪潮信息（000977）、网宿科技（300017）、中兴通讯（000063）、鹏博士（600804）、华胜天成（600410）、方正科技（600601）、卫士通（002268）、东华软件（002065）、用友软件（600588）、中国软件（600536）、天威视讯（002238）、金蝶国际（00268）、上海贝岭（600171）和神州泰岳（300002）等，具体研究对象如图 3-2 所示。

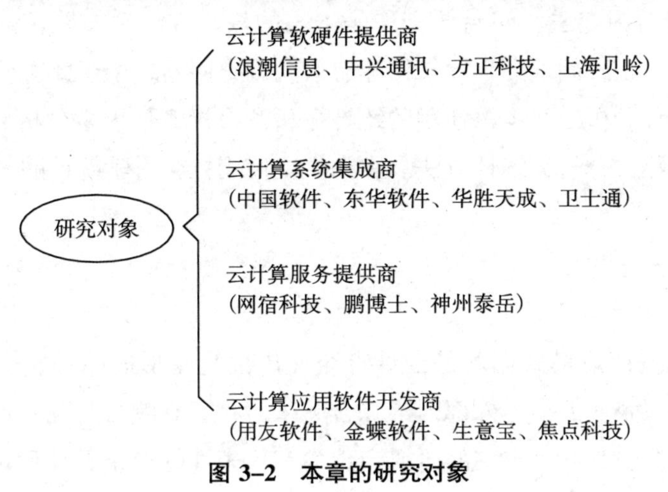

图 3-2 本章的研究对象

第一，云计算软硬件提供商。云计算软硬件提供商主要是为云计算的实现提供虚拟化、自动负载平衡、随需应变的软硬件平台。例如，浪潮信息、中兴通讯、方正科技、上海贝岭等公司。

第二，云计算系统集成商。云计算系统集成商是帮助一般用户搭建自己的云计算软硬件平台，尤其是企业私有云。这类系统集成商包括中国软件、东华软件、华胜天成、卫士通等公司。

第三，云计算服务提供商。云计算服务提供商主要是为企业和个人用户提供计算和存储资源，以及为应用开发者提供开发平台。该部分越来越成为云计算的核心领域，例如，网宿科技、鹏博士、神州泰岳等。

第四，云计算应用软件开发商。即 SaaS 应用服务提供商，包括一些传统的软件厂商以及新兴的在线 CRM 解决方案的提供商等。例如，用友软件、金蝶软件、生意宝、焦点科技等公司。

本书主要采用专家访谈法、问卷调查法和统计分析法等具体的研究方法，广泛收集有关商业模式的构成要素项目。然后编制有关云计算企业商业模式创新的调查问卷，再选择抽取合适的样本施测，并对问卷调查回收的数据采用 SPSS 软件进行探索性因子分析，并对该问卷进行信度和效度分析，进而对云计算企业商业模式创新的构成要素进行探索式研究。具体方法如下：

第一，专家访谈法。通过对抽样调研的云计算企业内部管理人员等进行结构式访谈，收集有关云计算企业商业模式创新的有效构成要素。

第二，问卷调查法。问卷调查法是本书的核心方法，按照访谈、开放式问卷、预试问卷、正式问卷的程序来构建有效的调查问卷，用于此次调查。

第三，统计分析法。本书使用的统计分析法有探索性因素分析、验证性因素分析、典型的相关分析等统计方法。本书主要使用社会科学统计的 SPSS 软件。

二、研究假设

云计算企业商业模式创新是云计算企业内部自身形成的一整套商业运作系统，是将云计算企业的内、外部因素综合起来，相互影响且相互发展而形成的一个有机构成整体。为此，本书的研究定位为有代表性的本土云计算企业，并对云计算企业商业模式创新的构成要素展开研究，利用 SPSS 软件进行探索性因子分析，并对问卷加以信度和效度分析，以期探索出云计算企业商业模式创新中最为关键的构成要素，并进而构建云计算企业商业模式创新的理论模型。具体来说，编制云计算企业商业模式创新构成要素的有效问卷；初步建立云计算企业商业模式创新的理论模型；研究云计算企业与一般企业的云计算商业模式创新的主要区别要素，以及这些要素是如何关联的。结合本书的三大研究内容，作者拟提出如下三大假设（见图 3–3）。

研究假设 H1：云计算企业商业模式创新的构成要素是由相对独立的几个维度构成的。

研究假设 H2：云计算企业商业模式创新各主要的构成要素与云计算企业的

商业模式之间呈显著正相关关系。

研究假设 H3：云计算企业商业模式创新与云计算企业经营绩效之间呈显著正相关关系。

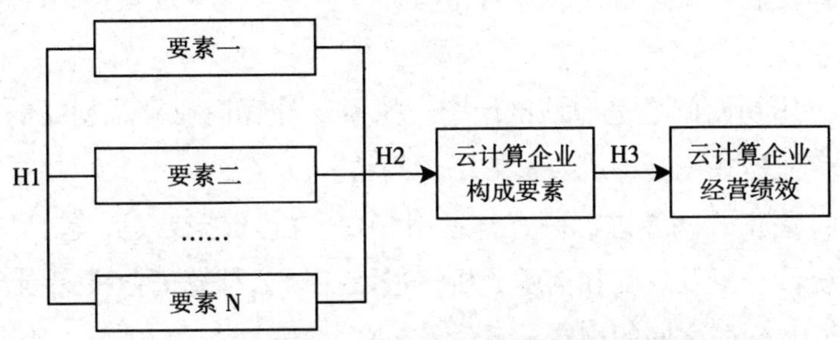

图 3–3　云计算企业商业模式创新构成要素的三大假设

三、研究程序

为了确保云计算商业模式创新的实证研究得以有效且顺利地进行，我们还专门制定了如下具体研究程序，如图 3–4 所示。研究程序总体分为两大部分：实证分析和理论模型建构。具体来说，又可细分为以下几步：

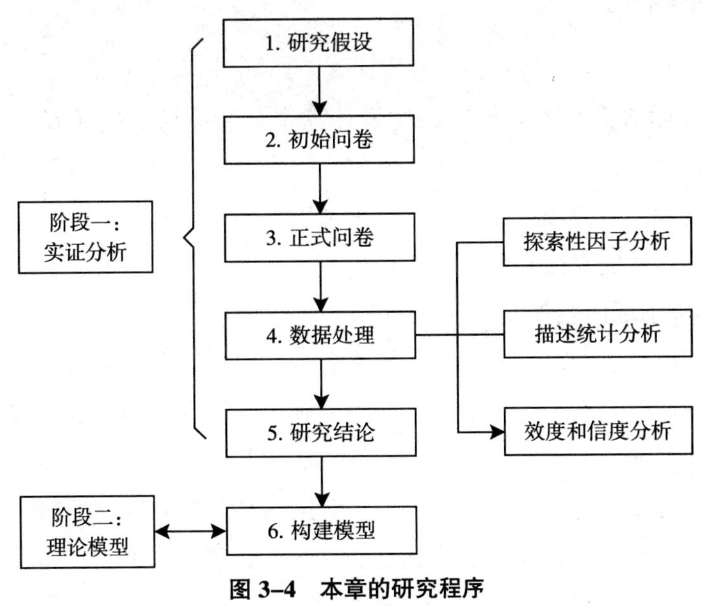

图 3–4　本章的研究程序

第一步：根据本书的研究目的及其具体的研究内容，对云计算企业商业模式创新进行研究假设。

第二步：通过查阅相关文献、与从业人员访谈、对云计算专家分小组讨论，以及对云计算在职人员进行开放式问卷调研等多种渠道来收集预试问卷项目，完成了初始问卷。

第三步：用初始问卷进行预试调查，探索云计算商业模式创新的构成要素，形成云计算商业模式创新构成要素的正式问卷。

第四步：用正式问卷进行调查，运用SPSS进行数据处理，包括探索性因子分析、描述统计分析及效度和信度分析，进而探讨云计算商业模式创新构成要素的重要性，以及它们之间的内在关系。

第五步：对云计算企业商业模式创新的构成要素进行总结、分析和讨论，并得出研究结论。

第六步：根据实证调研的结论，初步构建起云计算企业商业模式创新的理论模型。

第二节 预试性研究

根据本章的研究目的和假设，对云计算企业商业模式创新展开了预试性研究，采用文献研究法、电话访谈法、开放式问卷调查法等方法收集此次问卷的有效项目，开展预试研究和项目分析，对预试项目进行修正，并进而编制出云计算企业商业模式正式的有效问卷。

（一）问卷项目的收集

通过查阅大量的国内外文献，在相关文献中寻找有关的项目，同时收集与云计算企业和商业模式有关的量表，在这些量表中选取合适的项目，并对收集到的项目进行分析整理。Hamel（2000）认为，商业模式由四大要素组成，即核心战略、战略性资源、顾客界面、价值网络。克里斯滕森2008年在《哈佛商业评论》上发表了《如何重塑商业模式》，指出商业模式包含四方面的主要内容：客户价值主张、盈利模式、关键资源和关键流程。Zhenya Lindgardt 和 Martin Reeves 等

(2009）认为，商业模式由价值定位和业务模式两个基本部分组成。根据 Scott M. Shafe、H. Jeff Smith 等的研究，商业模式的要素归为四大类，即战略选择、价值网络、价值创造、价值获得。栗学思（2006）认为，企业商业模式设计包括五个要素，即目标客户的价值需求、产品或服务的价值载体、销售和沟通的价值传递、业务运作的价值创造、战略控制活动的价值保护。李东（2006）认为，任何一种商业模式都是由三类基础要素组成，即顾客价值定位、总成本结构和利润保护机制。原磊（2007）认为，企业商业模式构成要素包括价值主张、价值网络、价值维护和价值实现。朱武祥、魏炜（2009）在《发现商业模式》一书中指出，商业模式体系包括企业定位、业务系统、关键资源能力、盈利模式、自由资金流结构和企业价值六个方面。余来文、陈明（2011）在《商业模式：创业的视角》一书中指出，创业型企业商业模式完整的体系包括战略定位与行业选择、创业团队与创业精神、创业型企业盈利模式、创意能力与核心技术、资源整合能力、创业融资与风险投资、价值创新七个方面。

作为一个新生事物，云计算于 21 世纪初才开始在企业中得以应用。目前，很多世界知名的公司，如 Google、IBM、Amazon 等巨头纷纷进军云计算领域。但对于云计算企业商业模式的研究很少，国内的研究更是屈指可数。为此，我们主要通过以下途径来收集材料。

第一，电话访谈法。通过与 11 位云计算企业内部的管理和技术人员进行电话访谈（包括 1 位公司副总、6 个部门经理、4 个技术专家），询问他们“在云计算企业中，商业模式创新最主要的构成因素有哪些”、“在云计算企业商业模式创新中，你认为哪些构成要素是最为重要的”，最后，对电话访谈的结果进行整理，从中收集部分项目。

第二，开放式问卷调查法。通过向深圳地区的云计算企业管理人员发放 100 份开放式问卷调查，共收回 64 份有效问卷。问卷从云计算以及商业模式创新两个方面，谈谈被访者认为的云计算企业商业模式创新应该包括哪些构成要素，具体的半结构开放式问卷结果统计如表 3–1 所示。

通过上述两个途径，共收集到 42 条项目，这些项目都是与企业商业模式相关且重要的构成要素。其中，价值创造、价值载体、价值创新、价值需求、价值保护、价值定位、价值链、价值网络、价值传递、价值获得、价值共享、价值实现、价值维护等都是企业商业模式所要创造的价值所衍生出来的各种价值特性。

表 3-1　半结构开放式问卷频次统计结果

价值创造 52	盈利模式 53	业务系统 18	价值载体 15
价值创新 48	收入模式 20	价值需求 12	价值保护 13
价值定位 35	成本结构 22	组织能力 31	产品服务 10
价值链 28	价值网络 20	资本运作 25	价值传递 8
业务流程 32	顾客价值主张 17	资金流 23	创新能力 23
战略定位 27	客户价值 26	核心战略 25	融资能力 7
行业分析 30	收入来源 27	价值获得 10	创业精神 4
资源整合能力 48	企业价值 35	风险投资 18	利润保护 1
战略资源 32	顾客利益 24	价值共享 28	可持续性 1
核心能力 40	顾客关系 20	价值实现 15	价值维护 8
核心技术 49	顾客价值定位 13		

客户价值、顾客利益、顾客关系、顾客价值定位、顾客价值主张等站在客户角度，重视客户价值，并维护与客户之间的良好商业合作关系。收入模式、成本结构、企业价值、盈利模式、收入来源、资本运作、风险投资、资金流、融资能力是从财务角度把握企业的商业模式。战略定位、行业分析、核心战略、产品服务、业务系统、业务流程、产品服务、战略资源、资源整合能力、组织能力、创新能力、创业精神、利润保护、可持续性主要是从企业组织及其业务角度而言的。此外，还有诸如企业家精神、企业文化、市场营销、竞争策略、人力资源管理、公司治理结构、管理信息系统等。由于企业商业模式本身就很笼统，所以这些项目较为抽象，在某种程度上难以把握，作者也是想从多个侧面对企业商业模式进行探索，进而能从众多要素项目里提炼出云计算企业关键的构成要素。

通过对项目进行分析和整理，我们发现，虽然企业家精神、企业文化、市场营销、竞争策略、人力资源管理、公司治理结构、管理信息系统等项目对企业商业模式起到了一定的作用，但是电话访谈和问卷调查中提及的次数过少，所以综合考虑就将这六个项目取消，最终保留 36 个项目，并将这些项目编排成随机排列的题目，编制成云计算商业模式创新构成要素的初始问卷。

（二）预试与项目分析

第一，预试。预试选用的是深圳市部分云计算企业的管理人员，其中，包括腾讯、天威视讯、用友软件、金蝶软件等公司。共发放问卷 240 份，收回有效问卷 175 份，回收率为 72.9%。有效的被试情况如表 3-2 所示。

表 3–2 预试调查的被试样本分布（N=175）

变 量		人数	百分比（%）
性别	男	130	74.3
	女	45	25.7
年龄	30 岁以下	23	13.1
	31~40 岁	83	47.4
	41~50 岁	64	36.6
	50 岁以上	5	2.9
学历	高中或中专	2	1.1
	大专	58	33.1
	本科	83	47.4
	研究生及以上	32	18.3
职务	中层管理者	140	80
	高层管理者	35	20
所在企业性质	民营企业	97	55.4
	国有企业	54	30.9
	外资企业	24	13.7

第二，项目分析。利用 SPSS 17.0 软件，对初始问卷进行项目分析。首先，对调查问卷进行描述性统计分析，得出平均值和标准差（见表 3–3）。其次，对项目进行相关分析，得出样本的相关系数 r 值。最后，利用独立样本 T 检验，得出 T 值。通过分析，所有项目的相关系数和独立样本 T 检验都达到显著水平，故项目暂时保留。

表 3–3 对预试问卷的描绘统计（N=175）

项 目	均值 M	标准差 SD	项目	均值 M	标准差 SD
Q1	3.98	1.045	Q19	3.90	0.842
Q2	4.14	0.853	Q20	3.94	0.929
Q3	4.14	0.902	Q21	3.97	0.909
Q4	4.25	0.960	Q22	4.07	0.875
Q5	4.23	0.856	Q23	4.13	0.770
Q6	4.17	0.885	Q24	4.01	0.932
Q7	4.33	0.840	Q25	4.22	0.801
Q8	3.93	0.881	Q26	4.13	0.884
Q9	3.87	0877	Q27	4.11	0.913
Q10	3.87	0.953	Q28	4.09	0.870
Q11	4.00	0.977	Q29	4.07	0.868
Q12	4.12	0.846	Q30	4.09	0.899

续表

项　目	均值 M	标准差 SD	项目	均值 M	标准差 SD
Q13	3.98	0.799	Q31	4.11	0.827
Q14	4.09	0.815	Q32	4.25	0.804
Q15	4.20	0.830	Q33	3.99	0.844
Q16	4.00	0.758	Q34	3.93	0.837
Q17	3.91	0.832	Q35	4.15	0.812
Q18	3.92	0.893	Q36	4.00	0.897

第三，探索性因子分析。同样利用 SPSS 软件对预试数据进行探索性因子分析。通过对全部有效数据进行 KMO 和 Bartlett 球形检验，从而判断是否适合进行因素分析。依据 Kaiser（1974）的观点，可从取样适当性数值（KMO）的大小来加以判断。KMO 值在 0.6 以上的数据即适合做因素分析。对预试数据进行统计分析，其 KMO 值为 0.867，同时 Bartlett 球形检验 Sig. = 0.000 < 0.01（见表 3-4），这表明预试数据适合做因素分析。

表 3-4　因子分析的可行性检验

取样足够度的 Kaiser-Meyer-Olkin 度量		0.867
Bartlett 球形度检验	近似卡方	4164.976
	df（自由度）	630
	Sig.（显著性水平）	0.000

同时经主成分分析法对预试数据抽取因子，并用最大正交旋转，取特征值大于 1，因素负荷水平 0.40 以上，得到 7 个因素，方差解释率为 70.612%。结果如表 3-5、表 3-6 所示。

表 3-5　各因子的特征值及方差解释率

因子	初始特征值			旋转负荷平方和		
	合计	方差的（%）	累计（%）	合计	方差的（%）	累计（%）
1	8.620	23.944	23.944	7.809	21.691	21.691
2	5.025	13.958	37.902	4.273	11.869	33.559
3	3.389	9.414	47.316	3.593	9.985	43.544
4	3.069	8.525	55.841	3.476	9.656	53.200
5	2.128	5.911	61.752	2.750	7.639	60.839
6	2.012	5.590	67.342	2.285	6.348	67.186

续表

因子	初始特征值			旋转负荷平方和		
	合计	方差的（%）	累计（%）	合计	方差的（%）	累计（%）
7	1.177	3.270	70.612	1.233	3.426	70.612
8	0.945	2.624	73.236	—	—	—
9	0.764	2.122	75.359	—	—	—
10	0.722	2.005	77.363	—	—	—
11	0.682	1.896	79.259	—	—	—
12	0.558	1.550	80.809	—	—	—
13	0.501	1.393	82.202	—	—	—
14	0.475	1.321	83.523	—	—	—
15	0.463	1.286	84.808	—	—	—
16	0.444	1.233	86.042	—	—	—
17	0.404	1.124	87.165	—	—	—
18	0.393	1.092	88.257	—	—	—
19	0.367	1.020	89.277	—	—	—
20	0.349	0.969	90.246	—	—	—
21	0.339	0.941	91.187	—	—	—
22	0.319	0.887	92.074	—	—	—
23	0.300	0.833	92.907	—	—	—
24	0.276	0.766	93.673	—	—	—
25	0.258	0.716	94.390	—	—	—
26	0.252	0.700	95.090	—	—	—
27	0.242	0.673	95.763	—	—	—
28	0.223	0.618	96.381	—	—	—
29	0.205	0.570	96.951	—	—	—
30	0.193	0.536	97.487	—	—	—
31	0.187	0.519	98.006	—	—	—
32	0.175	0.486	98.492	—	—	—
33	0.159	0.441	98.932	—	—	—
34	0.146	0.405	99.937	—	—	—
35	0.127	0.352	99.689	—	—	—
36	0.112	0.311	100.000	—	—	—

表 3–6　旋转后的因子负荷及公因子方差

项目	因素一	因素二	因素三	因素四	因素五	因素六	因素七	共同度
Q5	0.892	—	—	—	—	—	—	0.819
Q10	0.862	—	—	—	—	—	—	0.753
Q7	0.860	—	—	—	—	—	—	0.767

续表

项目	因素一	因素二	因素三	因素四	因素五	因素六	因素七	共同度
Q1	0.850	—	—	—	—	—	—	0.739
Q3	0.841	—	—	—	—	—	—	0.727
Q9	0.830	—	—	—	—	—	—	0.705
Q6	0.822	—	—	—	—	—	—	0.720
Q8	0.819	—	—	—	—	—	—	0.683
Q11	0.816	—	—	—	—	—	—	0.694
Q4	0.803	—	—	—	—	—	—	0.695
Q2	0.725	—	—	—	—	—	—	0.579
Q35	—	0.831	—	—	—	—	—	0.716
Q36	—	0.830	—	—	—	—	—	0.736
Q33	—	0.823	—	—	—	—	—	0.758
Q31	—	0.823	—	—	—	—	—	0.707
Q34	—	0.812	—	—	—	—	—	0.686
Q32	—	0.808	—	—	—	—	—	0.689
Q14	—	—	0.855	—	—	—	—	0.745
Q13	—	—	0.836	—	—	—	—	0.723
Q16	—	—	0.826	—	—	—	—	0.703
Q12	—	—	0.786	—	—	—	—	0.660
Q22	—	—	—	0.800	—	—	—	0.706
Q21	—	—	—	0.749	—	—	—	0.702
Q20	—	—	—	0.742	—	—	—	0.688
Q19	—	—	—	0.733	—	—	—	0.734
Q17	—	—	—	0.726	—	—	—	0.700
<u>Q18</u>	—	—	<u>0.476</u>	<u>0.700</u>	—	—	—	0.734
Q26	—	—	—	—	0.868	—	—	0.771
Q25	—	—	—	—	0.814	—	—	0.736
Q24	—	—	—	—	0.792	—	—	0.657
Q27	—	—	—	—	0.765	—	—	0.654
Q30	—	—	—	—	—	0.862	—	0.768
Q29	—	—	—	—	—	0.856	—	0.750
Q28	—	—	—	—	—	0.815	—	0.703
<u>Q23</u>	—	—	—	—	—	—	<u>0.837</u>	<u>0.730</u>
<u>Q15</u>	—	—	—	—	—	—	<u>0.510</u>	<u>0.384</u>

注：下划线处为删除项目。

从表 3-5、表 3-6 可以看出，第一次的调查结果显示，总的方差解释率较高，而且共同度基本达到要求。但是在项目 Q18 上出现了双重负荷，而且在第七个因子上只有 Q15、Q23 两个项目，因此，对以上三个项目进行了删除。同时对问卷进行再次修改，其中，三个项目合为两个项目，删除了一个有歧义的项目，最终确定了 31 个项目作为正式调查问卷的项目。

（三）预试结果

通过对预试问卷进行探索性因素分析，对云计算企业商业模式的问卷进行修订，最后确定了 31 个项目，将这 31 个题项按照随机排列的方式，编制成正式的云计算企业商业模式问卷。

第三节 正式研究

根据上述预试研究，我们不仅对初始问卷进行了修改并制定了正式问卷，而且还将研究对象和范围进一步扩大，对深圳、北京等地的一些极具代表性的云计算上市公司和一批正准备进入云计算领域的 IT 企业的中高层管理人员进行问卷调查，抽样前后历时三个月，抽样样本共计 228 人，涉及问卷的发放和回收，数据资料的收集和整理，最后对数据进行 SPSS 分析，探索出影响云计算企业商业模式创新的主要构成要素，为构建云计算企业商业模式创新的理论模型打下坚实的基础。

一、被试

被试的选取采用方便抽样的方法，对深圳、北京等地的一些云计算企业或正准备进入云计算领域的 IT 企业的中高层管理人员进行问卷调查，参与调查的企业包括华为、中兴通讯、天威视讯、卫士通、浪潮信息、卫士通、上海贝岭、百度、新浪、鹏博士、中国软件、网宿科技等公司。通过现场发放、电子邮件、信件邮寄等方式共发放问卷 300 份，收回有效问卷 228 份，问卷有效回收率为 76%，有效的被试情况如表 3-7 所示。

在上述样本数据中，有两项重要的基本信息：一个是所在职位，另一个是企业性质。所调查的职位以中层管理者为主，高达 78%；其次就是高层管理者，占

22%。具体分布情况如图 3–5 所示。

表 3–7 正式问卷调查的被试样本分布（N=228）

变　量		人数	百分比（%）
性别	男	165	72.4
	女	63	27.6
年龄	30 岁以下	32	14.1
	31~40 岁	99	43.4
	41~50 岁	88	38.6
	50 岁以上	9	3.9
学历	高中或中专	3	1.3
	大专	75	32.9
	本科	104	45.6
	研究生及以上	46	20.2
职务	中层管理者	178	78
	高层管理者	50	22
所在企业性质	民营企业	97	52.4
	国有企业	54	34.3
	外资企业	24	13.3

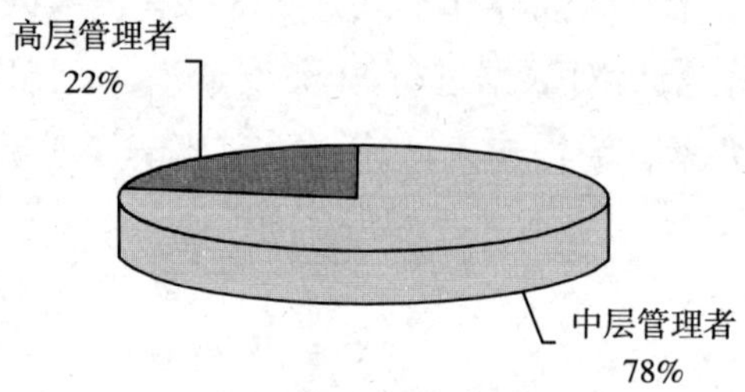

图 3–5 调查样本的所在职位分布

在所调查的企业中，民营企业占 53%的份额，国有企业占 34%，而外资企业仅占 13%。具体分布情况如图 3–6 所示。

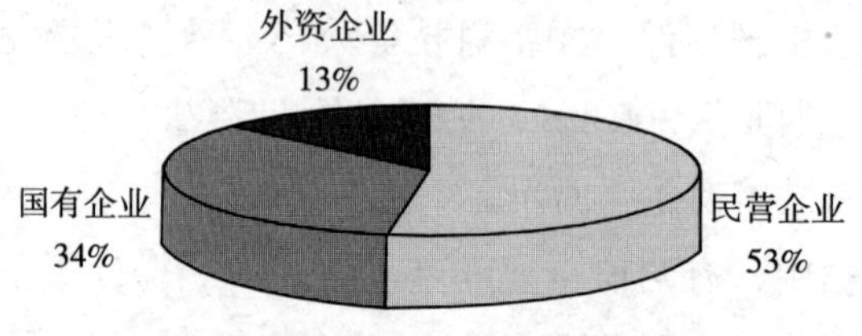

图 3–6 调查样本的企业性质分布

不仅如此，针对样本数量问题，目前尚没有定论。一般来说，因子分析要有可靠的结果，受试样本数要比量表项数还要多几倍才行。Gorsuch（1983）认为，测验项与受试者的最好比例为1∶5；受试总样本数不得少于100人。而此次问卷调查的测量项共有31个项目，调查的样本数为228人，符合以上两个要求。

二、探索性因子分析

因素分析法（Factor Analysis），又称因子分析法，它是一种从变量群中提取共性因子的统计方法，也是多元统计分析中降维的一种方法。因子分析法主要是从多种实际可观测的变量可推导出内在的少数最基本的因素，即用最少因素来解释大量观测变量及其他们之间的关系。因子分析法主要分两类：一类是探索性因子分析，另一类是验证性因子分析。其中，探索性因子分析（Exploratory Factor Analysis，EFA），是不事先假设因子与观测项之间的关系，而让数据“自己说话”，其典型方法就是主成分分析。而验证性因子分析（Confirmatory Factor Analysis，CFA）则假设因子与测量项的关系是部分知道的，即哪个测量项对应于哪个因子，只是尚且不知道具体的系数而已。本书主要采用探索性因子分析的方法，其目的就是用少量因子代替多个原始变量，根据上述问卷调研数据，探索性分析出云计算企业商业模式的几大构成要素。

第一，因子分析的可行性检验。SPSS因子分析主要有Bartlett球形检验和KMO检验，来判断变量是否适合做因子分析。其中，Bartlett球形（Bartlett Test of Sphericity）检验的零假设是相关矩阵，是单位阵，只有统计结果拒绝零假设时，方可使用因子分析。而KMO（Kaiser-Meyer-0lkin）检验，取值区间一般为0~1。即KMO的值越趋近于1，表示越适合做因子分析。倘若KMO越小，则表示越不适合做因子分析。此次调研的因子分析的可行性检验如表3-8所示。

表3-8　因子分析的可行性检验

取样足够度的Kaiser-Meyer-0lkin度量		0.851
Bartlett球形度检验	近似卡方	4717.109
	df（自由度）	465
	Sig.（显著性水平）	0.000

Bartlett 球形检验的 Q2 值为 4717.109，自由度（df）为 465，显著性水平 P=0.000<0.01，表示适合做因子分析。另外，根据统计学家 Kalser（1974）的观点，KMO 在 0.9 以上，非常适合；0.8~0.9，很适合；0.7~0.8，适合；0.6~0.7，不太适合；0.5~0.6，很勉强；0.5 以下则不适合。而此次 KMO 检验值为 0.851，适合做因子分析。

第二，因子提取。关于因子变量有多种提取方法，如基于主成分模型的主成分分析法和基于因子分析模型的主轴因子分析法、极大似然法、最小二乘法等，目前主要以主成分分析法应用最为普遍。对于因子变量提取，一般有两种标准：一种是选取特征值大于 1 的因素，另一种是碎石图检验。为此，本书运用 SPSS17.0 统计软件对上述项目的调查数据进行因子提取，确定因子数目。判断方法是观测测量指标中，特征值大于 1 的个数则为应提取的因子数目，并辅以碎石图进行验证。

关于因子提取，方差贡献率（即特征值）往往成为衡量因子重要程度的指标。为此，本书主要采用主成分分析法，提取特征根大于 1 的因子。对于云计算企业商业模式创新而言，其解释的总方差如表 3-9 所示。

表 3-9 云计算企业商业模式创新的主成分分析

因 子	初始特征值			旋转负荷平方和		
	合计	方差的（%）	累计（%）	合计	方差的（%）	累计（%）
1	7.115	22.950	22.950	6.611	21.325	21.325
2	4.826	15.567	38.517	4.713	15.204	36.528
3	3.193	10.300	48.817	3.144	10.143	46.672
4	2.601	8.391	57.208	3.025	9.757	56.428
5	2.230	7.194	64.402	2.295	7.402	63.831
6	1.993	6.428	70.830	2.170	6.999	70.830
7	0.815	2.629	73.459			
8	0.765	2.469	75.929			
9	0.685	2.211	78.139			
10	0.604	1.948	80.139			
11	0.572	1.846	81.933			
12	0.500	1.612	83.545			
13	0.461	1.488	85.033			
14	0.426	1.375	86.408			
15	0.408	1.318	87.726			
16	0.364	1.175	88.901			

续表

因子	初始特征值			旋转负荷平方和		
	合计	方差的（%）	累计（%）	合计	方差的（%）	累计（%）
17	0.356	1.150	90.051			
18	0.329	1.062	91.113			
19	0.299	0.965	92.078			
20	0.289	0.934	93.012			
21	0.276	0.889	93.012			
22	0.262	0.844	94.475			
23	0.242	0.781	95.526			
24	0.239	0.771	96.298			
25	0.213	0.688	96.985			
26	0.196	0.633	97.619			
27	0.181	0.585	98.203			
28	0.161	0.518	98.722			
29	0.149	0.481	99.203			
30	0.127	0.409	99.612			
31	0.120	0.388	100.000			

如表 3-9 所示，有 6 个因子的特征值均大于 1，而且前 6 个因子的累积方差解释达 70.830%。由此可见，这 6 个公因子就能基本反映原变量的大部分信息。同时，我们从碎石图（见图 3-7）中还可以清晰地看到，前 6 个因子的波动起伏较大，从第 7 个因子开始，直至第 31 个因子，碎石图的趋势日渐平缓，因此，根据碎石图的规则，可提取 6 个因子，这又验证了主成分分析的结论。因此，我们认为，云计算企业商业模式研究提取 6 个因子是合理的。

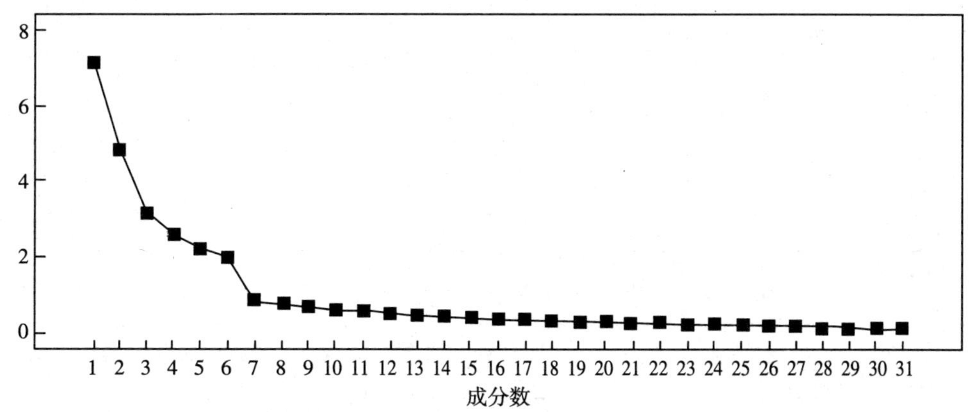

图 3-7　碎石图

第三，因子命名。通过因子分析的降维，利用最大方差法，对因子矩阵旋转，旋转后的因子负荷及公因子方差如表 3-10 所示。其中，因子负荷均在 0.40 以上，公因子方差都在 0.500 以上。一般而言，各因子累积方差解释量必须达到 60%以上，这样的话，该问卷就拥有良好结构效度。而此次研究的因子累积方差解释率为 70.83%，可想而知，该问卷的结构效度是没有问题的。与此同时，在共同度方面，所有项目的公因子方差都在 0.500 以上，再次表明这些公因子解释了观测变量的大部分变异情况。

表 3-10 旋转后因子负荷及公因子方差

项目	因素一	因素二	因素三	因素四	因素五	因素六	共同度
Q8	0.897						0.811
Q5	0.860						0.770
Q1	0.855						0.756
Q2	0.853						0.743
Q9	0.829						0.714
Q7	0.827						0.699
Q6	0.826						0.697
Q3	0.818						0.691
Q4	0.790						0.642
Q14		0.866					0.782
Q16		0.847					0.753
Q17		0.809					0.672
Q15		0.805					0.708
Q19		0.790					0.650
Q13		0.782					0.629
Q18		0.770					0.632
Q30			0.818				0.701
Q28			0.799				0.655
Q29			0.775				0.616
Q27			0.761				0.591
Q31			0.758				0.586
Q23				0.880			0.778
Q21				0.863			0.767
Q22				0.852			0.749
Q20				0.828			0.731
Q11					0.916		0.855
Q10					0.818		0.687

续表

项目	因素一	因素二	因素三	因素四	因素五	因素六	共同度
Q12					0.776		0.714
Q25						0.917	0.854
Q24						0.899	0.822
Q26						0.679	0.503

根据以上实证分析结果，对上述六大因子进行初步命名，具体情况如下：

第一，因子 1 可命名为“价值创造”，表 3–10 中有 9 个项目都涉及价值创造。包括（价值共享 Q8）、（价值需求 Q5）、（价值定位 Q1）、（价值链 Q2）、（价值创新 Q9）、（价值传递 Q7）、（价值载体 Q6）、（价值网络 Q3）和（价值实现 Q4）。其中，价值共享是顾客与企业价值共创的深化，进而寻求顾客和企业之间的价值共享。价值需求是企业竭力发现并满足顾客的需求，进而实现顾客价值。价值定位也可以说是顾客定位，即确定所服务和满足的顾客群。价值链是企业通过一系列活动，包括基本活动和辅助活动，而进行价值创造的动态过程。价值创新则是将企业进行战略思考的出发点从竞争对手转变为创造全新的市场或重新诠释现有市场。价值传递是通过发现自身价值的“短板”，并找到最需要改善的地方，通过价值的传递来确保价值的保值和增值。价值载体是指企业可以获取利润的、目标顾客购买的产品或服务。价值网络是企业为创造资源、扩展和交付货物而建立的合伙人和联盟合作系统。价值网络是企业围绕顾客这一主体，与其所有利益相关者一并构建价值系统。价值实现是指顾客的需求得以满足，企业的价值得以实现的必然结果。

第二，因子 2 可命名为，“资源整合能力”，以上有 7 个项目都是有关资源整合的。包括（企业核心能力 Q14）、（资源构建能力 Q16）、（资源利用能力Q17）、（企业研发实力 Q15）、（企业家能力 Q19）、（企业现有资源 Q13）和（企业资源组合能力 Q18）。企业核心能力是企业围绕自身所拥有的与众不同的资源而构建自己独有的能力体系，以实现自己的竞争优势。资源构建能力、资源利用能力、资源组合能力都是企业运用资源、整合资源的各种具体能力的表现。企业研发实力是企业基于长远发展而持续投入研究和开发的各种资源的综合。企业家能力是指企业家解决各种问题的本领，是企业家素质的外在表现。包括企业经营管理能力、企业决策能力和识人用人能力等。

第三，因子 3 可命名为“盈利模式”，以上有 5 个项目是关于盈利模式的。包括（产品服务策略 Q30）、（成本结构 Q28）、（利润增长率 Q29）、（收入来源 Q27）和（营销策略 Q31）。产品服务策略是企业要明确提供什么样的产品和服务才能满足消费者的要求。成本结构也可以称为成本构成，即产品成本中各项费用（例如，人力、原材料、土地、机器设备、信息技术、资金等）所占的比例或各成本项目占总成本的比重。利润增长率本期利润减去基期利润后，与基期税后利润的比率，可以反映企业的盈利能力。收入来源是企业获取销售收入的各种来源。营销策略是企业为销售产品服务而确定的不同的营销策略。

第四，因子 4 可命名为“组织能力”，以上有 4 个项目是关于组织能力的，包括（制度建设 Q23）、（团队建设 Q21）、（企业文化 Q20）和（管控能力Q22）。其中，制度建设是指企业构建一整套的规范化规章制度。团队建设是企业在管理中有计划、有目的地组织团队，并对其团队成员进行训练、总结、提高的活动。企业文化是企业组织由其价值观、信念、仪式、符号、处事方式等组成的特有的文化形象。管控能力是指企业的治理能力、规模竞争能力、增值能力、运营管控能力、机制与保障、持续发展能力。

第五，因子 5 可命名为“行业分析与战略定位”，以上有 3 个项目是关于行业分析与战略定位的，包括（行业分析 Q11）、（市场定位 Q10）和（战略选择 Q12）。其中，行业分析主要是运用一定的方法和工具对当前行业运行状况、产品生产销售情况、市场竞争格局等要素进行分析，从而预测行业发展趋势，把握行业运行的内在规律。市场定位也可以称为营销定位，即企业及产品确定在目标市场上的位置。形象地说，就是要在客户心中树立属于企业及产品独特的形象。战略选择则是对企业长远发展方向、发展目标、发展业务及发展能力的选择及相关谋划，并结合 SWOT 分析，确定企业不同的战略。

第六，因子 6 可命名为“资本运作”，以上有 3 个项目是关于资本运作的，包括（资产收益率 Q24）、（资产负债率 Q25）和（风险投资 Q26）。资产收益率也称为资产回报率（ROA），它是用来衡量每单位资产创造多少净利润的指标。资产负债率是指公司年末的负债总额同资产总额的比率。风险投资主要是指把资本投向具有潜能的高新技术及其产品的研发，进而利益共享、风险共担。

三、信度、效度分析

(一) 信度分析

信度分析主要是指用同一测验多次测量同一团体，所得测验结果之间是否具有一致性，即测试的可靠性。一般来说，信度分析主要有 Cronbach'α 系数及折半信度（Split-half Reliability）两种检验方法。

首先，根据 SPSS 软件，采用 Cronbach'α 系数对问卷的内部一致性进行信度分析，得出 Cronbach'α 信度系数如表 3-11 所示。

表 3-11 Cronbach'α 信度系数

项　目	Reliability Coefficient		
	N of Cases	N of Items	Alpha
价值创造维度的信度系数	31	9	0.950
资源整合能力维度的信度系数	31	7	0.916
盈利模式维度的信度系数	31	5	0.845
组织能力维度的信度系数	31	4	0.887
行业分析与战略定位维度的信度系数	31	3	0.830
资本运作维度的信度系数	31	3	0.786
31 个项目的信度系数	31	31	0.841

一般来说，如果信度 α 系数达到 0.80，那么问卷就具有较高的可信度。此次研究中的六大因子的信度系数均保持在 0.80 左右及以上，特别是 31 个变量的总体信度系数高达 0.841。由此可见，此次问卷的可信度较高。

其次，我们还对此次问卷调查进行了折半信度的检验，具体情况如表 3-12 所示。

表 3-12 分半信度

α 系数	分半一	信　度	0.891
		项目数	16[a]
	分半二	信　度	0.697
		项目数	15[b]

如表 3-12 所示，我们将这 31 个项目分成对等的两半，第一部分为 16 个项目，第二部分为 15 个项目。对于这两部分的同质性信度为：Part 1 的同质性信度

为 0.891，Part 2 的同质性信度为 0.697。

最后，得出一致结论，即经过 Cronbach'α 系数和分半信度的检验，我们认为该问卷从信度上来说是绝对可靠的，信得过的。

（二）效度分析

效度是结果反映对象程度的一种形象化表述。效度越高，则说明测量结果越能反映出对象的特征。一般来说，效度可分为三种类型，即内容效度、结构效度和标准—相关效度。本书主要进行前两种的效度分析。内容效度主要反映问卷取样是否够充分够完备的情况。内容效度主要采用逻辑分析的方法，在编制问卷内容时，向自己的导师以及云计算领域的专家进行请教，以期望保证项目合适性的最大化。结构效度反映的是一变量与他变量之间所存在的相关关系。结构效度也有两种检验方法：一种是项目与总体的相关系数，另一种是聚焦效度和差别效度。此次研究，大部分项目与总体的相关系数都在 0.8 以上，说明问卷项目与总体的效度是良好的。与此同时，通过上述因子矩阵旋转，所有项目在同一因子上的负荷都在 0.6 以上，而跨因子负荷则很小，这表明问卷具有良好的聚焦效度和差别效度。经过内容和结构效度分析，我们发现，该问卷具有良好的内容效度和结构效度。

四、研究结果

通过问卷调查和实证分析，本书不仅验证了最初的三大假设，而且得出如下研究结论：

第一，采用 SPSS 统计软件中的探索式因子分析，我们对云计算企业商业模式的构成要素进行因子提取，得出了构成云计算企业商业模式的 6 个因子，分别将其命名为行业选择与战略定位、盈利模式、资源整合能力、资本运作、组织能力、价值创造，这六个潜在变量又分别由 3 个、5 个、7 个、3 个、4 个、9 个观测指标来反映。

第二，通过大量收集测试项目，不仅编制出初始和正式问卷。而且分别对初始问卷和正式问卷进行了信度和效度检验。研究结果显示，问卷的信度和效度相关指标都不错，能达到研究的预期。

第三，在对云计算企业商业模式创新进行概述的基础上，对云计算企业商业模式创新展开实证分析，从研究假设开始，到研究设计，再到调查问卷编制、发放及回收，最后对调查问卷进行的探索性因子分析，以及信度和效度的分析。根据探索性因子分析中的主成分分析法，对云计算企业商业模式创新主要提取了 6 个因子，并将其分别命名为行业选择与战略定位、盈利模式、资源整合能力、资本运作、组织能力、价值创造。

第四节 云计算企业商业模式创新的理论模型

通过上述问卷调查和相关的实证分析，我们得出如下结论，云计算企业商业模式创新可以归结为六大要素，即行业选择与战略定位、盈利模式、组织能力、资源整合能力、资本运作及其价值创造。正是由于这六大构成要素的有机组合，我们构建了云计算企业商业模式创新“5+1”模型。云计算企业商业模式创新“5+1”模型主要是由来自云计算企业的 5 种源动力和 1 个同一目标共同组成的。其中，5 种源动力相互构成了一个同心圆，类似于一个包括外圈和内圈的轮子。内外圈在价值创造这一共同目标的作用下，轮子可以不断转动，云计算企业也才能不断前行，如图 3–8 所示。

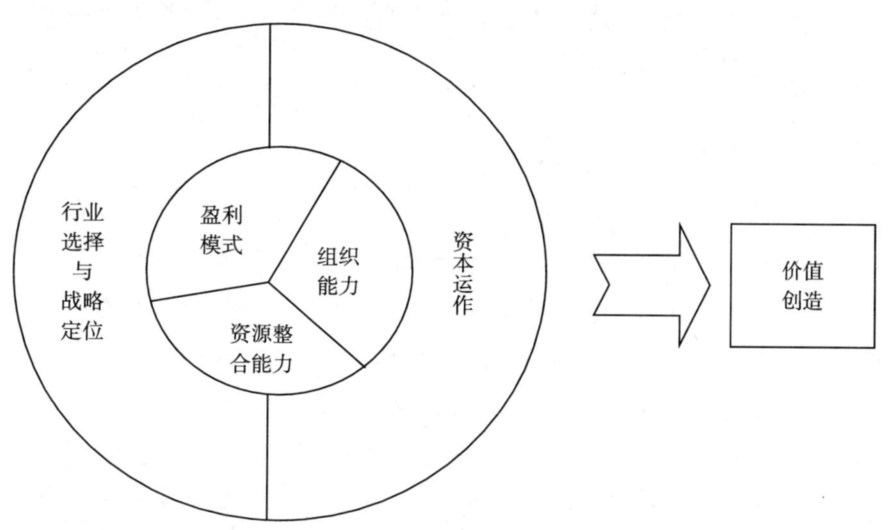

图 3–8 云计算企业商业模式创新“5+1”模型

在云计算企业商业模式创新“5+1”模型中，云计算企业内部的盈利模式、组织能力及资源整合能力这三个因素共同构成了云计算企业发展的内部动力；而行业选择与战略分析及资本运作则是云计算企业发展必不可少的外部因素。云计算企业发展的内、外部因素共同作用的终极目的都是价值创造。可以说，正是基于这六大构成要素之间的相互配合，才构造了如今走向成功的云计算企业商业模式创新“5+1”模型。

对于与互联网联系紧密的云计算企业来说，好的盈利模式是其生存发展的核心。在竞争激烈的互联网以及未来云计算市场中，是否拥有合适的盈利模式决定着云计算企业的发展规模与日后成长。对于云计算企业来说，一个独特的盈利模式正是区别于其他企业的核心竞争力，它不仅是企业获取营运资本的来源，也是企业发展初期抢夺市场建立品牌的武器，更是企业长期发展下无法撼动的优势。因此，云计算企业需要审视自身，建立一个恰当符合市场的盈利模式，使企业能在市场中抢先得到地位。

企业的组织能力是企业维系发展的基石。企业的日常运作以及发展离不开合理良好的组织能力。好的理念、好的产品也许能让企业在短时间内获利，但是维系企业的长远发展离不开组织能力，一个好的组织结构可以避免沟通阻碍使得决策执行力增强，好的人力制度可以吸引、培育、保留好员工为企业持续发展创造永动力。能让消费者青睐有加的更有企业的价值观和企业理念，海尔让人记住了品质第一，华为让消费者记住了狼的合作精神。可见，企业组织能力就像骨骼一样支撑起企业发展的未来。

云计算企业的盈利模式并非独一无二，良好的组织运作也并不能完全使企业立于不败之地，从云计算企业的发展来看，能带来竞争力的是资源。资源的多少并不重要，重要的是能将有限的资源创造出最大的价值。因此，云计算企业的资源整合能力就是独门暗器，盈利模式和组织运作是可以模仿的，然而资源整合的能力是无法复制的。正是通过对有限资源的正确审视和合理利用，才能让云计算企业避免自己的“短板”发挥自身的优势在市场中成为常青树。

企业发展不是仅靠内部因素就能成功，外部因素同样举足轻重。云计算企业发展最重要的一个外部因素就是行业选择与战略定位。在产业更迭发展的今天，云计算企业发展的首要就是辨明行业地位，选择正确的战略方向。云计算企业的发展规模不一，机制成熟的企业关注于建立行业龙头地位，并着重于资源整合与组织能力建设之上。而对于刚刚起步的云计算企业而言，更多的是建立好的盈利模式，使企业在行业之中快速成长。行业选择与战略定位是云计算企业发展的先导，引导企业内部因素相互作用发挥有效作用。

另一个重要的外部因素是资本运作。资本运作是云计算企业持续发展的必要条件。云计算企业特别是云计算平台提供商的建立初期需要投入大量资金以建设计算数据库，因而获得资本对于云计算企业来说是非常重要的。尽管盈利模式在企业发展中也承担着资本流的供给作用，但是当企业决策中出现资本运作相关信息还是需要外部资本运作的相互配合。因而企业不仅在初期对于融资需求大，在企业后期发展甚至是成熟期对于资本运作的需求也是很大的。在某种程度上，资本运作是伴随着企业战略方向之后与企业内部因素共同推动企业向前发展的必要因素之一。

此外，云计算企业发展的内外部因素都是为了价值创造，即实现企业的财务价值、客户价值和社会价值。云计算企业的内外部因素在相互推动相互作用中，实现的不仅仅是企业建立的初期利润价值，也是企业在发展中与客户、利益相关者以及社会的总体价值效应。

（一）行业选择和战略定位

云计算企业在新兴市场中获得优势，建立适合自身优势的商业模式毫无疑问能为自己提供先机。企业实施商业模式或是运营决策的过程其实就是战略实施的过程。上文提到云计算产业大致有可划分为云计算平台供应商、云平台使用者/云计算服务商和云计算用户。对于云计算企业来说，先要明确自己处于产业的哪个环节，并依据自身的环境和资源制定符合自身企业发展的战略规划。企业才能在市场中充分发挥优势并获得成功。因此，云计算企业若想在市场中得到认可并获得成功，应避免自身劣势以及环境带来的压力，重视战略的作用。

在目前已成功的云计算企业中，它们也不是贸然选择自己在行业中的定位同样需要审视自己的资源状况从而制定可行的战略规划并逐步实施。具体战略规划如表 3-13 所示。

云计算企业是否能得到市场认可的关键在于对行业选择及战略定位的把握，因为在这个过程中，企业可以从大量信息中获取企业的优势，企业应该克服哪些劣势，企业必须抓住哪些机会，哪些威胁是可以避免的。只有正确的行业选择和战略定位才能使企业具有区别于其他企业的竞争力。

表 3-13　云计算企业战略定位

云计算服务提供商	IaaS	PaaS	SaaS	战略定位
Google		√	√	应对大量访问量需要建立数据处理平台；拥有强大的数据资源库以及平台；应对战略对手，抢夺市场
亚马逊	√	√	√	拥有强大的 IT 资源（基础设施、数据资源等），可提供高效的云计算服务
IBM	√	√	√	依靠技术优势提供 IDC 服务，在此基础上为客户提供弹性的服务
惠普	√	√	√	为增强企业竞争力，迫使企业的转型（从单纯的设备提供转型为提供互联网服务的综合服务提供商）
AT&T	√	√		企业战略转型的需要，将原来的 IDC 服务转型为客户提供按使用付费的租赁服务，由原来的资源出租转型为集成服务
Saleforce.com		√	√	由原来卖软件转型为出租软件的服务，与此同时将企业业务扩展到 PaaS 领域

（二）盈利模式

既然企业选择了可行的战略并清确了自身的地位，那么云计算企业需要依靠一个有效的盈利模式来获取利润。盈利模式对于云计算企业的发展起着至关重要的作用，成功的盈利模式是企业竞争力的表现。因此，云计算企业必须依据自己的特征来选择合适的盈利模式。上文提到云计算按服务类型可分为基础架构即服务、平台即服务、软件即服务三种，而云计算企业可以依据自己的云计算服务类型来设计一个成功的盈利模式。

提供 IaaS 服务的云计算企业可以采用即付即租的盈利模式。一般用户无法承担支撑数据所需要的硬件设施，同样企业客户自己部署 IT 硬件设施以及软件资源的成本是比较高昂的。对于提供 IaaS 服务的云计算企业借此模式吸引众多科技创新公司，不用再购买 IT 设施及软件资源的前提下，通过即付即租的方式在企业构建的云平台上快速搭建和实施自己的软件应用。这种模式不仅支撑一批提供应用的中小型云计算企业，同时也使得自己获得收益。

对于提供 PaaS 服务的云计算企业来说，用户的人气是十分重要的，因而大部分此类云计算企业都是采取前向聚集人气，后向收费的盈利模式（见图 3-9）。因为互联网信息的发展，前向收费再提供服务的模式是难以实现的。因而向用户提供免费式体验服务，再进行收费的模式更容易为云计算企业积聚大量人气。

提供 SaaS 服务的云计算企业采用的是通过网络提供软件服务的盈利模式，即用户租用软件服务的模式。用户不用购买软件来支撑应用，只需要在线支付租

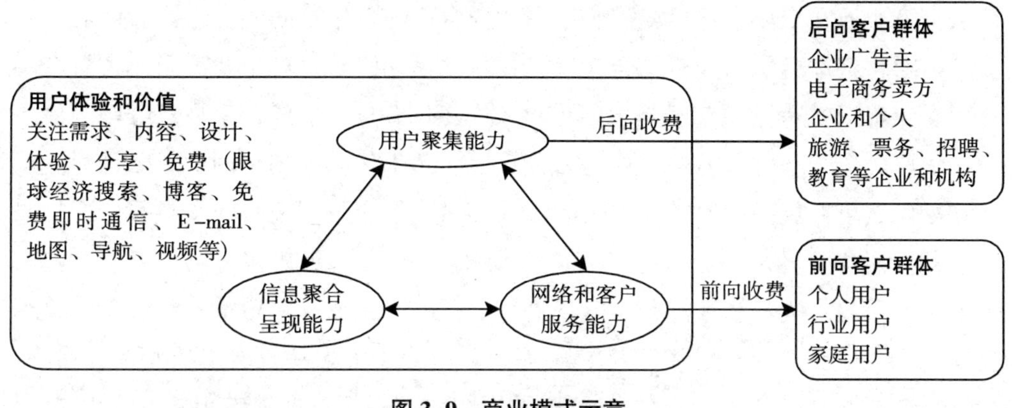

图 3-9　商业模式示意

用费用，即可享受软件的使用服务。

当然这三种模式不一定单独应用，也可以相互配合利用。但是无论采用何种盈利模式，适合和符合云计算企业自身业务特点和资源优势才是最重要的，也只有基于此才能构建强有力的竞争优势。

（三）资源整合能力

资源整合能力是企业组织能力的外在体现，更是企业战略实施的手段。整合就是要实现资源的优化配置，即在有限的资源中实现企业的最大价值。对于云计算企业来说，资源整合能力和战略定位是紧密相连的。云计算企业在制定战略过程中必须考虑自身的资源整合能力，因为战略的制定需要了解企业拥有哪些资源，是否拥有能力去使得资源得到最佳的发挥，选择何种资源能够使企业的竞争力增强，哪些资源会让企业事半功倍。所以，资源整合能力为云计算企业的行业选择和战略定位提供了参考价值。

同时，由于资源整合是企业对不同来源、不同层次、不同结构、不同内容的资源进行识别与选择，汲取与配置，激活与有机融合使资源具有较强的柔性、条理性、系统性和价值性，并创造出新的资源的一个复杂动态过程。因而云计算企业的资源整合能力在一定程度上决定着云计算企业在市场中的地位。云计算企业各自所掌握的资源是不尽相同的，并应用于互联网这个瞬息变化的环境，因而也许没有掌握最多的资源，但是能最有效地发挥自身资源才是王道。

（四）资本运作

云计算企业的运作离不开资本，且云计算技术本身也是需要耗费资本的。一且云计算企业在市场中立足就需要考虑企业资产与营运之间的合理配置问题，也必然需要将资本运作与战略结合起来。在建立初期，云计算企业需要思考资金的获取与支撑，并不是所有云计算都有像 Google、IBM、惠普、亚马逊等国际巨头那么雄厚的资金基础，能够动辄为云计算投入几十亿美元的。因此，云计算企业在初期发展可以试图获取风险投资的青睐。风险投资不同于一般金融投资，也没有一般金融投资的严格要求。两者的区别如表 3-14 所示。在市场信息不对称的情况下，风险投资常常选择具有发展潜力的技术产业或是坚定信念的经营者进行投资。因而云计算企业的发展正好可以借助风险投资来获得支撑从而站稳站牢。当然能够支撑中小型云计算企业发展的不仅仅只有风险投资，政府政策支持资金、产业资助政策等政府资金项目，对于云计算企业的发展来说也是不小的帮助。

表 3-14 风险投资与一般金融投资的比较

具体项目	风险投资	一般金融投资
投资对象	用于高新技术创业及其新产品开发，主要以中小型企业为主	用于传统企业扩展，传统技术产品的开发，主要以大中型企业为主
投资审查	以技术实现的可能性为审查重点，技术创新与市场前景的研究是关键	以财务分析与物质保证为审查重点，有无偿还能力是关键
投资方式	通常采用股权式投资，关心的是企业的发展前景	主要采用贷款方式，需要按时偿还本息，关心的是安全性
投资管理	参与企业的经营管理与决策，投资管理较严密，是合作开发的关系	对企业经营管理有参考咨询作用，一般不介入企业决策系统，是借贷关系
投资回报	风险共担，利润共享，企业若获得巨大发展，进入市场运作，可转让股权，收回投资，再投向新企业	按贷款和合同期限收回本息

对于已经有一定规模并拥有雄厚资金的云计算企业来说，依靠上市、股票增发、企业间项目合作等方式能够让企业发展无忧。资本运作是云计算企业前行的保障，因此，选择一种适合企业自身的运作方式能够使云计算企业在云计算产业下获得更好更快的发展。

（五）组织能力

从组织内部来看，能够使企业高效运作，快速实现企业决策离不开企业的组织能力。也正因为如此，越来越多的企业关注企业内部组织结构的精简化，企业文化对员工凝聚力的作用。云计算企业的成长必然是需要组织能力的支持，只有有效的组织能力才能支撑企业的继续发展。

企业的个性是通过组织能力表现出来的，拥有正确的战略方向可以使企业的目标明确，拥有良好的盈利模式可以给企业带来盈利，但如果企业不具有优秀的组织能力，那么就无法快速有效地实现目标，甚至于盈利模式也不能给云计算企业带来盈利。优秀的组织能力对于云计算企业来说可以使员工间沟通有效、企业凝聚力增强，从而更加高效率和有效果地实现企业的战略目标，也可以区别于竞争对手获得最佳的市场机会。

因此，云计算企业应该根据市场以及企业自身关注企业的组织能力提升、组织结构的完善、企业文化的构建以及管理模式的应用。

（六）价值创造

云计算企业从行业选择与战略定位出发，通过盈利模式、组织能力、资源整合和资本运作而发展，最终走向价值创造。云计算企业的目的或者说最终目标是价值创造，不仅仅是企业本身的价值，还有客户价值以及社会价值的创造。云计算企业需要应用云计算来满足客户的需求与服务，因而价值创造又推动了商业模式的继续循环。从而使得云计算企业商业模式持续运作为企业带来价值。

云计算企业的价值创造，一是关注市场，创造客户价值。企业的利益永远来自市场，因此，云计算企业应该时时关注并了解市场，正如 iPod 的成功，它正是深入挖掘了人们对播放器实时播放音乐和电影的需求，在 Itunes 支撑下的 iPod 才能成功，也才能为苹果带来丰厚利润。对于云计算企业而言，创造用户价值就是企业制胜的关键，了解用户需求，细分市场，提供稳定安全的云计算服务必然会获得用户的支持。二是关注云计算技术支撑，对于无论是提供技术还是不提供技术的云计算企业来说，云计算技术的稳定安全是缺少不了的。基础设施提供商就必须为云计算技术提供设备良好的基础设施，软件应用需要有稳定可靠的平台，否则在瞬息变化的市场环境下，用户会因为产品的不稳定而失去消费者对企业的认可。三是加强企业内部能力的提升，云计算企业的发展基石离不开企业本身，因此，一个高效率和高效果的组织永远比资源来得重要，精细化管理，合理的成本控制也能为企业营运带来巨大的利润空间。云计算企业商业模式最终是实现价值创造，也是从价值创造出发持续发展的。

虽然目前云计算在中国尚处于起步阶段，但是中国的企业不断进入云计算领域，并且在商业模式上不断创新。云计算原本只是一种技术创新，但凭借着云计算技术的广泛普及和应用，许多企业成功完成了企业转型，从原有的商业模式成功转移到云计算商业模式，实现商业模式的创新。

本章小结

本章是云计算企业商业模式创新的理论模型构建和实证研究。通过初始问卷和正式问卷调查以及相关实证分析，我们不仅整理出有关云计算企业商业模式创新的有关项目，设计出有效的正式问卷，而且还对数据进行了整理和分析，探索性因子分析和信度、效度分析，并得出如下的研究结论：云计算企业商业模式创新由六大因子构成，包括价值创造、资源整合能力、盈利模式、组织能力、行业选择与定位和资本运作。这些因子都直接影响着云计算企业的商业模式创新。

在此基础上，本章还构建了云计算企业商业模式创新模型。在云计算企业商业模式创新模型中，组织能力、盈利模式、资源整合能力这三个因素共同构成了云计算企业发展的内部动力，而行业选择与战略分析和资本运作则是云计算企业发展必不可少的外部因素。云计算企业发展的内、外部因素共同作用的目标也是价值创造。正是基于这六大构成要素之间的相互配合，就构造了如今走向成功的云计算企业商业模式创新模型。

第四章　云计算企业商业模式创新的案例研究

有人认为，商业模式是攫取企业利润的一种经济模式，为此，企业应明确其在价值链中该如何定位，进而获得利润。有人认为，商业模式是基于对企业内部流程设计而形成的一种运营结构，这是一种组织架构，一种企业的运行机制。还有人认为，商业模式是对企业发展的不同的战略思考，包括市场主张、竞争优势、可持续性等。更有人认为，商业模式是上述经济模式、运营结构、战略思考等一切的有效整合，进而形成的一种企业商业系统，以实现其在创造价值的过程中获取利益。虽然不同学者从经济类、运营类、战略类和整合类等不同角度对商业模式展开过不同研究，但他们的研究形成一种共识：商业模式就是企业在商业操作中采用什么样的商业系统来实现其企业利润。简单地说，就是关于企业“做什么，如何做，怎样赚钱”的问题。

根据云计算企业商业模式创新模型可知，云计算企业主要是由六大构成要素组成的，包括行业选择与战略分析、企业的组织能力、盈利模式、资源整合能力、资本运作以及价值创造等。这些构成要素各自独立且相互关联，共同作用于云计算企业，也就形成了云计算企业创新的商业模式。这也是本书之所以要对云计算企业商业模式创新加以研究的根本所在。

第一节 云计算企业商业模式创新的内在机理

对于云计算企业商业模式创新的内在运行机理，我们主要从理论和实践两个层次来加以分析。在理论层面，企业商业模式包括行业选择与战略分析、组织能力、盈利模式、资源整合能力、资本运作、价值创造等构成要素。在企业商业模式六大构成要素中，行业选择与战略分析，是企业定位问题，即企业“做什么”，从而选择进入不同的行业，并且在该行业的价值链中进行定位，居于具体什么位置。这是企业打造其商业模式必须优先考虑的。一旦企业选定行业，确定价值链位置，企业要做的就是有效地整合企业内外部的资源来确保实现自身在整条价值链中应该有的存在价值，比如提升组织能力，强化资源整合能力，提高资本运作水平，这些是提升企业自身水平的方向，也是在告诉企业“如何做”的问题。关于企业“怎样赚钱”的问题，就离不开企业独特的盈利模式了。企业采用什么方式实现企业利润。上述这些要素最后能否实现赚钱这一根本目的，都离不开价值创造。通过让顾客满意，企业真正实现顾客价值最大化。企业只有实现了顾客价值，才能确保企业赚取收益。可以说，价值创造是企业商业模式构成要素中最为重要的要素，也是商业模式创新研究的目的之所在。正因如此，企业商业模式可以描述为：企业所能为客户提供的价值，以及内部结构、合作伙伴网络和关系资本等一系列用以实现价值并产生可持续盈利收入的要素过程。

从云计算企业商业模式应用实践的分析来看，云计算企业要想获取成功自然离不开企业定位，也就是云计算企业商业模式的行业选择与战略定位。云计算企业发展的首要任务就是辨明行业地位，选择正确的战略方向。在云计算行业的价值链中，云计算企业要找寻到属于自己的位置，实现自身的存在价值。可以说，行业选择与战略定位是云计算企业发展的先导，引导企业内部因素相互作用发挥有效作用。在企业内部要素中，云计算企业主要是通过组织能力、资源整合能力和资本运作，强化云计算企业强大的服务能力。企业的组织能力是企业维系发展的基石。云计算企业的日常运作以及发展都离不开合理良好的组织能力。云计算企业必须构筑起良好的组织运作能力，还应非常注重其资源整合能力。由于这种能力几乎无法复制，所以很多云计算企业视资源整合能力为其独门暗器。此外，资本运作是云计算企业持续发展的必要条件。云计算企业特别是云计算平台提供商的建立初期需要大量资金投入计算数据库的建设，因而获得资本对于云计算企业来说是非常重要的。不仅如此，好的盈利模式是其生存发展的核心。在竞争激烈的互联网以及未来云计算市场中，是否拥有合适的盈利模式决定着云计算企业的发展规模与日后成长。对于云计算企业来说，一个自己的盈利模式正是其区别于其他企业的核心竞争力，它不仅仅是企业获取营运资本的来源，也是企业发展初期抢夺市场建立品牌的武器，更是企业长期发展下无法撼动的镇店之宝。最后，上述云计算企业发展的内外部因素的共同作用都是为了价值创造。实现企业的财务价值、客户价值和社会价值。云计算企业的内外部因素在相互推动相互作用中，实现的不仅仅是企业建立的初期利润价值，也是企业在发展中与客户、利益相关者以及社会的总体价值效应。

基于此，本书对云计算企业商业模式创新展开案例研究。通过对四家具有代表性的云计算企业进行专门系统的案例研究，分析其是如何从原有的商业模式向云计算企业商业模式成功转型的。这四家企业中，三家来自深圳，包括天威视讯、金蝶软件、卓望数码，还有一家是上海贝岭。其中，天威视讯从普通的有线电视转型到基于云计算的有线电视平台，提供了一种新的基础设施平台架构。金蝶软件从软件业务向咨询服务业务转型，旨在打造一个基于自主创新、打造自主知识产权的一体化云计算应用服务平台。卓望数码基于移动互联网和移动云计算，为中国移动提供端到端（从云端到客户端）的整体解决方案。上海贝岭则从制造加工企业转型为以集成电路设计为主业、制造为支撑的（设计+制造 IDM）企业，并致力于成为世界一流的 IDM 公司。可以说，这些中国的本土企业通过不断的商业模式创新，逐渐向云计算企业蝶变。正是这批新兴的云计算企业，既有传统的有线电视公司，也有比较现代的软件和信息服务公司，这必将进一步丰富我国云计算企业的商业模式创新案例。

第二节
天威视讯：基于云计算的有线电视互动平台

在电信产业与广电业漫长而激烈的争论声中，历经前后五轮修改的《三网融合试点方案》最终于 2010 年 6 月闪电定案。虽然最终方案对广电更为有利，但是“三网融合”的大势已定。与广电行业相比，已经市场化的电信行业相对成熟，而且近几年已经提前融合了电信网与宽带网，它借助已有的资产规模及成熟的市场可以迅速打入广电产业，有线电视运营商面临着强劲的竞争对手。除此以外，来自数字电视的内部竞争也悄悄出现，2008 年起地面数字电视从试点城市开始逐步推行，免收接收费的形式对有线电视运营商构成严重威胁。传统的产业模式难以继续支撑运营商运作，取而代之的是新的多功能型电视平台模式，在商业模式转型的道路上，深圳市天威视讯股份有限公司（以下简称天威视讯，见图 4-1）走在国内运营商的前列，为其他有线电视运营商谋求转型提供了借鉴蓝本。

图 4-1 深圳市天威视讯股份有限公司

一、公司概况

深圳市天威视讯股份有限公司是深圳广播电影电视集团控股经营的股份制企业，1995 年由深广集团联合其他五家国有企业共同出资 6000 万元组建而成，是我国第一家建设经营有线电视网络的股份制企业，后于 1997 年增资至 2 亿元。为打开资本市场、扩大融资渠道，天威视讯于 2008 年 5 月 26 日正式登陆 A 股市场并有不俗表现。作为深圳市信息产业的主要力量之一，天威视讯主要负责深圳地区有线广播电视网络建设、开发、经营和管理，及有线电视节目的收转和传送，以传输视频信息和开展网上多功能服务为主业，为扩大产业影响力、降低成本及增加盈利点，积极向产业链的上下游渗透，形成了多业务并举的产业化发展模式。据2012年度报告显示，天威视讯的股本总额为32040万元。其中，深圳广播电影电视集团（简称深广集团）持有股份为190207200，持股比例占59.37%，如图4-2所示。

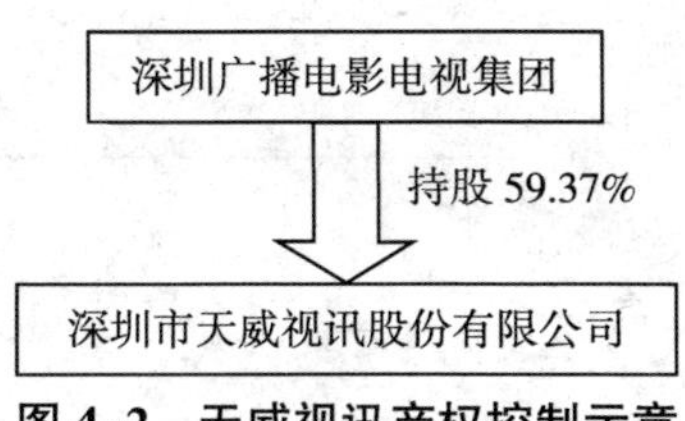

图4-2　天威视讯产权控制示意

近年来，天威视讯继续保持良好发展态势，公司营业收入和营业利润都继续平稳增长。2012年，天威视讯实现营业收入89992.16万元，较2011年增长5.93%；实现营业利润13161.44万元，较2011年增长32.92%；实现利润总额14043.43万元，较2011年增长13.33%。天威视讯公司这几年的营业指标数据如表4-1所示。从这些营业数据中，我们可以看出，2011年营业收入的增长幅度不大，但是利润率却得到大幅提升，主要原因有两个：一是公司于2005年开展的"深圳市有线数字电视整体转换"项目送出的机顶盒及智能卡摊销同比大幅减少；二是公司被认定为深圳市第二批文化体制改革试点单位，被地方税务局批准免征2009~2013年的企业所得税，2011年收到了2009年企业所得税退税款。因而利润率大幅度提升也是情理之中的，可以预见的是，在接下来的几年中，利润率也应保持在高位水平。不仅如此，截至2012年12月31日，公司有线数字电

表4-1　近年来天威视讯各年的营业指标数据

年　度	营业收入（万元）	营业利润（万元）	利润率（%）	利润总额（万元）	利润总额同比增长（%）
2007	65446.03	7003.25	10.70	8082.24	—
2008	71064.35	7337.20	10.32	9036.69	11.81
2009	75283.79	8449.05	11.22	9675.11	7.06
2010	80025.41	8730.36	10.91	9478.32	-2.03
2011	84954.13	9901.60	11.66	12391.30	30.7
2012	89992.16	13161.44	32.92	14043.43	13.33

视用户终端数为 113.21 万个；交互电视用户终端数为 43.44 万个(其中，高清互动电视用户终端数为 41.21 万个)；付费频道用户终端数为 5.38 万个；有线宽频在网用户数为 36 万户。由于公司增值电视业务收入增长，特别是公司交互电视用户的增长，直接导致公司 2012 年实现营业收入和营业利润都取得不错的增长。

为了更直观地反映公司营业收入与营业利润的变化趋势，将表 4-1 的数据绘制成图，如图 4-3 所示。

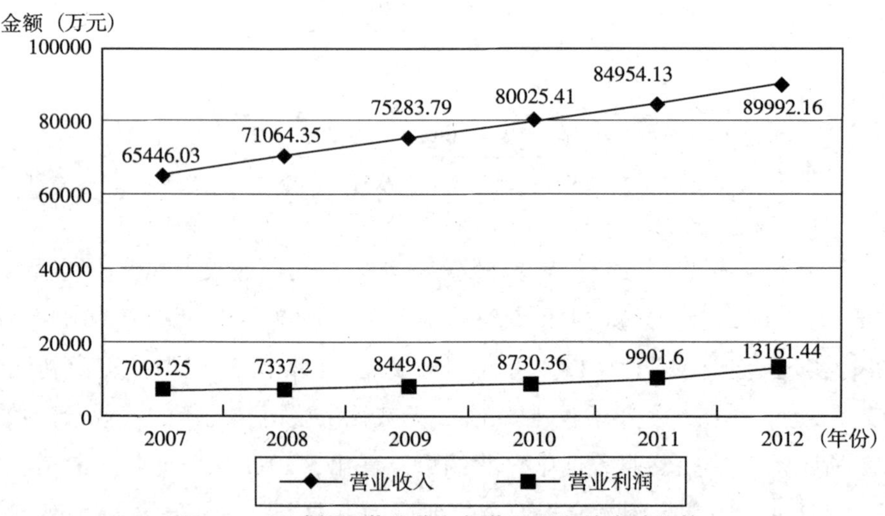

图 4-3　天威视讯营业收入与营业利润的变动趋势

天威视讯之所以能保持如此良好的业绩，主要还是得益于它能够突破广电产业的事业管理机制，积极寻求规范化、效率化、创新化的运作。天威视讯是国内最早以股份制运作的有线电视运营机构，这一举措在当时以事业单位为主的行业环境中是具有开创性的，也为天威视讯后来的市场化进程奠定了良好的基础；公司不断完善自身质量控制体系，并于 2004 年在行业内率先通过了 ISO9001 质量体系认证，成为国内同行业中率先通过上述认证的企业。

二、从传统有线电视向云计算有线电视平台转型

传统有线电视传输为单向传输方式，是典型的“你播我看”模式，用户只能被动接受运营商提供的电视节目。卫星数字直播电视、地面数字电视、无线电视以及“三网融合”后电信行业推出的网络电视，抢占了一部分数字电视份额，传

统的有线电视市场竞争不断加剧，有线电视行业需要积极开发新产品。另外，传统的单一业务的粗放式经营已经无法适应数字时代多业务运营的形势，以我为中心的运作模式必须转向以客户多元化、个性化的需求为中心的模式，促进了有线电视运营商尝试向多功能电视平台转型，为客户提供多元化的服务。除传统的标清数字电视外，多功能电视平台增加了新的利润增长点，包括高清电视、交互及付费数字电视业务三大增值业务。目前，天威视讯公司主营业务包括有线电视业务和宽带业务，如表 4–2 所示。

表 4–2 天威视讯主营业务内容

<table>
<tr><th>主营业务</th><th colspan="2">业务分类</th><th>业务内容</th></tr>
<tr><td rowspan="6">有线电视业务</td><td rowspan="2">基本业务（数字电视业务）</td><td>基本数字电视业务</td><td>标清数字电视</td></tr>
<tr><td>付费数字电视业务</td><td>准视频点播（NVOD）、准音频点播（NAOD）、专业频道点播、信息化内容点播</td></tr>
<tr><td rowspan="4">扩展业务（高清、交互电视业务）</td><td>高清视频</td><td>高清晰度数字节目的视频内容、功能业务（电视时移、频道回看、频道录像）</td></tr>
<tr><td>休闲娱乐</td><td>电视杂志、唱片点播、互动游戏、音乐壁画、图片浏览、音乐地带</td></tr>
<tr><td>金融财经</td><td>天威银联、电视农行、证券信息</td></tr>
<tr><td>资讯</td><td>阳光政务、便民信息、气象快讯、影城速递、旅游休闲、亲子乐园</td></tr>
<tr><td rowspan="2">宽带业务</td><td colspan="2">宽带接入服务（有线宽频）</td><td>有线宽频大众版、经典版、E 版、e 家游、假期版、精英版</td></tr>
<tr><td colspan="2">网络信息服务</td><td>网页制作、网络游戏、VPN、主机托管</td></tr>
</table>

多功能电视平台中最突出的特点就是观众与运营商可以互动，两者中间必然存在一个沟通服务的资源集合，称之为互动平台，平台功能强大与否直接决定了服务质量水平高低。传统的互动平台和云计算互动平台的差异，见表 4–3。

表 4–3 传统互动平台和云计算互动平台对比

	传统的互动平台	云计算互动平台
资源存储、处理中心	机顶盒	云计算中心
接收显示器	电视机	机顶盒、电视机
资源存储量	受机顶盒存储量的限制	理论上可以无限扩展
对机顶盒的配置要求	高	不高
成本	高	低
升级换代难易程度	需升级全部机顶盒，因而成本高，用户较难接受，因而不易升级	只需升级云计算处理中心，成本较低；机顶盒无须更换，用户容易接受，因而升级换代容易

续表

	传统的互动平台	云计算互动平台
对用户的统一管理	平台下放，较难管理	平台在运营商管控范围内，方便对用户统一集中管理

传统的互动平台是家家户户安装的机顶盒，它相当于我们的电脑主机，我们只能观看存储在本地的节目资源。这种模式对机顶盒的配置要求较高，因而成本也不低，高昂的成本阻碍了有线电视运营商升级换代的进程，另一个弊端就是往往由于存储容量不足而导致用户可观看的内容资源不够强大。而云计算的发展给互动电视带来了福音，利用它能有效地解决传统互动平台存在的这些问题。它是一种新的基础设施平台架构，能将分散的计算能力整合在一起，然后以计算池的形式对外提供各种 IT 服务，具备良好的伸缩性、可靠性、灵活性。在这种新型模式下，互动平台是一个资源集合及数据计算处理中心，即云计算中心；用户的机顶盒作为接收终端，相当于一个远程桌面，用户的所有服务请求通过机顶盒发送到服务器端，由服务器端来负责数据的计算处理，然后将显示结果返回。云计算的核心理念是通过提高“云”的处理能力，减少终端的处理负担，最终使终端变成一个单纯的输入输出，并能享受“云”的强大处理能力。因此，云计算模式对客户端的设备要求低，可以帮助运营商减少服务器终端的投资，由于升级换代只涉及运营商云计算中心的更新，而较少引起用户利益的损失，使得升级换代变得异常简单，可促使有线电视行业快速发展，云计算与有线电视的结合将具有划时代的重要意义，是不可阻挡的发展趋势。经过近几年的立项建设，天威视讯逐步形成了 iTV2.0 的交互系统，主要由三部分构成，即视频系统、管理系统和业务系统。其交互系统架构原理如图 4-4 所示。视频系统主要实现视频业务的承载，完成对视频节目的上传、注入及推送，是交互视频系统的基础；管理系统主要通过对媒资、存储、推流、网络资源等资源的后台管理，实现对视频流和节目媒体的控制，提供节目资源，是交互视频系统的核心；业务系统主要完成各种业务，是用户对交互视频系统最直观的感受。

在交互系统架构中，管理系统扮演了云计算中心的角色，它将各种资源整合在系统中，用户通过个人账号进入该系统访问资源，使各种业务能够共用视频服务器的存储和推流资源，实现资源共享及多系统模块的兼容，而且可以实现同一账号的多种播放终端无缝连接。不仅如此，2011 年，公司重点依托“三网融合

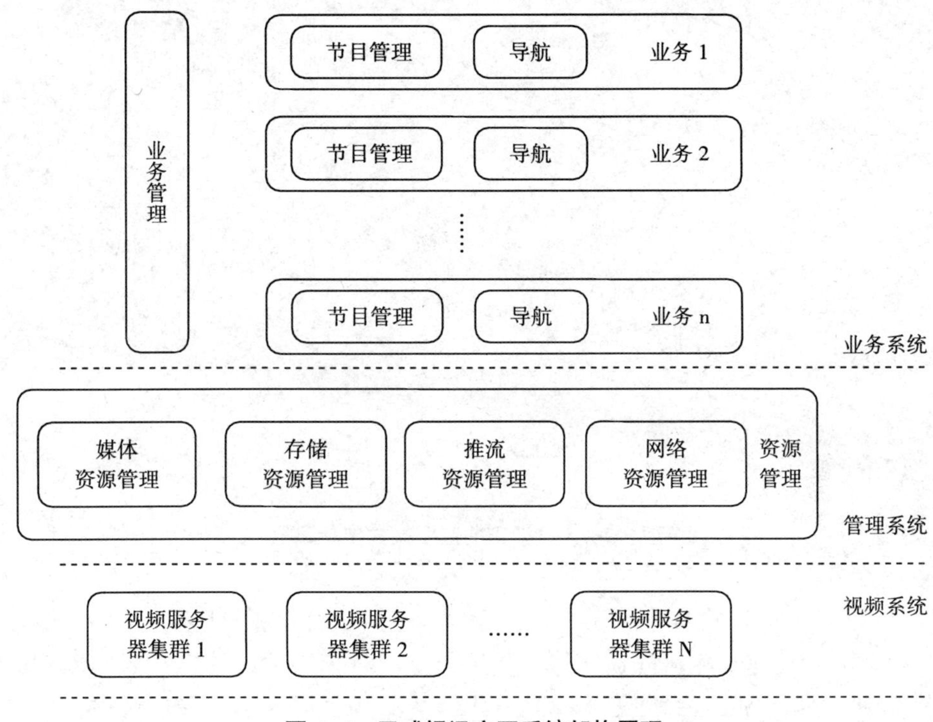

图 4-4 天威视讯交互系统架构原理

先进视频工程联合实验室”，借助深圳先进技术研究院在超算、云计算和视频运算处理等领域具备的雄厚技术实力，与公司拥有的节目集成、系统开发和增值业务运营经验相结合，在高清内容集成平台、内容分发网络等方面进行创新，建立了一个超大型的新媒体内容集成、搜索与分发平台，项目成果不仅服务于公司网内用户，也为其他新媒体网络运营商提供了丰富内容及运营服务。

三、天威视讯的商业模式创新路径分析

天威视讯的转型是中国有线电视运营商的一个缩影，展示出有线电视运营商在应对竞争加剧、消费者需求变化情形下寻求转变的积极态度，研究其商业模式对其他运营商积极寻求转变提供了较好的借鉴样本。为了更具条理地分析商业模式创新路径，我们将其分为六个维度分别进行讨论。

天威视讯的商业模式创新路径如图 4-5 所示。天威视讯公司内部主要依靠三股力量，即提供个性化的服务收费、技术设备和内容资源整合以及形成专业员工

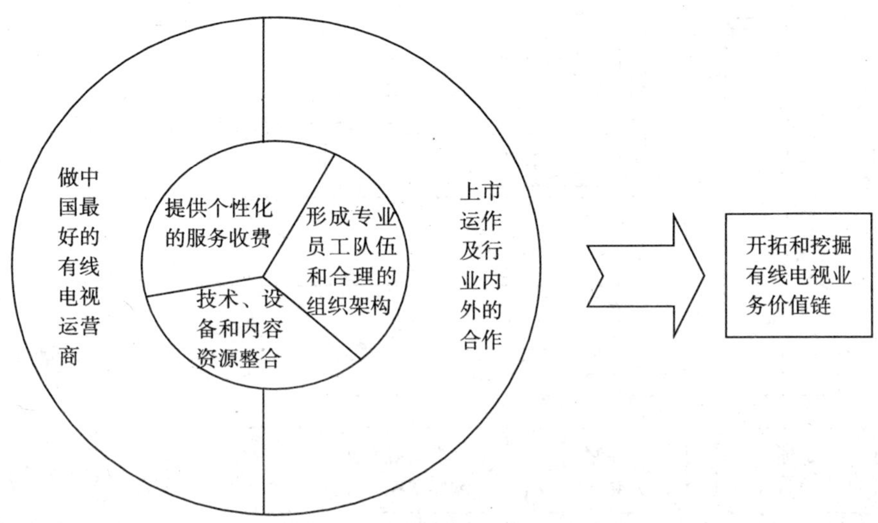

图 4-5 天威视讯的商业模式创新路径

队伍和合理的组织架构，而在企业外部则是借助于行业分析和资本运作。通过行业分析，天威视讯定位于要做中国最好的有限电视运营商。此外，利用上市运作和行业内外部的合作，进行资本运作。综合这些内外部因素，天威视讯的最终目的只有一个，那就是开拓和挖掘有线电视业务价值链。因此，上述路径也就构筑了天威视讯商业模式创新的“5+1”模型。

（一）行业选择与战略定位：做中国最好的有线电视运营商

2012 年，全国各地“三网融合”逐渐深入，不仅加速了 IPTV 业务的发展，也推动了网络视频的发展，视频市场竞争态势更加明朗，对有线电视行业的压力日益凸显。2012 年，全国有线电视行业继续向数字化、高清化和双向化深入发展，截至 2012 年底，国内的有线数字化率达到 68.36%，高清数字电视用户占比也超过了 10%。即使如此，目前我国有线电视网络运营商在一定程度上还属于垄断行业，进入壁垒比较高，主要原因是国家政策及特殊的行业性质。在国家政策方面，有线电视网络运营商属于广播电视行业的专营业务，并实行“一市一网”政策，即同一城市或地区只能设立一个行政区域性有线电视网的政策。这是进入有线电视行业的主要障碍。另外，有线电视行业属于资本密集型、技术密集型行业。有线电视网络的建设和改造所需投资很大，而且建设周期较长；开展有线网络运营，特别是有线数字电视所需的核心技术，包括有条件接收系统技术、数字电视交互应用技术和用户管理系统技术等，都需要运营商的大量投入。

较高的行业壁垒有效地将潜在进入者阻挡于行业之外，有效缓解行业内部的竞争压力。恰逢“台网分离”政策的提出以及有线电视产业发展遇到资金“瓶颈”问题，天威视讯应运而生，抢占了有线电视的先机。经过 10 多年的发展，天威视讯不仅出色地完成了最初的使命，而且成为国内有线电视运营商的代表，重新设定了更清晰更有挑战的战略定位——做中国最好的有线电视运营商（见图 4-6）。转型之后的天威视讯立足于广电行业的资源优势以及自身的核心竞争力，以完善产品业务内容为主线（优化产品基础上不断借鉴国内外先进企业的成功经验，结合深圳具体情况，导入技术成熟的新业务），全面开展视频信息传输和网上多功能服务，进而提高用户满意度，从而实现“接入为王”的目标，最终建设成为业务协调发展、核心能力较强、管理科学化、经营规模化、业务多元化的广电综合信息网络运营公司。

（二）盈利模式：为客户提供个性化服务而进行收费

传统的模拟电视从内容提供商的供给出发，是典型的单向推式的封闭系统，盈利模式主要依靠节目收视费以及异地卫视频道支付的“落地费”。转变后的云计算模式是双向互动的开放性系统，在转播标清数字电视节目的传统领域之外开辟了新的业务领域，为客户提供个性化的服务。有线电视运营商成为产业的中间平台，由其促成其他参与者在平台上进行交易和互动，并收取一定的服务费，包括用户观看付费频道、点播高清资源以及享受互动增值服务所支付的费用等。

虽然目前我国双向网络改造进程较快，但受到节目内容规模及质量水平的限制，双向网络用户渗透率仍偏低。据格兰研究统计，2008~2011 年的第一季度，全国有线电视网络双向网络覆盖率提高了 17.1 个百分点，但是有线电视网络双向用户渗透率只增长了 4.4 个百分点，渗透速度缓慢（所谓的双向网络用户渗透率是有线电视双向网络覆盖用户中使用双向互动业务用户的比率），因而目前公司的主要盈利来源仍然为标清节目收视费以及异地卫视支付的“落地费”。

标清节目收视费是指用户为收看标清电视节目而支付给有线电视运营商的费用，包括初始安装工料费、购机费、智能卡的费用及每月的收视维护费。数字化整改后，由于接收有线电视一定需要通过机顶盒，而且一个机顶盒只能在一部电视上使用，所以迫使原来私搭有线电视线路的用户购买机顶盒，为了鼓励一户开通多个有线电视通道，天威视讯给予副机安装费与收视费优惠的方式吸引用户。

鉴于频谱资源的稀缺，异地卫视频道需要向有线电视运营商支付“落地费”。

为了便于统一管理，天威视讯与深圳广电集团签订了《电视节目落地传输服务协议》，2011 年公司传输深圳广电集团买断经营落地传输业务的境内外节目收视频道 50 套（包括 10 套广电集团自办电视节目，9 套境外电视节目频道，31 套境内电视节目频道），境外频道的节目传输费价格为人民币 450 万元/频道，境内频道的节目传输费价格为人民币 110 万元/频道，全年应收取的节目传输费总额为 8560 万元。2012 年 2 月 29 日，公司还与深圳广电集团于签订了《〈电视节目落地传输服务协议〉2012 年度补充协议》，协议约定：2012 年境外频道的节目传输费价格为人民币 450 万元/频道，境内频道的节目传输费价格为人民币 121 万元/频道，2012 年公司传输深圳广电集团自办电视节目频道 10 套，买断经营（销售）落地传输业务的电视频道 37 套（其中，境外电视节目频道 9 套，境内电视节目频道 28 套），并收取传输费 8648 万元。

与发达国家的发展现状相比，我国双向网络用户渗透率还存在一定的差距，随着我国经济的快速发展以及人员素质水平的提高，新型业务用户增长空间值得乐观；扩展业务以及增值业务费用的定价权掌握在公司手中，可以基于用户的个性化需求进行收费，进行二级价格歧视获取更多的消费者剩余。因而可以肯定地说，新型业务收入将会成为未来有线电视运营商的主要业务收入来源，是提高 ARPU 的重要手段，有必要对新型业务来源进行重点阐述。现阶段天威视讯的新型业务来源主要包括内容提供收入、付费频道收入、点播收入、功能收入、广告收入，这些收入来源都是转型前所没有的。

第一，内容提供收入。2009 年天威视讯和震华高新共同出资 1000 万元设立了天华世纪传媒公司。其中，天威视讯控股 60%。天华世纪传媒主要以高清节目为龙头，以内容集成平台为基础，综合运用 IP 互联网及数字电视技术，面向全国 20 多个省（市）数字电视网络、互联网络、手机 3G 网络提供丰富的增值业务内容及服务，在内容提供领域具有领先优势。2010 年全年主营业务收入为 3942 万元，净利润为 810 万元，利润率高达 20%。收取其他运营商的节目采购费用可以增加天威的营业收入，同时，涉足内容领域也保障了天威视讯节目内容的质量与稳定性，间接降低了天威视讯的节目采购成本与风险。为继续提高公司在内容提供领域的优势，2010 年共同增资 7000 万元扩大天华世纪传媒公司的规模与影响力。

第二，付费频道收入。传统的频道节目都是以免费收看的形式提供给用户，为了维持正常运作，频道提供者会在频道中插播大量广告，而且广告的同质性高，占用消费者的时间；除了少数几个针对性较强的央视频道外，其他卫视频道都是综合性频道，很难满足观众个性化的观看需求。

付费频道的出现可以使用户避开传统频道节目存在的以上弊端。天威视讯目前引入了 76 个付费频道，在付费频道中拒绝广告，而且专门性很强，横向上按照内容主体的不同分为靓妆频道、高尔夫频道、天元围棋、书画频道、留学世界、摄影等；纵向上按照对不同年龄阶段的信息需求分类，分为孕育指南、幼儿教育、早期教育、中小学同步辅导、女性时尚、老年福等。用户总能够在付费频道中找寻到自己所需的信息，同时天威视讯也在积极扩充付费频道的规模，希望可以满足更多用户的需求。

用户有三种方式可以获得付费频道的收看权利。第一种方式就是通过购买某个单一频道的收看权，每个付费频道的收费标准从每月 5 元到 150 元不等。第二种方式是开通包月套餐，每个套餐中固定组合了若干个付费频道，用户开通套餐也可获得一定优惠，目前天威视讯提供了 12 个包月套餐，每个套餐的收费标准从每月 20 元到 120 元不等。第三种方式则是开通包年套餐，它的组合形式和包月套餐相似，但是给予用户更多优惠，天威视讯目前有 5 个包年套餐，每个套餐的收费标准从每年 300 元到 1680 元不等，以上数据可参照官网最新公布的资料。

第三，点播收入。在天威视讯的云计算平台中有一个存储了大量节目的内容库，截至 2010 年底，节目库存量近 38000 小时。其中，标清节目库存总量达 28000 小时，高清节目库存总量近 10000 小时。在机顶盒这个交互界面的指引下，用户根据自我需要点播节目进行观看，有线电视运营商向用户按次收取点播费用，提高了节目的利用率，从而避免了电视节目使用一次后就丧失其利用价值。

为了让消费者尽可能接收点播节目，天威视讯使出浑身解数。首先，公司推出了短信提醒量业务，会将“单片点播”中新上线的优秀电影发送到用户手机，在点播界面，公司将最近热播的节目进行排序，以刺激用户点播消费。其次，加快节目更新速度，目前天威视讯坚持按天为周期更新节目库，满足用户对最新节目内容观看的需要。然后，天威视讯采取“免费+引导信息+收费”的模式吸引用户加入到付费点播的行列，通过免费专区的节目简介，节目画面中的字幕、片花等形式，提示相关付费节目的精彩片段、剧情介绍、节目存放路径等引导信息，增强免费专区和付费点播区的关联性，使用户在点播免费节目的同时及时了解到付费节目的信息，从而增加付费节目的点播兴趣。最后，公司坚持合理的功能区划分和版式设计、便捷的操作体验的两个原则对 Portal 进行系统开发，使其成为一个适合用户使用习惯、操作便捷的门户界面，最大限度提升点播页面的视觉冲击力与点播操作的便利性、人性化程度。

第四，功能收入。紧张的都市节奏使得用户看电视的时间越来越少，从而可能错过一些感兴趣的节目内容。为有效解决这个问题，天威视讯为用户提供电视时移、频道回看、频道录像功能，并且从中收取一定的费用，收费的方式有两种，一种是按每月 20 元收取业务功能费；另一种是将功能使用权嵌入到组合套餐业务当中，目前天威视讯的组合套餐包括互动娱乐套餐、互动共享套餐、互动合家欢套餐，开通了娱乐套餐或者合家欢套餐的用户可以享受时移、回看和录像的功能。除此以外，开通组合套餐的用户还享有其他一系列频道收看的权利，具体内容可以参照天威视讯官网。新型功能不仅能够增加公司的收入，而且可以提高用户满意度，吸引更多的用户加入到收看有线电视的行列之中。

第五，广告收入。传统有线电视模式产业链中的广告收入是主要的收入来源，只是广告的形式单调，而且分配的主体限于电视台，有线电视运营商仅仅扮演着节目传输的角色而不参与广告收入分配。

转变为云计算模式后，广告的形式得以丰富，不仅包括传统的标清电视广告，还应运而生了新型广告，这类广告是在互联网站点上发布的以数字代码为载体的各种经营性广告，表现为多种类型的互联网广告，例如，电子邮件广告，在界面中插入横幅广告、赞助广告，或制作发布弹出式广告等，天威视讯可以根据用户的日常收看习惯而判断出观众的喜好与特征，从而有选择性、有针对性地插播广告，为用户提供必要的广告信息，能较好地实现广告效应，由于它搭载在互动平台中，电视运营商能够从中获利。不仅如此，天威视讯在传统的标清电视广告中也同样分得了一杯羹。通过控股深圳市天威广告有限公司，天威视讯进入到广告代理业务领域，为有频道运营资格的广电网络公司或者广电集团的自办节目置入广告获得收入，天威广告 2010 年实现营业收入 592.05 万元。

（三）资源整合能力：整合技术、设备以及内容等多项资源

第一，技术、设备资源整合。对于有线电视产业，技术是保证质量的根本，也是公司的核心竞争力。在天威视讯，有专门的技术部门负责跟踪、研究有线网络、数字电视、IP 宽带接入、网络新媒体等新技术，结合市场需求和相关行业的发展动态，通过技术创新、开发综合信息服务产品、创新应用，满足客户需求。

研发是一条成本高但是较容易形成相对竞争对手优势的一种技术获取途径，为确保公司核心技术的领先地位，研发是必不可少的。在天威视讯的组织架构中，研发部门是一个重要的价值创造部门，为投入足够资金用于研发，天威视讯不仅投入自身资金，还努力争取政府研发支持。资金扶持下的研发工作取得了实质性进展，通过自主研发以及外包研发，公司于 2005 年申请到家用电器遥控器的专利，接着还申请了多个发明或实用专利。除研发外，对于一些非核心技术，公司善于有偿使用他人专利，以尽可能低的成本获得技术领先优势。

公司生产经营所需的设备原材料主要有机顶盒、数字电视应用平台、智能卡、光纤、电缆、电缆调制解调器等，主要来源是外购。为了能够保证设备质量以及获得成本优惠，天威视讯与供应商会保持长期合作的关系。以机顶盒为例，天威视讯与深圳同洲电子股份有限公司签订了一系列的订单合同，从 2009 年 8 月初至 2011 年 6 月底，双方就机顶盒签订了 14 份合同，总合同金额涉及 20088 万元人民币，平均每份合同价为 1435 万元人民币，平均不到两个月就有一份合同生成。这种长期的互利关系使天威视讯在合作的多次博弈中形成可置信的威胁，对供应商起到长期约束作用。

第二，内容资源整合。在双向互动的开放式系统中，观众对节目有自主选择权，内容资源对观众的吸引力直接影响了公司的营业收入，所以对内容资源的整合能力是体现有线电视运营商地位水平的重要指标之一。天威视讯的节目资源分为节目资源、交互资源两大类。其中，节目资源根据收费模式的不同分为基本节目频道、付费节目频道、计次付费节目三类。

天威视讯利用其客户资源优势及对当地市场的电视节目传输特有权，吸引基本节目频道与付费节目频道入驻当地市场，同时通过收取一定的节目传输费及收视分成获得收益，选择节目内容提供商是双向选择的过程。为了降低频道不足的风险以及集中优势提高传输渠道，天威视讯与广电集团签订了《电视节目落地传输服务协议》，一次性买断了 40 套频道资源的传输权利，成功地将风险转嫁出去。计次付费节目主要播放在影院已放映过的电影，也提供重大体育赛事和音乐会，资源获取途径包括向节目提供商购买和自制，但是以购买为主。天威视讯在节目整合中存在明显优势，其控股子公司天华世纪传媒储存了丰富的节目资源，确保了资源的质量与稳定性。交互资源由相应服务内容的日常生活服务机构、公共服务机构或政府职能部门提供。例如，电视农行资源是通过整合中国农业银行数据资源而搭建的平台，由政府机关相应服务部门提供阳光政务资源，涉及监管、公共事务、经济管理等多个部门，天威视讯与各部门建立长期的合作关系，合理的利益共享机制确保合作长期稳定。

（四）组织能力：形成专业的员工队伍和合理的组织架构

根据杨国安的观点，公司的成功最终取决于两个因素，战略与组织能力。组织能力包含三个方面的核心要义，分别为员工能力、员工思维模式以及员工治理方式。

支撑组织能力的第一个支柱是员工能力，即公司全体员工必须具备能够实施企业战略、打造所需组织能力的知识、技能和素质。它是决定公司“能不能”构成组织能力的关键。天威视讯不管是从员工规模还是从员工的素质水平来看，都能满足组织的运作要求，使得第一个支柱坚固有力。截至 2012 年 12 月 31 日，天威视讯在职员工 1048 人。其中，母公司员工 506 人，控股子公司及分公司员工 542 人。天威视讯已经聚集了一大批经济管理、通信、计算机等学科的专业人才，形成了具有现代企业意识和专业技术水平、能经营、善管理、配置合理的经营团队，从其专业结构及学历构成情况可以很容易得出。按专业构成分，技术人员为 387 人，占员工总数的 36.93%；生产人员为 244 人，占员工总数的 23.28%；管理人员为 186 人，占员工总数的 17.75%，具体构成详见图 4-6；按学历构成

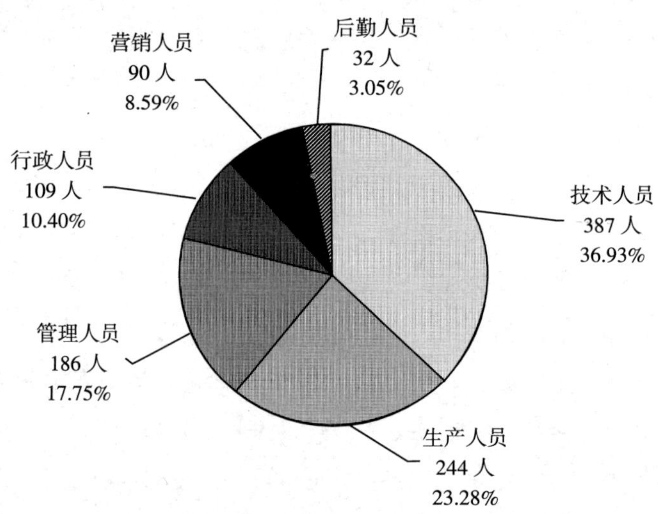

图 4-6　天威视讯员工专业构成情况

分，本科为540人，占员工总数的51.53%，大专为306人，占员工总数的29.20%，具体构成详见图4-7。

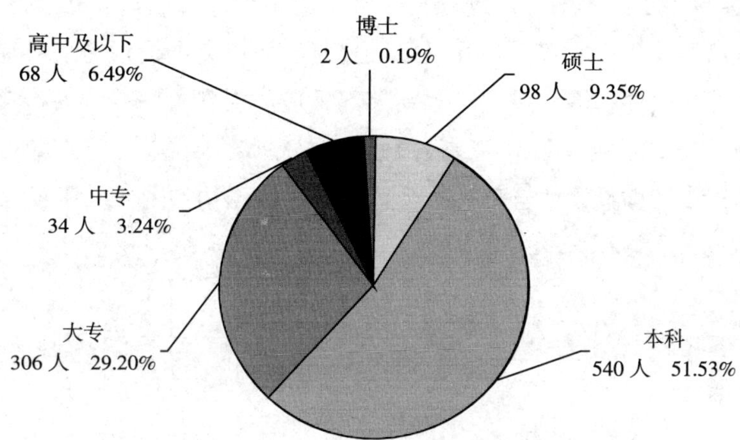

图4-7 天威视讯员工学历构成情况

就其专业结构分布来说，天威视讯的技术人员和管理人员占据了公司的半壁江山。管理人员为186人，占总人数的17.75%，这符合科学的管理幅度，充分发挥管理人员的管理才能且能合理授权调动员工的工作积极性。有线电视运营企业属于知识技术密集型企业，技术人员为387人，占总人数的36.98%以上，有利于公司新业务的开发与技术创新。为了继续增强技术实力，公司还建立了一整套技术研发和创新机制，还与国家广电总局、行业权威研发机构、高等院校等建立了广泛的合作关系，与业内主流设备供应商建立了战略合作伙伴关系，通过积极参与行业标准的制定、承担多项国家广电总局科研项目、引进高素质人才等方式，提高企业的自主创新或联合开发能力。低比率的行政人员和后勤服务人员是有效降低人工成本、减少人员冗余的好方法。就其教育程度分布情况来说，公司集各层次教育水平员工于一体，与专业结构分布相匹配，避免造成劳动力资源浪费；高层次教育水平人数居多，与公司追求业务创新的理念相一致，能保证公司业务正常开展。

为了适应公司业务量周期性波动，天威视讯还开展了外部人力资源合作项目。2012年，公司分别与深圳市鹏劳人力资源管理有限公司、深圳市润迅人才服务有限公司及深圳市中南劳务派遣有限公司签订了用工派遣服务合同，上述三家公司分别派遣了63名、203名及48名员工到本公司服务，2012年劳务外包总工时为 658000 小时，支付的报酬总额为 2187 万元。

另外，天威视讯颠覆了传统电视产业的事业部门组织形式，建立了完善的公司法人治理结构，设有股东大会、董事会、监事会以及公司各级管理部门等机构，独立行使经营管理职权，为其上市及规范运作奠定了很好的组织基础，体现了组织架构的合法性；部门设置考虑到外部环境与内部条件的双重要素，从公司的业务主体出发，设置了职责清晰、合作支持的部门结构，使公司实现持续盈利，体现了组织架构设置的合理性。公司内部组织结构如图 4-8 所示。

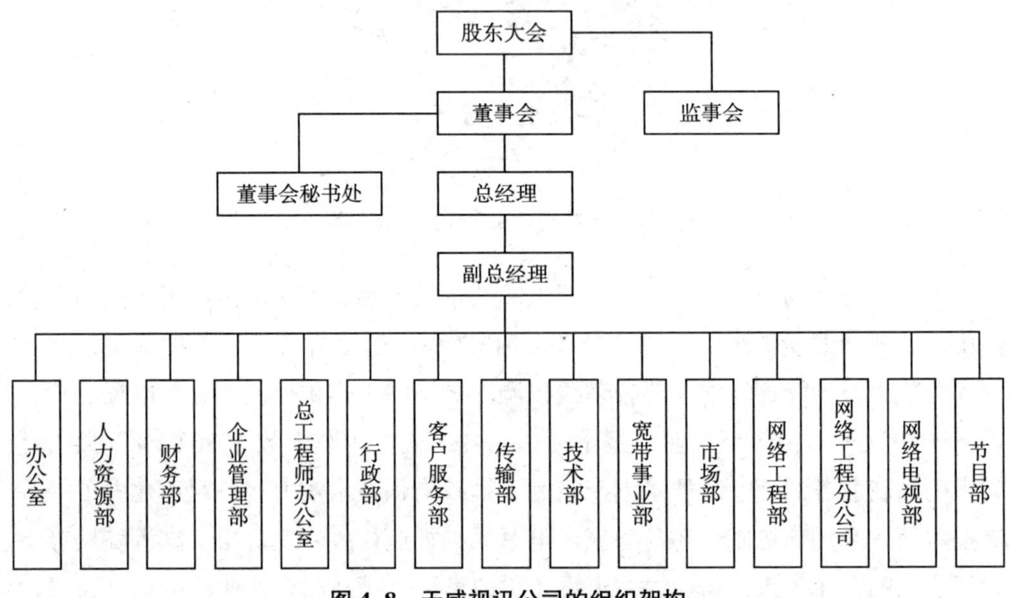

图 4-8　天威视讯公司的组织架构

各级管理部门形成了一个有机整体，拥有完整的采购、生产（服务）和销售系统及配套部门（人力资源部、财务部、总经办、行政部、企业管理部），在其核心的生产部门，又根据产业链的上下游分别设置相应部门。例如，有线电视业务分别由节目部、传输部、网络工程部、市场部、客户服务部组合实现，从而保障了业务的完备性与工作任务分配的清晰性，为公司正常运作提供良好的组织能力。

（五）资本运作：上市运作、行业内纵横拓展及行业间合作

近几年，有线电视行业内部不断进行整合工作，公司将以此为契机进行行业间、行业内横向与纵向拓展的尝试，扩大公司业务规模，实现规模化经营。

第一，公司上市资本运作。上市为公司获得了大量资金，扩大公司规模的同时却不会提高公司的负债率，是很多公司融资的首选融资途径。尤其是有线电视运营行业，初期的网络建设占据大量资金，后期维护成本较低，初期投入如果仅依靠企业自身难以为继，需要获得外界的支持。但是上市需经过严格复杂的审核，公司需要做大量的准备工作，天威视讯也不例外。

为了满足资本负债率的营利性要求以及让公众对公司股票更有信心，天威视讯不得不剥离一些不能提高公司效益的业务，因此，天威视讯在上市前，将无法继续经营下去的控股子公司天威投资发展有限公司申请清算，天威投资成立于1997年，2007年净利润为-32.45万元。其中，天威视讯以43%的股权成为其第一大股东，经分析得出天威投资已经很难为公司创造效益了，继续经营只会拉低公司的盈利水平，影响上市后公司股价的上升空间，所以在提出上市申请前天威视讯就提出清算天威投资也算是明智之举。

上市前特别敏感的还有与关联企业的关联交易或者同业竞争，为了避免这些原因导致的上市受阻，天威视讯与母公司一起进行清理。在上市前，天威视讯与其控股母公司深圳广电集团共同持有深圳市移动市讯有限公司与深圳市深视传媒有限公司的股份。移动视讯成立于2004年11月3日，注册资本为4666万元。其中，天威视讯出资比例为15.0021%，深圳广电集团出资比例为60.0085%；深视传媒成立于2002年10月17日，注册资本为500万元。其中，天威视讯出资比例为10%，深圳广电集团出资比例为50%。为减少与深圳广电集团之间的关联交易，公司在上市前两个多月将持有的这两家公司的股权全部转让给深圳广电集团，于2008年3月7日分别签署了《股权转让协议书》，就转让价格、债务负担、价款支付期限和方式、费用分担及生效条件等事项做出具体要求，不仅能避免因关联交易引起的上市受阻，而且可以使公司核心业务更加突出，提高公司的市场竞争能力。

由于有线电视行业在社会宣传效应上的特殊作用，广电集团不能失去对天威视讯的绝对控股权，所以天威视讯按照上市A股的最低股票发行比例要求向公众发行股票（最低比例为25%），其上市发行前的前后股本结构如表4-4所示。

第二，关内外横向整合。根据广电总局要求和广东省网工作安排，广东“一省一网”的目标将于2012年底实现，目前尚未纳入广东省网的地市仅剩深圳市，所以在省网整合完成前整合深圳市网势在必行。目前，深圳市存在四个有线网络

表 4-4 天威视讯上市发行股票前后股本结构

股东名称	发行前股本结构		发行后股本结构	
	股数（万股）	比例（%）	股数（万股）	比例（%）
深圳广电集团	16400.00	82.00	16400.00	61.42
深大电话	2600.00	13.00	2600.00	9.74
中金联合	1000.00	5.00	1000.00	3.75
上市发行的股票	—	—	6700.00	25.09
总计	20000.00	100.00	26700.00	100.00

运营商，包括天威视讯、天明广播电视、天宝广播电视、天隆广播电视公司，分别负责深圳关内、天明新区、宝安区、龙岗区的广播电视网络建设业务。其中，天威视讯是唯一一家上市公司，可谓深圳市的巨头，关内的有线电视用户达到110万元，其他三家公司的用户规模相加与天威视讯相当，且皆为天威视讯的控股母公司（深圳广电集团）控股下的子公司，而且深圳广电集团已经明确表示其子公司将优先享有收购权，所以由天威视讯整合深圳市场是必然趋势。

从2008年上市以来，外界就一直预期天威视讯将整合深圳市有线电视网络资源，但是其一直未做出实际行动。2011年8月发布公告，以6148万元现金收购深圳天明网络100%的股权，按照每户价值进行资产估值，相当于每户1025元，显著低于公司二级市场每户2800元的价值。由于刚刚完成数字电视转换，折旧、摊销和财务费用较高，天明网络还处于亏损状况，但光明新区目前的有线用户渗透率较低，80万人口基数只有6万有线用户，预计未来用户规模还将达到10万元左右，所以预计天威视讯收购后规模效应的影响和收入增长，2013年将扭亏为盈。因此，不仅在收购当时还是未来预期都将给公司带来效益。天威视讯收购天明的行动开启了整合市网的大门，预示着天威视讯在不久的将来也将整合推向其他深圳市有线电视运营公司，从而推动省网整合的步伐。

天明是三家公司中规模最小、股权最简单的公司，所以公司采用现金收购的方式。天宝、天隆两家公司在关外有线电视业务中占据重要的地位，拥有的用户规模较大，如果依然按照每户1025元的价格收购，收购所需资金过大超出天威视讯的承受能力，所以预计采用增发新股的方式进行募集，但是，由于收购而带来实际资产的注入，不会摊低每股价值，反而将增厚每股价值。

关内外整合完成后，集中管理的规模与效率优势将得到体现，使公司的核心竞争力增强。市网整合后公司在省网中的地位也将得到提升，在省网整合中的话语权也会加重，也将给公司带来利益。

第三，产业链中的纵向发展。有线电视网的主要成本是建网、升级、维护、折旧、摊销等固定费用，初期投入成本高、见效期长，因而天威视讯积极寻求相关产业多元化发展，既能增加利润来源以保证资金链正常，同时可以提高产业内部的地位。发展至今，天威视讯通过成立子公司涉猎邮电通信业、广告业、制造业、服务业等多个产业，不仅如此，还在广电产业的深度上有所延伸。控股子公司详细情况如表 4–5 所示。

表 4–5　天威视讯主要控股子公司情况

子公司名称	业务性质	经营范围	在职员工人数（人）
天威数据	邮电通信业	数据信息传输服务；数据信息网络技术开发；国内商业、物资供销业；互联网接入服务业务；互联网信息服务	3
天威广告	广告业	设计、制作，代理国内外各类广告业务	56
迪威特	制造业	数字技术产品的技术开发、咨询、销售、计算机软、硬件的开发、销售	75
天威网络	服务业	有线广播电视网络及其他通信网络工程施工及相关的技术服务	148
天华世纪	文化业	文化活动策划、从事广告业务、信息咨询、国内贸易，经营进出口业务	125

由于有线电视运营业务已经是接近用户的最后一个环节，所以天威视讯只能往前上游发展，包括广告制作、内容提供、技术开发等。为增强内容提供领域的优势地位，另因天华世纪传媒展现出强劲的盈利能力，2010 年天威视讯增资 4200 万元注入天华世纪传媒。

除了增设或增资子公司外，横向发展的另一个重要方式就是与产业链中的优势企业合作。2011 年 9 月 19 日，同洲电子与天威视讯签署了战略合作协议，同洲电子生产“有线（智能）数字电视一体机”，由天威视讯为同洲提供入网认证、渠道代销与售后服务等全面支持，实现互利共赢。合作将天威视讯带入到电视机制造领域，期待它能够与更多的优势电视机制造企业进行更深度的合作，巩固天威视讯在产业链中的地位。

第四，三网融合背景下的行业间合作。三网融合在国外一直如火如荼地展开着，但在我国特殊的部门体制下部门利益一直难以调和而悬而未决，从 1998 年国内首次提出“三网融合”概念起，工信部门与广电部门间的博弈相继上演，触及广电部门的利益点在于允许电信发展 IPTV（网络电视）业务会分掉广电的一杯羹。

2010年4月21日，国家广电总局向各地广电局发出“41号”令，未经广电总局批准擅自开展IPTV业务的地区，要求限期停止相关业务，这给进入IPTV的电信业当头一棒。此时网络牌照限制在几家广电企业，使电信运营商不得不依靠与广电企业合作才能开展相关网络电视业务。不久后出台的《三网融合试点方案》也表现出向广电业倾斜的趋势，试点方案明确规定，广电将负责IPTV（网络电视）集成播控平台建设和管理，负责节目的统一集成和播出监控，负责电子节目指南（EPG）、用户端、计费、版权等管理。电信企业充当技术传声筒的功能，想要自主运营IPTV业务仍然需要迈过很多槛，其实际控制权仍在广电行业手中。

受到国家政策的约束，电信业短期内还不能直接单独发展IPTV业务，但按长期开放发展、合理竞争的趋势来看，政策的保护只能是暂时的，约束终将被打破，届时电信业先进的技术、丰富的资源以及长期市场化积累的经验将会给广电行业带来巨大的冲击。为实现长期的共赢，应探索广电业应与电信业的多种合资、合作经营模式，以充分发挥各方优势，天威视讯在这条路上已经迈出了第一步。

2011年3月28日，天威视讯与同洲电子及深圳移动签署了“甩信”项目合作协议，三方将合作在深圳搭建“甩信”运营平台，打造、推广创新的三融合“甩信业务”，合作期为五年。天威视讯主要负责内容平台技术接口与节目源的提供（包括影视节目内容及节目元数据的总集成、审核、提供、更新和维护管理及节目推流服务），甩信产生的增值收入由深圳移动统一向客户收取，合作三方按约定比例分成，不仅充分利用了天威视讯丰富的节目内容以及IPTV业务开展权限，而且利用了电信业在技术及客户资源的优势，优势的结合使各方均受益。这个合作仅仅是共赢合作的开端，天威视讯还应该积极探索新的更深入的合作方式，例如，合资创办公司，开拓IPTV更广阔的市场。

（六）价值创造：开拓和挖掘有线电视业务价值链

根据波特的价值链分析模型可知，企业的增值活动分为基础性活动和支持性活动。总体来说，公司的最终利润是由基础性资源和支持性资源共同创造的。按照以上分析方法，天威视讯的有线电视业务价值链如图4–9所示。

天威公司的支持性资源包括管理服务部门、人力资源、设备采购以及财务部门。这些支持资源水平的高低直接影响公司基本活动的效率，对公司整体运营产生直接影响。更重要的是，通过建立完善、独特的管理体系，可迅速提高公司在市场中的竞争能力。技术开发与基础网络建设是公司基本活动的一部分，作为有

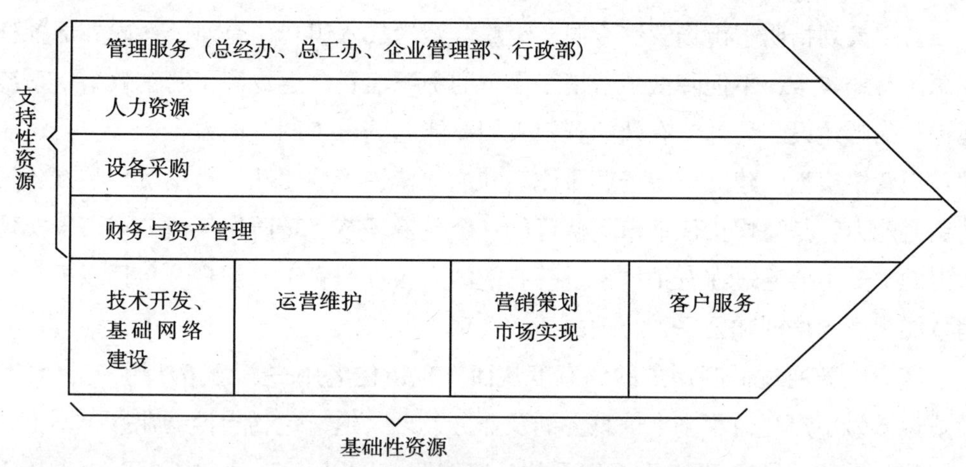

图 4-9　天威视讯的有线电视业务价值链

线网络运营公司，技术开发与基础网络建设是主营业务（数字电视和宽带）产生的基本生产要素，只有依托较高水平的技术与基础网络，公司才会产生较高的效益。

有线网络运营公司作为文化产业和 IT 产业的交会点，具有技术驱动和内容驱动的双重特征，因此，对节目内容的存储、管理、应用同样是技术开发的一项重要部分。转型为云计算电视平台后，用户对节目的自主选择权加大，只有当节目内容具有足够的吸引力时，才能赢得更多用户的加入从而获取收视费及入网费，节目内容丰富才能促使更多用户收看付费频道、进行节目点播从而获取扩展业务费。天威视讯通过控股子公司天华世纪传媒，不仅可以保障节目质量，而且还能够回流一部分利润，是其价值创造的创新之处。

高效的运营是保持公司传输质量的主要手段，也是提升服务质量的重要方式。天威公司已具备较高的运营维护能力，公司在网络质量、技术与基础建设水平、维护站点数量以及技术人员素质等方面，均处于广电行业的领先水平。未来发展中，天威公司要在保持现有优势的基础上，建立适应数字电视运营的体系。保持高效的运营主要领先网络工程部与传输部，这两个部门对节目传输质量、用户节目接收质量保障起到至关重要的作用，天威视讯对于安装竣工时间限制、节目故障率以及恢复时限等相关业务标准有着非常明确的规定，公司员工秉承“客户至上”的服务理念，宁可牺牲自己的休息时间也要在第一时间为客户排忧解难，为公司赢得了良好的声誉及客户的高满意度。

营销策划指明了市场营销方向、策略及营销战术组合，是对公司内外部各种资源的有效整合，不但降低了营销工作中的资源浪费，还提高了营销效果，系统地进行品牌建设。另外，有效的营销策划还能起到出奇制胜的效果。天威公司非常重视营销策划，建立了市场调研体系和成立营销策划团队。市场实现是指公司的销售能力，是公司价值被市场认可的一个关键环节。现阶段天威公司市场实现能力的提升主要通过在营销体系进行有效的人力资源管理来实现，包括以提升营销技能为主的培训和公平、合理的绩效管理。

客户服务通过提高用户的满意度从而实现留住老用户、开拓新用户的目的。天威视讯为用户开通了多个信息咨询及业务办理渠道，包括自助营业厅（网上营业厅与电视营业厅）、365 天全年无休的实体营业厅以及 24 小时不间断人工接听呼叫中心，并明确规定了质量问题处理路径、安装与故障处理时限以及客户投诉专人处理，以保障服务质量，是获取用户资源的重要方式。

四、结论与启示

天威视讯自其创立至今，走出了一条特有的道路，已有的成绩证实其独特商业模式与当今市场化趋势的契合，具有一定的参考价值。但天威视讯并未满足于现有的成就而故步自封，仍然在不断自我完善与修炼，以期实现更长足的发展。

具有前瞻性、理性正确的行业与产业选择为公司指明了发展的方向中，使公司在运行过程中不致迷失方向；云计算模式使公司盈利模式多元化，打破了传统的依靠广告与落地费盈利的模式，通过满足用户个性化的需求实行按需收费，提高公司 ARPU 的同时也提升了用户满意度，为公司赢得了更多用户；通过长期与固定的设备制造企业合作，天威视讯整合优质的技术研发资源，实现提升技术水平的目标，节目资源则由其下属子公司天华世纪传媒提供，保证了资源的优质性；灵活且自主的资本运作能力使公司的资本效用发挥到极致，通过跨行业、行业间的横纵向整合，使公司的业务范围越来越广阔，在产业链中的地位得以提升，顺应“三网融合”的大趋势；完整的组织能力使公司的员工有能力、有意愿、有秩序地完成公司的日常工作，提升公司的执行力；公司内部各环节紧密结合、环环相扣，共同为公司价值创造做出贡献。

第三节
金蝶软件：打造自主知识产权一体化的云计算应用服务平台

金蝶国际软件集团有限公司（以下简称金蝶集团，见图4-10）的前身是深圳爱普电脑技术有限公司，1993年8月8日创立于深圳，于2001年2月15日在香港联交所创业板上市，2005年7月20日转入香港联合交易所主板，股票代码为00268，并于2011年3月7日正式被纳入恒生综合指数成份股。发展至今，金蝶集团现已成为亚太地区领先的企业管理软件及电子商务应用解决方案领先供应商，中国软件产业的领导厂商之一，在国内软件行业中所取得的成绩也是有目共睹，其成功值得研究和探讨。

图4-10 金蝶国际软件集团

一、公司概况

金蝶国际软件集团在中国大陆设有深圳、上海、北京三个软件园，在深圳、上海、北京、成都、广州和新加坡六地设立了研发中心。在中国大陆拥有105家以营销与服务为主的分支机构和2400多家咨询、技术、实施服务、分销等合作伙伴。金蝶营销、服务及伙伴网络在中国大陆分为南方、华南、北方、东北、华东、西部六大区域，遍及300多个核心城市和地区；集团客户遍及亚太地区，包括中国大陆、中国香港、中国台湾、新加坡、马来西亚、印度尼西亚、泰国等国家和地区，总客户数量超过100万家。

金蝶集团以“成就员工梦想，帮助顾客成功，让中国管理模式在全球崛起”为公司使命，为全球范围内逾80万家企业和政府组织机构成功提供管理咨询和信息化服务。连续七年被IDC评为中国中小企业ERP市场占有率第一名，并连续五年被《福布斯》（亚洲版）评为亚洲最佳中小企业。2007年还被Gartner评为世界范围内有能力提供下一代SOA服务的19家主要厂商之一，同年，IBM入股金蝶国际并成为金蝶集团战略性股东，金蝶集团还与 IBM 组成全球战略联盟，共同在SOA、市场营销、咨询与应用服务、SaaS 等多个方面进行合作，打造“金蝶产品”与“IBM 交付服务”结合的创新业务模式。2010 年，继 Capgemini、HP、IBM、SAP、Sun 等国际知名厂商之后，成为 TOGAF 企业架构标准制定权威组织The Open Group 的第 6 家董事会成员。同年，金蝶旗下友商网被计世资讯评为管理型 SaaS 市场份额行业第一、金蝶中间件荣获“德勤高科技、高成长亚太区500 强”称号。2011 年，金蝶获香港顶尖资本杂志《CAPITAL》颁发的资本杰出企业成就奖。2012 年金蝶连续八年被 IDC 评为中国中小企业市场占有率第一名。同年，金蝶友商网荣获《软件与信息服务》颁发的“金软件之云应用软件典范企业”奖项，金蝶中间件荣获 2012 年中国软件行业创新奖。金蝶集团的发展历程如图 4-11 所示。

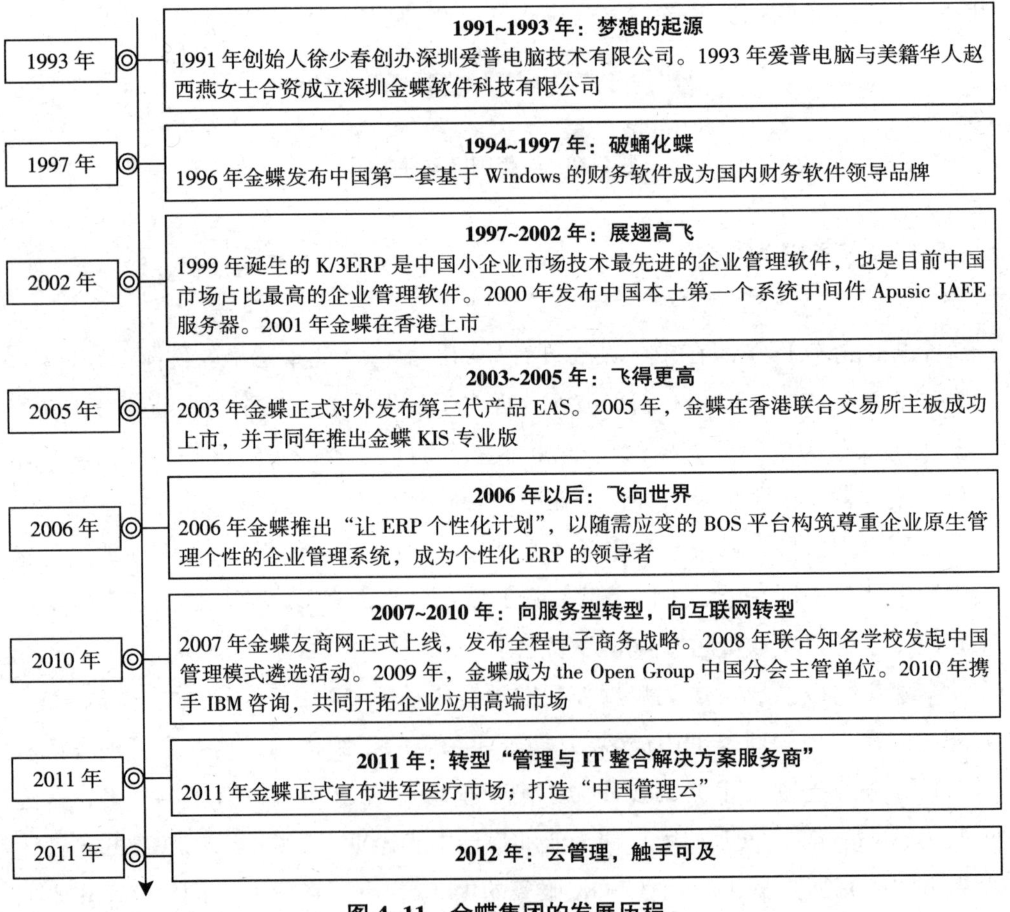

图 4-11 金蝶集团的发展历程

近年来，金蝶国际的企业营业额正逐年递增。金蝶用了 10 年的时间，使年营业额翻了 10 倍，净利润又翻了 5 倍。2001 年营业额仅为 1.99 亿元，净利润也仅为 2900 万元。2011 年营业额则飙升至 20.22 亿元，净利润为 1.45 亿元。可以说，金蝶国际十年来以年均 13%以上的增长速度，逐年上升。据金蝶国际2012年年报显示，2012 年全年营业额为 17.65 亿元，较 2011 年下降 12.71%，全年亏损了 1.4 亿元。2012 年，研发费用为 2 亿元，较 2011 年约增长 18.7%。金蝶国际董事局主席徐少春表示，最坏的时代也是最好的时代。2012 年是金蝶历史的最低点，目前最坏的时刻已经过去。

金蝶集团是以软件技术为主导的企业集团，因此，人才便是关键因素。如今的金蝶集团已经是一个拥有员工近万人，其中，咨询实施顾问 700 多人，研发工程师 800 余人，其中，本科及以上学历人员达到全体职工人数的 70%以上。多年来金蝶研发的投资占整个公司盈利一直保持在 12%~15%的水平。目前已形成了咨询事业部、大企业客户事业部、中小企业事业部、客户服务部的事业部结构。在大企业事业部内部又划分出房地产、交通运输、金融、烟草、制造业等二级事业部。中小企业事业部则分为服装业和 PLM 等部门。金蝶集团组织架构如图 4-12 所示。

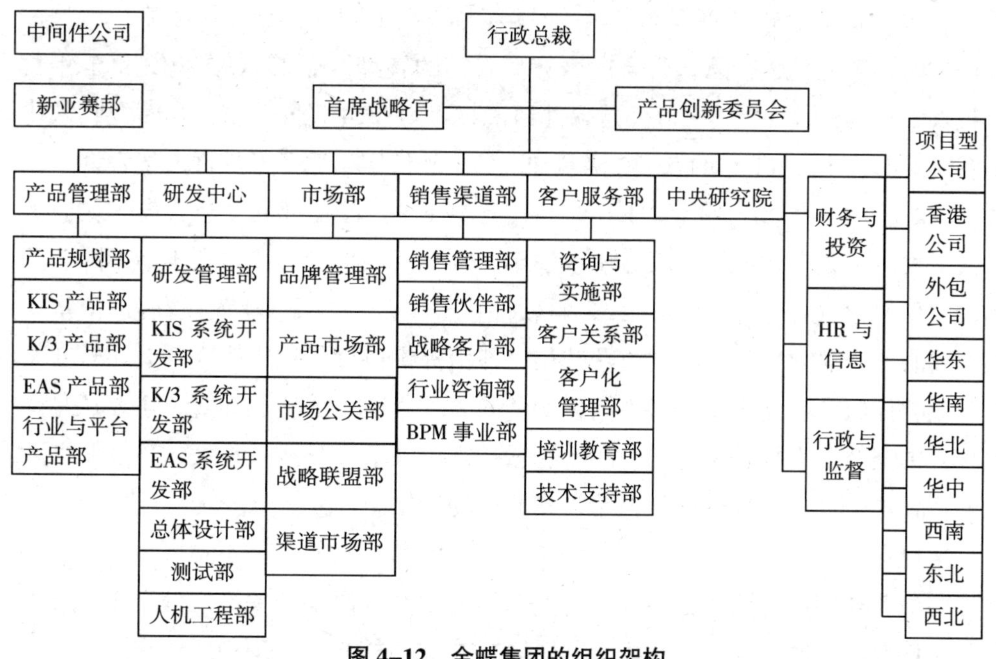

图 4-12 金蝶集团的组织架构

二、从管理软件提供商向管理咨询服务提供商转型

随着互联网技术的发展，云计算越来越多地被用到企业的电子政务运作中，为企业业务的发展节约了成本，并带来了良好的经济效益。金蝶集团利用云计算商业模式巩固管理软件业务，同时拓展管理咨询业务使金蝶迎接新时期发展的重大转型。

第一，从软件开发向咨询服务转型。金蝶集团的管理软件业务一直处于行业领先地位，自成立以来为企业带来源源不断的利润。那么，是什么促使着金蝶有力的转型？答案是中国的 ERP 软件行业已经进入“价格肉搏”时代。2008 年金融风暴时期，中高端客户的 IT 投资变得更为谨慎，中低端客户的需求也踯躅不前，许多中外管理软件厂商为了争取客户、扩大市场拥有率都在竞相降价争市场。因此，跳出软件销售的红海，进入附加值更高的管理服务领域，从而提高企业整体毛利率，是明智的选择。早在 2008 年，金蝶就已经意识到，企业需要的不仅仅是一套软件，更是软件背后的专业团队、软件中蕴含的文化根基和哲学思维。就未来而言，软件商的竞争力将取决于服务能力，转型之路由此开启。

2009 年底，金蝶软件发布了名为“新四年·新征程”的新发展战略，力求在 2010~2013 年实现从产品型公司向服务型公司的转型。金蝶软件 2012 年全年营业收入为 17.65 亿元。其中，公司软件销售收入为 8.74 亿元，占公司营业收入比例有所下降，由 2011 年的 53.8%降至 49.5%；软件实施服务及软件方案咨询收入共计 8.4 亿元，由 2011 年的 41.15%上升至 47.6%。由此可见，金蝶集团从业务本身就发生了改变，即软件服务比重逐年上升，而软件销售比重在不断下降。两者的差距越来越小。假以时日，金蝶软件业务中的软件服务将超越软件销售份额。那时，金蝶软件将会实现成功转型，即由提供以软件销售为主的公司转变为提供以软件服务咨询为主，软件销售为辅的软件集团。之所以如此，主要还是受惠于大中型企业市场转型与升级对管理软件需求及信息化投入加大，以及服务业务的强劲增长，金蝶软件仍然保持领先的市场地位。

金蝶自实施转型战略以来不断增长的服务业绩让我们不得不相信金蝶集团在软件向服务转型的道路上正胜利前行。金蝶转型服务成功的关键之处在于正确剖析了软件业的本质内涵——知识，并紧紧抓住这一核心，梳理中国优秀企业的管

理模式，建立高水平咨询团队。所有的一切都是在汇集知识，然后再通过软件、咨询乃至更多的创新传播出去，变为商业模式，严格来说，本质并未变，变的只是实施的方式而已。在此过程中，人才战略充当基础建设，而部门调整通过各种方式与客户沟通和快速响应，这些其他企业转型服务中常常止于此的表面服务，在金蝶扮演的是更重要的角色，那就是为深层次的服务提供支持。正是对服务转型内涵的正确理解和企业组织、部门结构的高效配合并向前进才促使了金蝶转型的成功。

第二，金蝶不同产品层级助力企业的商业模式创新。根据所满足和服务的企业市场划分，金蝶目前的产品已形成三个层级，如图 4-13 所示。第一层，KIS 系列产品、针对低端市场用户，有方便、快捷、功能点突出、价格低廉等优势，而且依托渠道、代理商等多种形式在全国范围内被广泛接受。第二层，中端产品，K3/ERP 产品已进入成熟阶段，在客户群体的选择上已经形成了自己的独特分割线，并依托强大的财务功能在中小企业市场中占据主导位置。目前在很多行业已经得到广泛的推广，例如金融、制造、连锁销售、餐饮、房地产、养殖、物流等。金蝶集团用户满意度长期居于业内第一，K3/ERP 已经成为整个金蝶集团的金牛产品，在近几年的中小企业市场依旧会占据主要领导地位。第三层，高端产品 EAS，主要应用于大型集团化管控软件，从 2001 年研发至今，EAS 已经逐

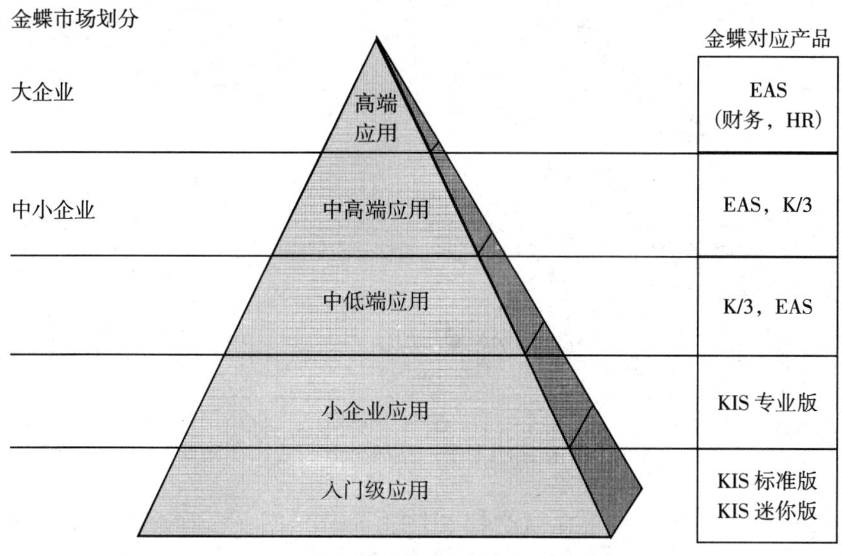

图 4-13　金蝶集团的市场划分与对应产品

步走向成熟阶段，财务、供应链、人力资源、成本管理、预算控制、协同管理、商业智能等模块已经成熟。针对某些特定的行业也形成了独到的解决方案。例如，房地产业、钢铁、化工、餐饮、港口等大型行业应用方面都有应用成熟的解决方案和成功案例。

根据市场定位，金蝶提供了 KIS、K/3、EAS 三种产品来满足不同的企业客户。而这些产品本身也是在企业应用中，协助企业不断增加和创造新的商业模式，如图 4-14 所示。在企业创业阶段，应用金蝶 KIS，可以实现企业会计电算化，集成企业的业务处理。随着企业的逐渐规范，金蝶 KIS 可以帮助企业强化基础管理、使企业财务业务一体化。企业发展到中型企业，可以应用金蝶 K/3 软件，降低企业管理成本，提供企业运营效率，集成企业的业务处理，实现企业的精细化和集体化管理。最后，当企业发展壮大到集团化，可以采用金蝶的 EAS 产品，来加强企业集团协同商务处理，业务效率达到最大化，实现供应链合作。这就是金蝶的不同产品满足不同规模企业，助力企业实现商业模式创新。

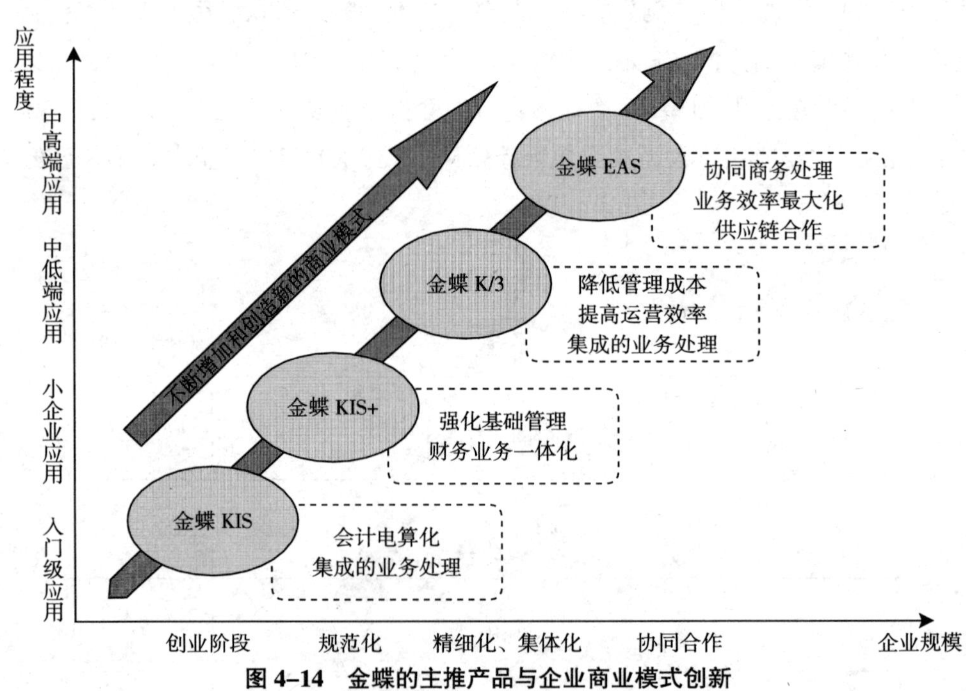

图 4-14　金蝶的主推产品与企业商业模式创新

此外，中间件产品是金蝶驱动力“三驾马车”之一，近年来一直处于国内管理软件市场的领军位置。无论是未来发展的需要，还是近期销售目的，金蝶中间件产品是金蝶集团中期发展时期技术领先战略的重要成果，也是未来金蝶跃居国内行业第一的一张王牌。虽然友商网的开通和运作至今未实现大规模盈利，但随着注册用户的不断增加，对于市场的影响和后续的长期发展都起到了推动作用。同时，友商网的运营也标志着金蝶集团的产品线在管理软件行业中可以满足目前市场全部类型的需求。

三、金蝶软件的商业模式创新路径分析

在市场环境和企业发展目标的双重背景下，金蝶转型成功的背后是其商业模式的创新。我们依据云计算企业商业模式创新的“5+1”模型，结合金蝶集团自身的具体情况，对金蝶集团商业模式创新路径分析如下：首先，金蝶集团内部开始由软件开发向咨询服务转型，实现管理软件和管理咨询服务的双向收费。其次，金蝶集团还对其有形的和无形的资源进行有效的资源整合，并通过激情管理、学习型组织和核心能力，来强化企业核心能力。最后，在金蝶集团外部运作方面，金蝶集团以管理咨询服务为主，管理软件销售为辅的策略，来实施产品和服务的差异化战略。金蝶集团还利用香港上市运作打通公司融资通道。基于此，金蝶软件面向咨询业务形成四种价值创造模式。正是由于这“5+1”种力量，打造出了金蝶的商业模式创新路径的“5+1”模型，也最终成就了如今的金蝶集团。金蝶集团的商业模式创新路径如图 4-15 所示。

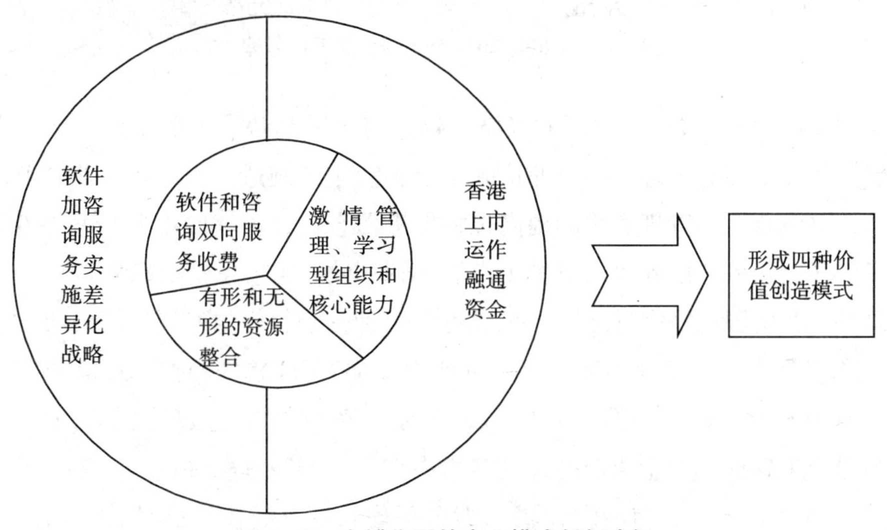

图 4-15　金蝶集团的商业模式创新路径

（一）行业选择和战略定位：管理软件加管理咨询服务，实施差异化战略

中国管理软件行业发展了不到 30 年，早期中国软件业的代表企业就是金山和用友。它们至今仍是中国软件行业中细分产品市场的领头人。金蝶集团致力于管理软件、中间件和电子商务系统产品的市场运作。

软件行业对宏观经济状况因素依赖很大，只有在宏观形势走好的情况下，软件行业才有市场空间，2008 年之前中国市场以较快的速度发展，GDP 的增长率每年都超过 10%，但 2008 年的金融风暴遍及全球，全球经济动荡，中国也未能幸免于难。而且中国的经济一直处于产业结构和发展模式的调整期，制造业面临着人力资本上升、美元贬值、出口退税调整、资金链紧张和节能减排等诸多影响，一度低迷。不过 2009 年以来，在政府刺激经济政策下，我国宏观经济正不断走出金融危机的阴影，朝好的方向发展，2010 年 GDP 增幅两年来首次超过 10%，具体 GDP 数值及增长率如图 4–16 所示。

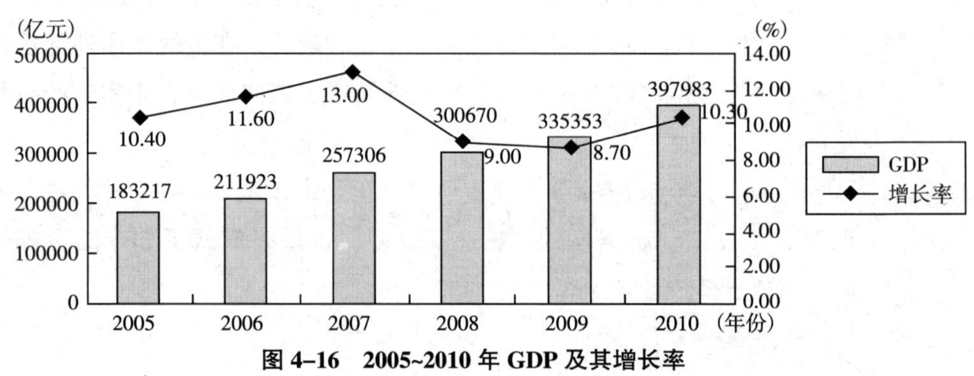

图 4–16　2005~2010 年 GDP 及其增长率

从图 4–16 可以看出，中国的经济主体保持上升趋势，中国工业生产制造也呈发展趋势。中国的管理软件行业依附于以工业生产制造为主的各行业企业的发展之上，整体企业界管理意识的提高也将促进信息化管理软件需求。表 4–6 为解决方案市场增长率，由此也可以看出市场对管理软件需求呈增长趋势。

总之，在中国经济走好之际，企业也将得到一个较好的发展环境，再加上自 20 世纪掀起了管理理念的狂潮之后，近两年，IT 管理软件的技术逐渐成熟、客户管理意识不断加强，对管理软件的需求必将逐年增加。但是，我们也应该看到，中国管理软件行业企业众多，且多集中在通用型管理软件领域，未来的竞争必然会走向更高端、更前沿的领域，当今管理软件市场竞争已日趋“白热化”。

表 4–6 解决方案市场增长率

排　名	解决方案	增长率（%）
1	企业资产管理（EAM）	15.4
2	商业智能（BI）	11.7
3	生产执行系统（MES）	11.0
4	产品生命周期管理（PLM）	10.4
5	客户关系管理（CRM）	9.2
6	供应链管理（SCM）	8.9
7	企业资源计划（ERP）	7.3
8	办公协同（OA）	6.5
9	电子设计自动化（EDA）	5.6

由此我们不难想象，要想在未来管理软件行业占领制高点，就必须拥有一支集研发与创新于一体的高素质人才队伍，具备高领域制动权和新领域的开拓能力。

综上所述，金蝶必须实行以差异化战略为主、成本领先战略为辅的方式。金蝶发展历程中积累起来的企业资源都是企业的潜在顾客，管理软件行业品牌认知度较强，金蝶要在留住原顾客的基础上不断发掘新顾客。当前对于金蝶而言，在巩固发展管理软件的基础上更要加快发展金蝶管理咨询的业务，并不断促进两者的结合，创造差异性。金蝶将高质量管理软件与高水平管理咨询结合起来，既比一般的管理软件公司多了实际操作咨询的业务，又比一般的管理咨询公司多了软件落实的能力，这样便使得金蝶从两者的旋涡中跳脱出来，赢得了自身发展的空间。所以，金蝶在实行管理软件+管理咨询服务战略时候，要注意成本和收益的投入产出效益，避免成本过高。不过金蝶的优势也在于此，原有顾客的企业库容量巨大，加之云计算商业模式带来的便捷服务方式都将大大降低成本，为金蝶差异化战略的实施减少阻力。

（二）盈利模式：实现管理软件和管理咨询服务的双向收费

在金蝶从管理软件向管理软件+咨询服务的商业模式转型的过程中，实际上其收入来源也从原来的单一收入来源变成双向收入来源，并且两者相互巩固和相互促进。一方面，原有卖软件的收入，在原有管理软件基础上继续推进研发力度，巩固完善其管路软件的产业链，稳定其收入链条是保证金蝶顺利发展和转型的基础所在。另一方面，管理咨询服务业务的发展也无疑为金蝶增加了一条宝贵的收入链条，金蝶软件 2012 年全年营业收入为 17.65 亿元。其中，公司软件销售收入为8.74亿元，占公司营业收入比例有所下降，由2011年的53.8%降至49.5%；软件实施服务及软件方案咨询收入共计8.4亿元，由2011年41.15%上升至47.6%。由此可见，金蝶集团的服务已经超越软件销售，成为增长最快的业务部分。

金蝶集团2001~2011年营业收入一直处于上升状态并在2010~2011年两年取得较大的发展，金蝶咨询服务业务的创收能力得到了很好的体现。之所以对金蝶管理咨询业务抱有诸多期望，除去金蝶强有力的研发能力和大批高素质的研发服务人员之外，还有一个重要原因就是，金蝶相对于一般的管理咨询企业还有其先天优势，因为它可以在一般管理咨询的基础上利用企业的管理软件业务使咨询结果得到落实，拓展了一般的管理咨询价值链环节，并利用这一落实推动管理软件业务的发展和创新。

（三）资源整合能力：有形的和无形的资源整合

未来的企业竞争不一定看你占有多少资源，最主要是看你整合资源的能力。金蝶集团在近20年的发展历程中已经建立起了规范化和制度化的企业经营模式，并拥有诸多享誉中外的管理软件及高水平的研发队伍，此外，金蝶于2005年在香港主板成功上市，良好的融资能力也为金蝶的持续发展注入动力。

金蝶拥有诸多优势。一是从知识产权方面来看，金蝶拥有许多领域内“第一”的制造者身份：中国第一个Windows版财务软件及小企业管理软件——金蝶KIS；第一个纯JAVA中间件软件——金蝶Apusic和金蝶BOS；第一个基于互联网平台的三层结构的ERP系统——金蝶K/3，其中，金蝶KIS和K/3是中国中小型企业市场中占有率最高的企业管理软件；第一个发布基于互联网平台三层结构的ERP系统和第一个发布基于互联网提供在线管理和电子商务服务。2003年金蝶正式对外发布了第三代产品——金蝶EAS（KINGDEE ENTERPRISE APPLICATION SUITE）。金蝶EAS构建于金蝶自主研发的商业操作系统——金蝶BOS之上，面向中大型企业，采用最新的ERPⅡ管理思想和一体化设计，有超过50个应用模块高度集成，涵盖企业内部资源管理、供应链管理、客户关系管理、知识管理、商业智能等，并能实现企业间的商务协作和电子商务的应用集成。二是从商誉资源来看，金蝶一路发展，积累了良好的品牌效益，拥有各行各业忠实的企业顾客，这为金蝶咨询服务的转型也贡献了客户基础，使得金蝶能够在从软件向服务转型的道路上更加畅通无阻。此外，云计算商业模式的兴起和广泛利用也为金蝶在新时期的发展提供了更为有效的营销渠道，大大节约了成本，提高了效益。三是从人力资源和组织资源来看，金蝶经过近 20 年的发展已经基本走向成熟，其内部人力资源构成和组织架构方面都趋于成熟和完善，员工在"激情、专业、团队、赢"的核心价值观导向下融入企业，与企业共发展、同荣辱。一大批高素质高水平的研发人才也极大地促进了金蝶在软件方面的研发和向管理咨询服务的转型。四是在基础结构资源方面，金蝶集团的企业文化、管理制度、管理哲学和管理过程等都构成了金蝶独一无二的无形资本，为金蝶个性化创新发展提供力量。

从长期来看，企业各项资源的可持续性是不一样的，按照时间划分，我们可以把它们分成短周期、标准周期和长周期的资源。金蝶集团企业资源的可持续层次如图 4–17 所示。

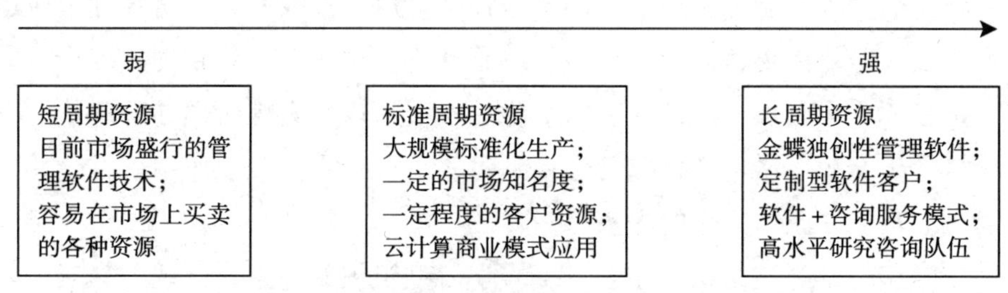

图 4–17　金蝶软件集团资源可持续的层次

金蝶管理层完全意识到一种危机，那就是如果公司不能积极利用一切资源快速发展，就很有可能会在激烈的市场竞争中遭到淘汰。拥有良好的资源并不等于一定能够发展好，关键要看能否使用得当。金蝶根据新情况改变了其组织架构，通过"激情管理"模式和企业建立"学习型组织"，使每个员工融入企业文化。做到尊重人才、渴望人才、善用人才，最大限度地发挥员工才能，为企业发展提供最可靠的人力保障。此外，金蝶大量的管理软件顾客资源也为金蝶新时期转型奠定了市场基础，抓住现有顾客市场并不断拓展顾客群，扩大企业忠诚顾客群的范围，这样才能获得不断发展。

金蝶集团 2010 年继续推进与 IBM 在咨询、技术、市场渠道方面的合作，与 IBM 双方联手成立并不断扩充事业的软件服务联合交付团队，打造"金蝶产品"与"IBM 交付服务"结合的创新业务模式，在未来四年多将共同为中国企业提供一体化咨询、产品、实施解决方案。2010 年，金蝶与 IBM 合作为公共医疗信息系统提供全面解决方案，共同签约广州红十字会医院、北京朝阳医院等项目，为其提供“一站式”管理系统，推进中国医疗系统的改革。

（四）组织能力：激情管理、学习型组织和核心能力

第一，金蝶激情管理模式。激情管理是指通过建立一种以激发知识工作者潜能为主要特征的管理模式，给知识工作者注入激情，使知识工作者更富有创造力和灵感，并为知识工作者提供足够平台，获得企业效益的最大化，知识资本=能力×激情。激情管理是金蝶文化的核心，也是其有别于其他 IT 企业最显著的“性格”。不断打破现有的条条框框，永远追求创新，向员工发放期权、建立学习型组织，都是金蝶“激情文化”的体现。金蝶员工平均年龄不到 30 岁，且 IT 人才流动性大，年轻人总是希望能在最短的时间内最大限度地实现自我的愿望，针对这一特点，金蝶认识到，对知识员工以及知识“资本”的管理，传统的“控制”或“限制”管理模式已经不适应了，于是强调开放与授权的“激情管理”应运而生。此外，金蝶还注重将激情管理与另一管理模式——数字化管理相结合。数字化管理的技术手段，加上激情管理的文化元素便形成了金蝶所倡导的现代化管理体系。如今，金蝶“激情文化”已融入到每一位员工生活和工作中，在金蝶，爱心、诚信、创新是激情文化的内核。

第二，金蝶学习型组织的建立。金蝶学习型组织的建立，体现了其对人才的重视和尊重。加强对员工的培训，建立学习型组织，是金蝶产品、理念不断出新，与用户、合作伙伴共同成长的动力源泉。2002 年底，金蝶就启动了“TOP100 计划”，根据“二八原则”将全员总数 20%左右的比例列入关键员工关注计划和接班人计划，将 80%的资源投入到他们身上，对他们进行重点培养，把他们纳入人才储备池，作为今后提拔、任职人选的主要来源。主管人事的副总裁罗明星对此说道：“这是金蝶对员工进行个性化培养的一种措施。我们要让有价值的员工得到更多关注，给他更好的培训，为他量身定做职业发展计划，管理层会定期和他交流，他的名字、他的背景、能力特长、思想动态将随时被公司管理层掌握，他感受到一种被聚集式的关注。这些关注让他感受到公司的期待，他会成长得更快，发展得更好。”每年，金蝶都会从销售额中提取 3%~5%用于员工培训，而这种培训紧密围绕当年公司长期战略所需要提升的组织能力展开，一般每年都着重提升几项能力，如 2003 年，金蝶着重提升的就是产品经理/产品管理能力、管理人员素质能力以及渠道销售能力。

此外，对所有管理者而言，他们的绩效考核纬度里都有能力纬度的要求，要求其主动提升下属团队的能力和自身能力。不定期地委派技术骨干出国培训，委派一定数量的管理人员参加 EMBA 培训；特设“总裁学堂”，邀请企业家、社会知名人士为员工授课，开阔视野，广博见识，真正构建起一个开放自由的学习型组织，而这恰恰是从事创造性工作的金蝶员工的深层次精神需要。

第三，金蝶的核心能力。在金蝶现有管理软件业务的基础上融入管理咨询服务，并将两者有效地结合起来便是金蝶的核心能力。当前我国管理软件行业发展已经竞争白热化，如不能实现质的飞跃，那么发展空间便很小。此外，随着企业管理咨询的兴起，越来越多的企业在本企业之外寻求专业服务，这也为管理咨询项目的发展提供了广阔的市场。所以，金蝶在原软件业务创新的基础上进行服务项目，组织一批高水平企业管理人员在云计算平台上进行咨询服务，并利用金蝶自身的管理软件将咨询服务落实到实处，这样既能充分利用企业的原软件资源，又能在此基础上衍生出新的服务项目，无疑是使得金蝶区分于一般管理软件企业和管理咨询企业的核心能力，正是这种创新性的商业模式推进了金蝶的转型发展，开辟了另一个事业高峰。

（五）资本运作：香港上市运作打通公司融资通道

金蝶集团 2001 年 2 月 15 日在香港联交所创业板上市，2005 年 7 月 20 日转入香港联合交易所主板，股份代码为 0268，并于 2011 年 3 月 7 日被正式纳入恒生综合指数成份股。金蝶资本运作可以分为三个阶段，即初创期、成长期和成熟期。

第一，初创期。1993 年 8 月，徐少春的深圳爱普电脑公司、香港招商局社会保险公司及美籍华人三方合资，成立了现在的深圳金蝶软件科技有限公司，注册资本为 500 万元。公司以“突破传统会计核算，跨进全新财务管理”为目标，进行产品创新，力图把金蝶公司建成国际性的财务软件公司。以现金和技术入股的总裁徐少春，当时并非最大的股东。正是这种经历和体验，使徐少春很早就拥有了容纳百川、借助资本运营的企业发展思路。而这种兼容并蓄的企业家襟怀，也成了金蝶公司成功走上风险资本创业之路的深层根据。

金蝶集团所处的软件行业是一种高效益、高投入、高风险的行业，其商品化需要不断投入大量资金。金蝶软件公司处于初创期时，急需大量的人才进行开发，在软件向市场推广中也需要大量的市场宣传和售后服务，而这一切都需要先期投入大量的资金。此外，为了在众多的软件企业中脱颖而出，金蝶公司抓紧战略时机，扩大自身规模，实现规模化、产业化，1997 年前后在国内先后设立了 20 家分支机构。营业收入和利润等主要经济指标以每年 300%的速度增长。随着规模的扩大，仅仅靠金蝶公司自身的积累已不能实现金蝶的战略需要和可持续增长，金蝶公司必须实现依靠资本市场来完成高效率的积累。

第二，成长期。1998 年对金蝶来说，极具历史转折意义。此时，IDG 广州太平洋技术创业投资基金正在广深两地寻找投资项目。通过深圳市科技局，IDG 广州太平洋技术创业投资基金总经理王树了解到金蝶公司的基本情况，就对金蝶公司登门造访。短短 3 个月闪电般的接触，双方就达成了合作协议。IDG 广州太平洋技术创业投资基金不仅给金蝶带来了 2000 万元的投资，还通过帮助金蝶公司与国际大公司进行交流，把国外一些全新的观点带给了金蝶，使金蝶走上了一条向国际化发展的道路。同时，金蝶可借助 IDG 集团的商业资源，与毗邻的中国香港优势互补，从而进一步拓展了金蝶产品的国际性销售渠道，使金蝶公司在成为国际性的财务软件公司的成长中更上一层楼。

第三，成熟期。随着公司的不断发展，金蝶需要一个更为广阔的发展舞台，2001 年 2 月 15 日，金蝶软件公司在香港创业板上市；2005 年 7 月 20 日转入香港联合交易所主板，股份代号为 0268，并于 2011 年 3 月 7 日被正式纳入恒生综合指数成份股。至此，金蝶集团成功上市，上市为金蝶软件公司打通了融资通道，为企业的长期发展奠定了基础。金蝶公司进入国际资本市场，打通了融资通道，为成为国际软件行业领先企业的发展目标奠定了基础。

近年来，金蝶已从上市中获得大量资金来源，为企业长足发展提供源源不断的资金保证，此外，金蝶在企业并购合作方面也不断前进。2010 年，金蝶继续实施积极的并购策略，先后完成了并购房地产业软件商——深圳嘉码网络信息技术有限公司，全面加强房地产行业信息化能力；并购 PLM 厂商——广州普维科技有限公司，打通制造业信息系统走向研发环节；并购协同软件厂商——深圳怡软技术开发有限公司，增强金蝶协同平壹理念 WORK-IN-ONE，为客户提供“信息协同、业务协同、系统协同”的协同工作管理一体化解决方案；并购餐饮娱乐行业专业软件厂商——中山食神网络科技有限公司，加快拓展餐饮及娱乐管理信息化解决方案市场。

（六）价值创造：面向咨询业务形成四种价值创造模式

金蝶集团基础性活动可以分为原有软件业务活动和创新性咨询服务活动两大

部分。从原有软件业务来说，有针对低端客户的 KIS 系列产品；针对中小企业的 K3/ERP 产品也已进入成熟阶段；此外，还有主要应用于大型集团化管控软件 EAS。2010 年金蝶软件许可收入约为 33.6 亿元，较 2009 年增长了 19.17%。

金蝶转型服务之所以取得成功，其特别之处就在于：直接剖析到软件业的本质内涵——知识。紧紧抓住这一核心，梳理优秀中国企业的管理模式，建立咨询团队，所有的一切都是在汇集知识，之后通过软件、咨询乃至更多的创新途径传播出去，变为商业模式。金蝶成立咨询服务部，背后就蕴藏着金蝶整体向服务转型的计划，咨询部扮演的就是转型前进的火车头、推动者。

金蝶咨询业务主要有四种价值创造模式。其一，管理/IT 咨询：面向中大型企业提供集团管理/IT 规划咨询服务。其二，高端管理培训：提供企业高级管理培训和 TOGAF 架构规划方法培训和认证。其三，业务蓝图咨询：为提升系统应用价值，复杂项目实施前进行业务策略设计、组织流程优化。其四，企业顾问服务：咨询专家团队共同为客户提供长期持续的企业管理及信息化顾问服务。

具体来说，金蝶咨询的价值创造过程主要有三个优势：其一，金蝶咨询具备五大丰富的业务线，也能够提供“管理咨询 + IT 规划 + 软件实施 + 本地化运维服务”的一体化服务，这可以扩大金蝶咨询的覆盖面，因为聚焦，所以更显其专业，既可以扩大服务覆盖面，也使企业可以得到系统化、全面化、一体化的整合解决方案。其二，金蝶咨询拥有丰富的专家团队资源。可以针对客户需求进行专家会诊，站在全局角度考虑问题，避免单一考虑的不足，最终综合、系统而全面地解决整体问题。因为金蝶咨询的产品结构和组合，不仅可以保证服务的专业化和系统化，而且保障长期合作的达成，解决分散化经营的问题，进而解决服务落地问题。其三，巨大的销售网络也为金蝶咨询发展提供强大市场运作优势。金蝶咨询依托软件销售平台，潜在客户多达 80 万个，可以说市场空间非常巨大。与国内其他公司相比，金蝶咨询避免了被动等待业务的困境，销售网络的主动出击，可以从管理专业咨询、软件渠道等方面为金蝶咨询提供充足的客户资源，正是基于以上价值创造过程，自然就成就了今时今日的金蝶国际集团。

四、结论与启示

第一，强大的核心技术基础是服务转型的首要条件。中国管理软件行业已进入竞争的“白热化”阶段，要想在激烈的竞争中脱颖而出，除了依靠独特的战略转型理念外，强大的技术支撑也是必不可少的。作为高科技企业，传统生产制造营销的价值链已经不再适应当前的竞争环境，生产服务化、服务高科技化已经成为不可逆转的趋势，而这一切都是以强大的技术基础为依托的。因此，在管理软件制造向管理服务转型时，专业技术沉淀依旧是首要考虑的因素。

第二，“客户至上”始终是企业的服务理念。对任何一个产业，客户永远是第一位的，因为其不仅是企业实现经营目标的依托条件，更是企业能否长期立足市场的关键因素。当然，客户不仅是狭隘地指最终用户，应该还包括各种合作伙伴。对于管理软件企业而言，不能仅考虑最终用户的需求，而应该把两种客户的需求都反映到产品中去。这就要求传统企业转变服务观念，在保证最终客户服务的基础上，充分重视伙伴在顾客服务中的价值，结合伙伴一道加快服务产品的开发，以便提供更具层次、更加系统的服务产品。这样的“双客户”经营理念不仅可以提高企业产品的研发能力，而且有助于协助合作伙伴更好的实施服务，更好地为客户服务。

第三，能够承载创新改变的战略前瞻与执行力是服务创新的前提。服务创新往往意味着公司多个部门的剧变甚至是整体蜕变，其过程往往充满着痛苦的割离与对前途的担忧。就金蝶而言，能够果断选择向管理咨询服务的转型便是在新时期新经济环境下做出的正确战略选择。机遇往往青睐有准备的人，时刻以敏锐的眼神关注市场瞬息万变的趋势，才能抓住机遇、创造价值。

第四，寻求多形式的战略联盟是服务转型的不竭动力。成功的企业转型总是离不开战略联盟的支持，金蝶与 IBM 的合作便将金蝶推上了服务转型的浪尖。一个人、一个团体的资源总是有限的，在最低成本下获得最高收益是每个企业的首要任务，因此，在全国乃至全球范围内寻求资源整合，充分利用外部资源求得自身发展是经济全球化下企业寻求经济效益的动力支持。

第四节
卓望数码：移动互联网云端到客户端的整体解决方案

卓望数码技术（深圳）有限公司（ASPire Technologies）（以下简称卓望数码，

见图 4-18）作为一家专门从事支持通信及互联网的软件开发、系统集成的技术开发与技术服务的高科技企业。近年来，大力发展云计算产业，并在技术突破、业务成长及商业模式上取得巨大成功，卓望数码的发展、转型以及其商业模式确实值得研究和研究。

图 4-18 卓望数码技术（深圳）有限公司

一、公司概况

卓望数码技术（深圳）有限公司是由渴望（英属威尔京群岛）有限公司独家投资，而渴望有限公司是卓望控股有限公司的全资子公司，卓望控股有限公司的主要股东有中国移动（香港）有限公司、美国惠普公司、ASP 投资有限公司（美国美林证券公司的子公司）和英国沃达丰公司。公司于 2000 年 12 月成立于深圳，是中国移动在电信业务及移动互联网领域从事技术开发与运营支撑的合作伙伴与支撑单位，同时也是中国移动在北京 2008 年奥运会、上海 2010 年世博会上的业务技术支撑单位，以及中国移动承建的全球首个以运营商发起推出的移动应用商场（Mobile Market）的技术运营支撑单位。

凭借着对电信行业无线数据业务、信息业务以及移动互联网业务的深刻理解，多年来，公司一直致力于以行业发展趋势为导向的核心技术研发与技术创新。经过近十年的发展，公司已成长为集大型电信软件研发、维护、技术运营与支撑等多种业务于一身，并掌握移动互联网领域端（客户端）到端（服务器端）核心自有技术的高科技公司。

卓望数码自成立以来即开始助力中国移动创立“移动梦网”业务品牌及门户体系，通过卓望数码的产品技术和服务，推动了“移动梦网”价值链的繁荣和规范，使之成为上百亿产值的产业链。在移动互联网时代，卓望数码又协助中国移动打造了“全球第一个运营商移动应用商场”，以及“中国移动安全认证（CA）中心”等，并为之提供全面的技术运营服务与支撑。卓望数码公司的发展历程如图 4-19 所示。

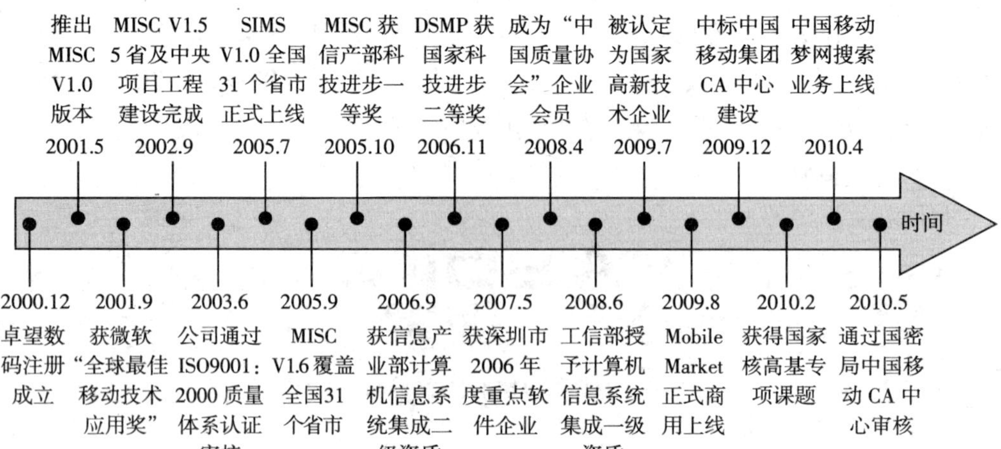

图 4-19　卓望数码公司的发展历程

注：近十年来卓望数码已发展成为移动互联网领域技术研发、技术运营与支撑服务等端到端能力的高科技公司，得到了股东、客户与社会的广泛认可。

卓望数码公司拥有相当规模的技术研发、市场销售和客户服务的专业队伍和服务网络，能够方便、迅速地为用户提供完备的技术支持。目前在北京、贵阳设立两家分公司，在广州、杭州、成都设有办事处，分别负责华北地区、华东地区、华西地区和华南地区的业务联系和技术支持，同时在全国各省会城市均覆盖有技术运行、维护支持队伍。在全国26个省设有驻点技术服务团队，为客户提供7×24小时在线的业务运营监测服务。公司员工近1000人，其中，核心研发人员数量占总人数的一半以上，如表4-7和图4-20所示。

表 4-7　卓望数码人员的片区分布

片　区	占比（%）
集成服务	33
产品研发	45
市场人员	13
公司支撑部门	9
公司整体人数	100

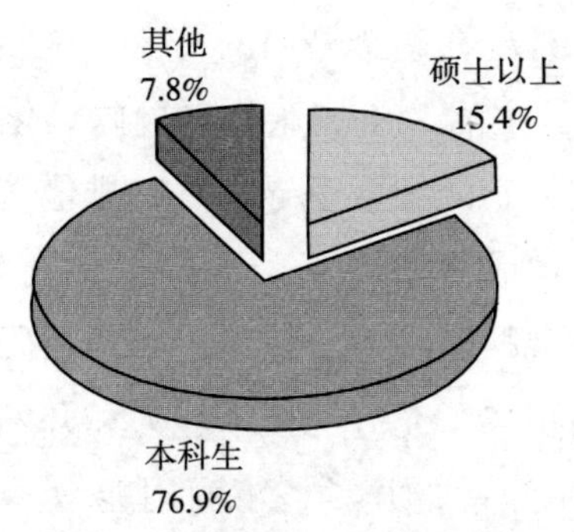

图 4–20　卓望数码人员的学历分布

卓望数码公司在创立之初，即帮助中国移动建立了“移动梦网”业务品牌及门户体系，开发并成功应用了全国级的移动信息业务中心“MISC”及“SIMS”等一系列拥有软件自主知识产权的产品，承载着全球最大规模的增值业务管理和控制系统（截至 2010 年 5 月，中国移动用户已达 5.4 亿个），推动了“移动梦网”价值链的繁荣与规范。“移动梦网”作为独创性的商业模式，取得了巨大成功，成为近年中国无线数据增值产业中最成功的案例之一。在移动互联网时代，卓望深圳又协助中国移动打造了“全球第一个运营商移动应用商场”，以及“中国移动安全认证中心”等，并为之提供全面的技术运营服务与支撑。此外，卓望深圳还承担了国家“十一五”“核高基”重大科技专项课题，体现出卓望深圳技术研发与技术运营实力以及切实有效、影响广泛的应用效果。

此外，卓望数码还与 JIL 合作建立测试实验室，与清华大学、北京航空航天大学确定了在云计算方面的联合研究与应用，不断加强核心技术的研发与合作，从更大程度上积累、提升公司的核心技术研发与技术运营能力，促进公司在移动互联网时代不断飞跃和可持续性发展。

为此，卓望数码也得到了客户与社会的一致肯定，公司曾获得微软公司授予的“全球最佳移动技术应用奖”，中国通信协会科技进步一等奖、国家科技进步二等奖、中国质量协会质量技术三等奖等奖项，以及工信部颁发的“系统集成一级资质”以及深圳市（计划单列城市）认定的国家高新技术企业资质等。

二、从移动互联平台后端向客户前端的转型

由于电信业的分拆与并购，运营商的竞争格局已经重新洗牌，由以前的中国

移动在行业内一家独大，到现在整个格局的转变。这使得中国移动面临着更强大的竞争。自从3G牌照发放之后，市场竞争更显白热化，中国移动为了确保自身的核心竞争力，必然要在特定的领域里寻找具有排他性的合作伙伴，卓望数码公司拥有这个独特的股东，也顺势得到了这个市场机遇。

卓望数码现在正在实现战略转型。首先，卓望数码过去几年在业务管理、平台建设、客户端开发方面积累了充分的技术能力和开发经验，所以现在能够在短期内搭建起 Mobile Market 体系，并具备了商用能力。Mobile Market 是公司战略转型发展的重要途径。其次，现在卓望数码准备从平台的业务后端向业务前端发展，走云计算的商业模式路径。

由于公司业务的不断发展，卓望新的系统不断上线。同时，各种系统的用户也越来越多，卓望数据中心日益复杂繁忙，对卓望系统的性能和功能也提出了新的要求，卓望面临以下迫切的挑战需要解决：其一，随着用户的增加，支撑服务的服务器数量也快速增长，另外，不断扩张的解决方案数量和服务器数量为管理带来了巨大挑战。其二，服务器利用率在一些应用上偏低，利用率不高。其三，新解决方案的部署时间偏长，无法快速满足客户的需求。其四，系统日益复杂，维护投资不断增长。

为了应对卓望面临的挑战，更好地发展企业，英特尔与卓望紧密合作，使用最新的云计算技术全面升级卓望无线解决方案。云计算战略是卓望数码公司目前发展的必要路径。

卓望数码公司是专业从事无线数据业务、系统以及相关应用的研究、开发、实施、推广和运营，是首个为电信运营商提供单一业务平台覆盖中央和全国各省的软件及系统集成商，并成长为具备超大型电信软件研发、集成、维护、运营和技术支持能力的高科技公司。公司服务产品以成熟的系统技术支持服务、业务管理技术支撑服务、系统集成服务为依托，提供端到端的业务质量服务、业务安全分析服务等专题服务及梦网健康运营解决方案。其主营业务包括移动数据业务管理平台产品、运营管理系统品、门户产品、自营业务平台产品等的研发、销售及维护。

卓望数码自成立开始就肩负了支撑中国移动无线业务发展的使命，伴随着梦网的发展，数码研发、建设了遍布全国的 MISC 业务管理平台及服务支撑体系，为梦网的发展做出了很大贡献。无线业务发展到今天的无线互联网时代，外部环境已发生了很大的变化，无论是运营商、通信设备厂商、终端厂商、服务提供商、内容提供商都面临比以往更大的竞争压力，但同时也面临更大的市场机会。在外部环境变化的迫切要求以及内部自身转型的压力下，公司花了两年多的时间，在付出了一定代价的同时也有了巨大的收获。公司的发展思路已渐渐清晰，公司的发展方向得到了明确：那就是以技术为核心的端到端的技术运营，大力发展公司在平台和客户端的技术力量，并积累技术专利，为运营商提供具有核心竞争力的端到端技术支撑，提升运营商的业务能力，形成由于运营商的业务收入增加而进行运营收入分成的商业模式。

而卓望公司与中国移动打造的 Mobile Market 这个重大任务，正是公司的转型战略，非常符合公司转型至端到端技术运营这个发展方向的，也是卓望公司目前全力以赴的项目。云计算的商业模式正是卓望公司现在的趋势所在，如今互联网技术和应用的发展促成了云计算，云计算反过来促进了互联网应用的创新。虚拟化技术用于云计算硬件基础结构，提高了硬件设备的利用率和投入产出比，同时，可运营的虚拟化技术可以作为业务提供。云计算软件技术结构以及通信能力的基础能力，卓望公司应该结合自己的能力做一些自身的设计和研发。卓望数码应利用这次商业模式的转型，重点发展具有鲜明云计算特点，可运营、结合客户端创新技术的云业务。传统的数据业务通过云计算改造可以大大提高业务的用户友好度、提高订购率和用户黏性将是卓望数码未来一年的技术发展核心。

三、卓望数码的商业模式创新路径分析

卓望数码作为中国移动控股的一个子公司，多年以来，跟随中国移动的战略，在移动的新业务上积极推进，包括手机报、飞信以及 139 互联网等一系列应用。可以说，这些应用在不同程度上改变了人们的生活方式、生活态度。公司 2006 年开始做客户端，最初的规模并不大，但是现在已经发展到 100 多人的规模，承担了中国移动终端基地的项目研发工作，这些年的产品和项目经验使公司逐步积累了一些端到端的技术优势。在平台这个领域里，卓望数码公司的竞争对手很多，如果纯粹面向平台、项目开发和产品销售价值不大，只有提供端到端的整体解决方案，才能给中国移动带来最大的价值。公司能提供技术、产品、服务一整套的支撑体系，因此，中国移动也愿意和公司一同进行商业模式的创新。卓

望数码的商业模式创新路径如图 4–21 所示。

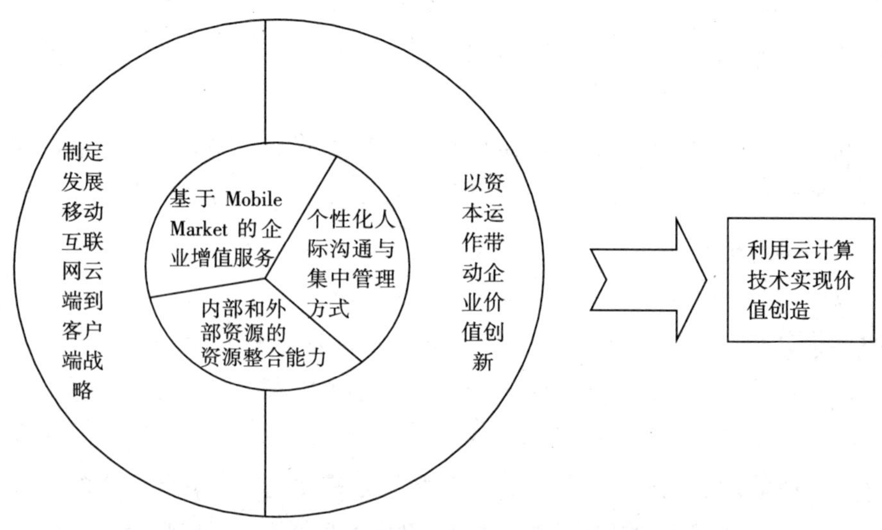

图 4–21　卓望数码的商业模式创新路径

对于卓望数码来说，其商业模式创新路径自然离不开“5+1”种力量。在卓望数码公司内部，基于 Mobile Market 的企业增值服务、内部资源和外部资源的资源整合能力以及个性化人际沟通与集中管理方式，这些都有助于提升卓望数码的内部核心能力。与此同时，卓望数码发展借助外部的有利因素，包括制定战略和资本运作。一方面，卓望数码发展移动互联网云端到客户端战略；另一方面，卓望数码以资本运作带动企业的技术创新。正是凭借这些力量，卓望数码利用云计算技术实现了价值创新。

（一）行业选择与战略定位：制定发展移动互联网云端到客户端战略

卓越的公司必须能在不断变化的环境中发现机会、找准定位，顺应环境的变化。卓望数码公司从创立之初为中国移动提供“移动梦网”到现在的 Mobile Market、云计算和端到端的技术运营，公司历经着一次又一次的创新、蜕变。似乎在公司每次的商业模式创新中，产业选择及战略定位都是异常的精准。

卓望数码的商业模式创新并非是对公司以前战略的否定，而是公司在各个时期适应社会发展的自我提升，再进行整合的同时推出真正适合社会的产品服务。以前的移动梦网模式是这样，现在的云计算商业模式也是这样。卓望数码搭建起来的移动梦网模式曾经创下了很多辉煌纪录，在社会上引起了不小反响。然而现在看来，继续发展这种模式会使公司停滞不前。梦网 1.0 的主旋律是短信、彩信、WAP 业务，而这些业务随着用户终端的发展和网络的发展，已经不能满足用户某些高层次享受型的需求，需要更好的应用，这些应用在现有的体制下不能得到很好的支持。随着以苹果 App Store 为代表的手机应用商店模式的出现，让卓望数码意识到，移动梦网将不再适应这个社会的发展了，于是有了 Mobile Market 项目。而 Mobile Market 战略的成功与云计算能力是分不开的，这么来看，云计算成了公司商业模式创新的重点。

现在的卓望数码公司面临着又一轮的商业模式创新。"移动云计算"是卓望数码公司最近提及最多的词。云计算是近年来兴起的一种新型计算模式，云计算改变了计算系统的传统使用方式，作为其核心理念的资源租用、应用托管、服务外包等有望成为企业、机构应用信息化的主流模式。云计算被视为科技业的下一次革命，它在 IT 市场上的雏形正在逐步形成，为供应商提供了全新的机遇并催生了传统 IT 产品的转变。卓望数码公司在进行商业模式创新时提出了端到端的战略，然而端到端战略的切入点就是云计算。因为这里的端到端指的就是云计算的云端和客户端，移动互联网的发展离不开云计算和客户端技术的创新与紧密结合，发挥端到端的技术优势。

（二）盈利模式：基于 Mobile Market 的企业增值服务

卓望数码公司作为中国移动的战略合作伙伴子公司，两个公司共同进行商业模式创新时应注重盈利模式创新的问题。盈利模式作为企业商业模式的一个影响因素，决定了企业收益的获取问题。因此，对于卓望公司商业模式创新的探讨来说它是一个必须分析的因素。卓望公司在进行商业模式创新时提出了云计算这一战略。那云计算到底是用来做什么的，能为企业带来什么样的收益?

其实云计算是一种能力，这种计算能力可以直接当作业务服务，提供给用户。把计算资源进行打包，用户自己定制，拿给用户使用的这种云业务。也可以在支撑网或者业务网上为下面的平台提供基础能力。不能脱离客户端而单独地谈云计算，云计算是一种技术提供。云计算软件技术结构以及通信能力的基础能力，只有结合运营商的特点，才能发挥云计算的独特价值。Mobile Market 是卓望数码公司创新、转型的策略，也是公司盈利的重要途径。云计算技术是帮助 Mobile Market 在市场上取得有效竞争力的强有力手段，在现阶段，Mobile Market 面对移动互联网的发展趋势，必须大力改革，走入云计算领域，才能摆脱模仿苹果 Apps Store 的运营困境。而走入云计算领域，移动同样拥有苹果与谷歌没有的优势，面对国内市场，提供适合中国用户的云计算支撑应用。Mobile Market 成功上线，公司的盈利模式也就明晰了。可以从以下几个方面对其盈利模式进行分析：

第一，资源的获得。公司以前与移动合作的优势在于掌握庞大的用户数量和长年累积的结算运营经验，凭借这方面的优势，在 Mobile Market 上建立一个强大的云计算体系，为移动互联网打造一个全新的跨行业的数据开发、供应与消费系统平台，这才是真正意义上的 Super Mobile Market，它无惧被山寨化的风险，在丰富的移动互联网数字世界中独放光彩。移动梦网时代，移动拥有了众多的 SP 和 CP 资源，长年积累的合作资源，可以将它们转换为云计算体系资源，作为网络云计算的 APP 供应商。移动各基地产品，如 139、飞信、在建的手机支付均可作为 Mobile Market 云计算的支撑中心，而音乐基地、动漫基地都可以成为 Mobile Market 云计算的重要云支撑来源。139 与飞信提供用户 API，而手机支付提供支付 API，两个拳头成为核心组合。Mobile Market 的云计算体系可以分为三层。核心层是以用户 API 和手机支付 API 为一体的云中心，开发者可以根据开发需求，获得相应的 API 支撑，设计个性化的应用。这两个 API 为消费用户提供认证、登录、消费支付与清单查询等功能。第二层则是丰富的 APP 层，为开发者提供 APP 存储，相互之间可以查询、分享（包括付费或者免费），彼此之间可以功能模块共享，形成强大的功能区。第三层则是用户层，为体验和消费付费提供支撑。

第二，增值服务带来盈利。在 2G 时代，传统语音业务在运营商的业务结构中占据较大比重，尤其是主导运营商仅凭语音业务就可通吃市场，新业务的创新动力严重不足，但随着 3G 牌照的发放，有望改变这一局面，Mobile Market 就是公司抢占 3G 市场而推出的战略。在 2G 时代，增值业务来源于移动梦网，现在则要通过 Mobile Market 为总公司创造盈利，如图 4-22 所示。

“移动梦网”作为独创性的商业模式，取得了巨大成功，成为近年中国互联网产业、无线增值产业中最成功的案例之一。MISC 平台也随着梦网业务的发展逐渐发展成覆盖全国的超大型业务平台，处理能力及系统容量均处于世界领先水平。伴随着 MISC 的开发部署，以及业务的迅猛发展，卓望数码公司成为首个为电信运营商提供单一业务平台覆盖中央和全国各省的软件及系统集成商，并成长为具备超大型电信软件研发、集成、维护、运营和技术支持能力的高科技公司。

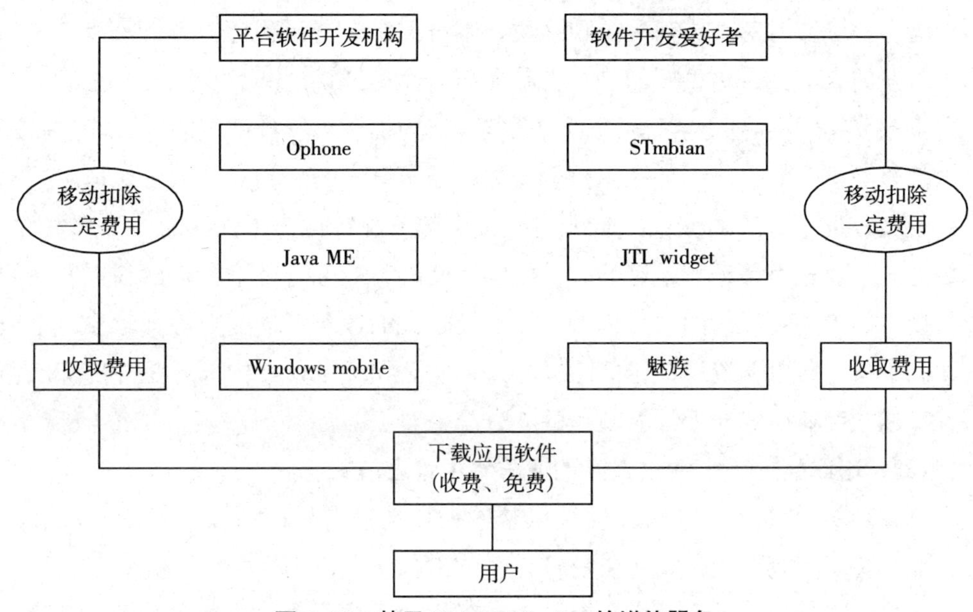

图 4–22　基于 Mobile Market 的增值服务

（三）资源整合能力：内部资源和外部资源的资源整合能力

对于卓望数码公司来说，在其进行商业模式创新时，作为影响商业模式的因素之一——资源整合能力，似乎是公司较大的优势。可以从内部和外部资源分别进行分析。

卓望数码公司自身具备着一定的资源整合能力，这里可以理解为内部资源整合能力。卓望公司是伴随着中国移动梦网的运营支撑成立的，通过这些年的技术积累，在客户端的技术，如中国移动的应用商场，对于客户端应用方面的技术有非常深厚的积累。在服务器端，如中国移动很多大型的内部管理、数据挖掘的平台，卓望公司参与了一些建设，包括运营管理的工作，包括集成以及研发方面每年都会投入大量的资源。这些都是卓望公司多年积累下来的宝贵资源。再者，卓望数码所处的市场位置也是一个资源优势，卓望数码公司是中国移动非常重要的战略合作伙伴，专注为中国移动提供技术、产品、服务支撑，这为卓望数码在与同行业竞争时提供了强有力的靠山。例如，我国现在互联网 2G 向 3G 的转变，卓望数码公司与中国移动公司就进行了再次的战略合作，推出了 Mobile Market 项目，与同行业的其他类似公司相比，卓望数码公司在与中国移动的合作上占有了较强的资源优势：用户、信息、技术等资源成了卓望数码公司获得行业强大竞争力的有力保障。对卓望数码公司来说，本身拥有的资源整合能力不仅让其获得了本行业的竞争力，更重要的是，为其在商业模式创新提供了宝贵的价值。

卓望公司所拥有的良好的内部资源整合能力提升了其外部资源整合能力。好的内部资源整合能力给外部资源整合能力打下了坚实的基础。其无可比拟的技术优势使其在向云计算商业模式转变时把其内部资源转化为了强有力的外部资源。卓望公司的业务由移动网络延伸到传统的互联网，业务管理平台将面临更复杂的业务模型、需要更灵活的计费模型，以及更强大的业务管理能力等都彰显出卓望公司的优势。所以从资源整合能力来看，卓望公司无论是在内部还是外部都已经做好了迎接商业模式向云计算转型的充分准备。

（四）组织能力：个性化人际沟通与集中管理方式

卓望数码公司从为中国移动提供梦网初期到现在，商业模式不断发展和优化，如今公司能取得如此成就和发展，这与其本身的组织能力是有着密切关系的。

首先，以科技为动力，推动个性化人际沟通是公司成立的理念。面向互联网新时代信息服务和运营提供解决之道，打造以用户为中心、满足个性化需求的移动互联新理念和持续创新发展的一流企业，这则一直都是公司从成立到现在所背负的使命，并且公司也一步步地履行了使命。其次，公司从移动梦网到数据业务管理平台——MISC 的搭建再到 3G 时代的数据业务管理，每次商业模式创新无不彰显着卓望数码公司的能力。由于数据业务价值链长，业务种类繁多，运营商对信息运营价值链的管理将比以往难上百倍。卓望数码公司提出了集中管理这种管理方式，所谓集中管理主要针对用户数据包括定购关系、可以有效加强对价值链的控制，杜绝部分 SP 侵害消费者利益的行为同时集中管理，为运营商进行数据业务整体的发展策划，实现有序、高效发展提供了基础管理手段和技术手段两手抓，同步解决问题。

3G 业务将在未来的电信业务中扮演重要角色，同时拉动整个产业链的进一步发展，业务将由移动网络延伸到传统的互联网，业务管理平台将面临更复杂的业务模型、需要更灵活的计费模型，这就意味着，公司着需要更加强大的业务管理能力，而卓望数码公司的数据业务管理产品体系，将帮助运营商来满足这些需求。因此可以看出，卓望数码公司所拥有的强大的组织能力为其在公司发展和商业模式创新上赢得了一笔宝贵的财富。

（五）资本运作：以资本运作带动企业的技术创新

如何把沉积在公司内的资金调动出来参加流通，增强行业内的竞争力是公司资本运作要解决的难题。其是作为公司实现增值的方式，因此，对公司的发展有着决定性的意义。

卓望数码公司主要从事无线数据业务研发、集成、服务、运营，在中国移动数据管理业务方面占绝对市场优势。随着公司商业模式的创新和转变，公司的资本在进行运营时也发生了一定的变化。公司在成立之初资其战略使命是帮助中国移动搭建"移动梦网"体系，并围绕这一平台推动了一条移动增值业务产业链的发展。其中，最著名的行业就是SP，并由此开创了"移动梦网模式"。这时公司主要的资本投入是用于研发开发技术，因此，梦网模式到现在，创立了一个大的产业，培育了一个大的市场，为用户接触、了解形形色色的数据业务产品功不可没。

现如今，互联网由2G变3G，为公司带来了新的战略——Mobile Market，此阶段公司资金的主要投入目的是：其一，提供以内容为核心的业务生成能力，为业务开发提供各种接入方式的支撑。其二，提供开放的合作接口，为合作伙伴的内容聚合、业务聚合提供支撑。其三，为用户访问业务提供获取信息的各种门户，以及统一的客户服务接口。其四，通过统一的业务接入，简化和各业务网元及支撑系统的接口。可以看出，卓望数码公司作为中国移动的子公司主要为中国移动提供技术支持，公司资本运作方向也是为了给中国移动搭建平台，同时提供基本业务的生成能力和内容聚合能力，基于此能力，可快速生成各种基本的业务应用，使得该平台具备完整的业务运营所需的技术支撑。

对于卓望数码公司来说，其背负的主要责任就是技术创新和技术支持，作为一个平台厂商，不能单单给移动建设一个平台而不想办法帮助其运营起来创造价值，所以，在为运营方建设平台的基础上，必须考虑为移动运营提供强有力的支持，必须想到这是平台存活的前提。因此，公司在进行商业模式创新时不能忽略公司的资本操作，它是为公司进行技术创新的基本保障。

（六）价值创造：利用云计算技术实现价值创新

价值创造始终是公司进行商业模式创新的终极目标。云计算作为卓望数码公司全新的商业模式，给公司创造了许多有用的价值。

第一，云计算灵活多变的快速实施能力对于电信多业务产品的运营来说是非常重要的。使用云计算来进一步提升卓望数码无线解决方案的竞争力，借助英特尔专业的企业云服务支持和高性能的英特尔企业平台，整合了IT资源，提高了业务部署速度，降低了企业的TCO。

第二，云计算技术的推出整合了卓望数码的解决方案和服务器，实现了更有效的集中管理。当卓望系统的软硬件发生变化，需要调整时，通过企业云技术，卓望实现了统一的集中管理，不需要一台一台地找到具体对应的服务器，得以从烦琐的IT管理中解脱出来。

第三，通过公司的云技术，卓望数码解决方案可以以模板的形式加以存储。当需要部署一个独立的解决方案实例的时候，可以通过云的资源分配接口得到所需的物理资源，并从解决方案模板库中提取所需的服务器模板组，从而便捷地实现快速部署。例如，Mobile Market项目的成功就需要借助云计算技术。

可以说，卓望数码作为一家电信级产品提供商，常常需要为电信运营商提供专业化的产品支持服务——快速响应的支持维护队伍；统一高效的运营管理；以及多产品的系统服务——这些都是卓望的工程师在实际运维环境中面对的巨大困难和压力。在英特尔的帮助下，卓望将企业云技术引入到平台开发架构中。新方案使整个多产品开发平台的业务管理和资源管理大大简化，灵活度也得到了显著提升，很好地降低了多业务灵活部署管理的难度。

四、结论与启示

第一，业务创新是重点。业务创新对卓望数码公司的发展起着至关重要的作用，随着技术的不断发展和应用的创新，互联网2G到3G的升级，核心网络也向IP化改造。随着网络的升级改造，支持更大容量的信息交互，信息交互的安全可靠性问题就需要进一步完善。所以，卓望数码公司作为为中国移动提供技术支持的战略合作公司，必须提出适合行业发展变化的创新业务。利用云计算从以前的移动梦网转型到现在的Mobile Market，就是卓望数码公司进行业务创新并取得成功的商业模式。移动互联网的发展离不开云计算和客户端技术的创新与紧密结合，发挥端到端技术优势。互联网技术和应用的发展促成了云计算，促进了卓望数码公司的业务创新，但与此同时，云计算反过来也促进了互联网应用的创新。

第二，创新商业模式是关键。专注为中国移动提供技术、产品、服务支撑是卓望数码公司的固有商业模式。商业模式代表着这个企业的盈利方式，对于公司来说是至关重要的。公司做的是技术、产品和服务，对于公司来说，提供什么样的产品和服务是其商业模式的重要组成部分。进行商业模式创新也应该以此为切入点。卓望数码公司明白产品的差异化是竞争优势的一种重要来源，提供不同产品和服务的商业模式是难以模仿的，它能够为顾客创造独特的、附加的价值，更有效地保护利润流。公司的云计算商业模式创新，其准确推出对于大容量的信息处理，包括信息的传出能力来说都有非常大的提升。以前“移动梦网”作为公司独创性的商业模式在市场影响巨大，这次商业模式创新将继续推动卓望数码公司在市场行业内取得辉煌成就。

第五节

上海贝岭：成为世界一流的IDM公司

上海贝岭股份有限公司（Shanghai Belling，以下简称上海贝岭，见图4-23）是我国集成电路行业最早的中外合资公司和率先实现赢利的企业。1998年，上海贝岭成为中国微电子行业第一家上市公司。2008年，上海贝岭获得国家集成电路设计企业认定。到目前为止，上海贝岭已从制造加工企业转型为以集成电路设计为主业、制造为支撑的（设计+制造IDM）企业。为此，上海贝岭形成了自己的公司愿景：“成为世界一流的IDM公司。”所谓世界一流，即以最高效的领导团队和员工队伍，使提供的产品及服务具备领先优势，销售额在国内达到同行业前两名、在全球达到同行业前五名。而IDM是指通过设计、制造、测试和销售一体化，更好更快地满足客户的需求，提高公司的整体效益。作为云计算产业中的设备提供商，上海贝岭的成功转型值得学习和借鉴。

图4-23　上海贝岭股份有限公司

一、公司概况

上海贝岭股份有限公司创建于 1988 年 9 月，作为国家改革开放初期成功吸引外资和引进国外先进技术的标志性企业，是我国集成电路行业最早的中外合资公司和率先实现赢利的企业。1998 年 9 月改制上市，并成为中国微电子行业第一家上市公司。2009 年 7 月，中国电子信息产业集团有限公司（以下简称中国电子集团）成为上海贝岭的第一大股东。据 2012 年年报显示，上海贝岭注册资本为 67380 万元。其中，中国电子集团持股 18736 万股，持股比例为 27.81%，如图 4-24 所示。

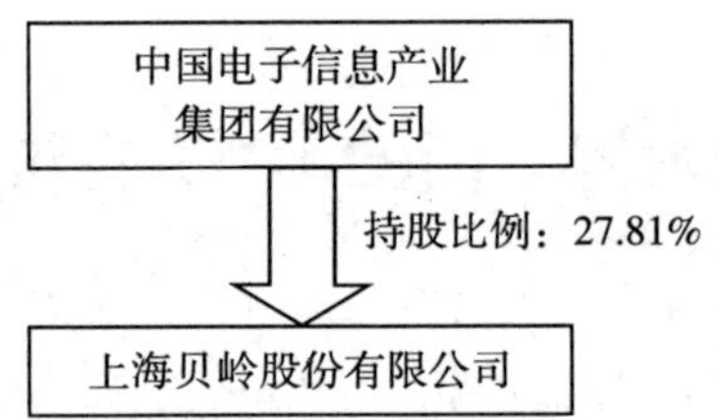

图 4-24　上海贝岭的产权控制示意

上海贝岭自成立以来，不断加大研发投入，形成持续的技术创新和专利积累，并致力于为智能电表系统、平板显示应用、通信终端系统等多个平台研发并提供优质的模拟集成电路产品，目前已成为国内集成电路产品的主要供应商、国网智能电表计量芯片的重要供货商。2012 年 4 月，在上海市集成电路行业协会公布的排名中，上海贝岭名列“2011 年度上海市集成电路设计业销售前十名”、在“2011 集成电路布图设计专有权”的排名中再次获得上海第一、全国第四；还荣获“2012 年十大杰出技术支持中国 IC 设计公司奖”，上海贝岭注册并使用在集成电路产品上的“贝岭”文字商标及 LOGO“B”形商标，被继续认定为 2012 年“上海市著名商标”。

近年来，上海贝岭营业收入稳步增长，如图 4-25 所示。其中，2012 年由于公司相关产品因国内市场需求下降、生产成本上升、产品价格下降，以及子公司贝岭微生产线在 2012 年 9 月发生火灾等不利因素影响，公司经营面临了巨大挑战。即便如此，公司还是完成了年初制定的目标。2012 年，公司实现销售收入 67693 万元，同比增长 12.68%；利润总额为 4076 万元，同比增长 16.13%。

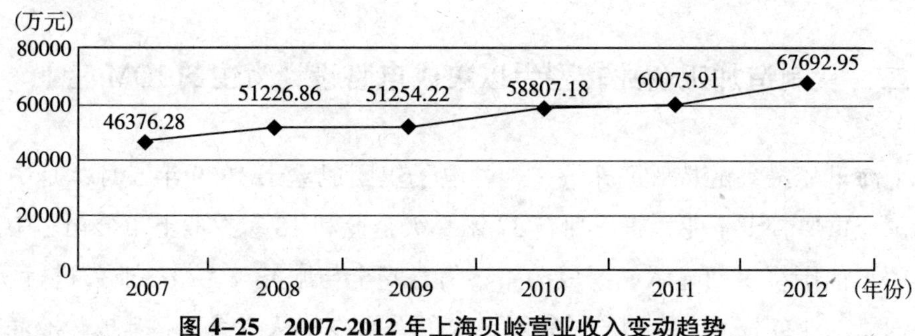

图 4–25　2007~2012 年上海贝岭营业收入变动趋势

不仅如此，截至 2012 年 12 月 31 日，上海贝岭现有员工 541 人。其中，母公司员工 368 人，子公司员工 173 人。按专业构成分，技术人员 233 人，占员工总数的 43.1%；生产人员 98 人，占员工总数的 18.1%；经营管理人员 69 人，占员工总数的 12.8%，其他人员如图 4–26 所示。按学历构成分，博士学历 8 人，硕士学历 97 人，本科学历 191 人，专科及以下 245 人，具体比例如图 4–27 所示。

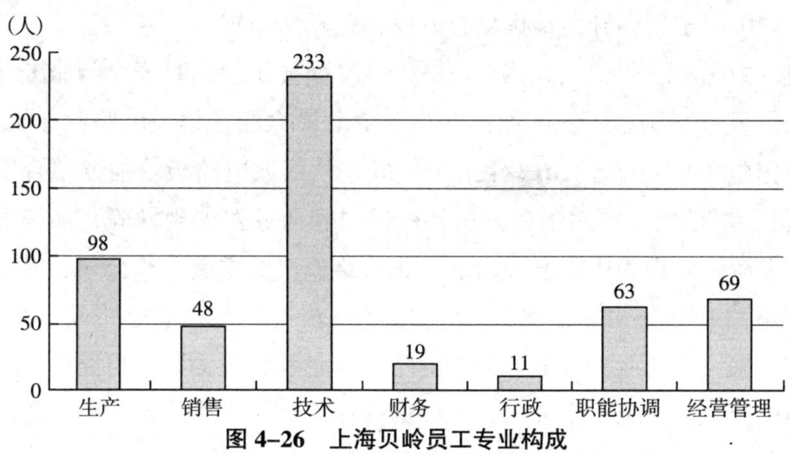

图 4–26　上海贝岭员工专业构成

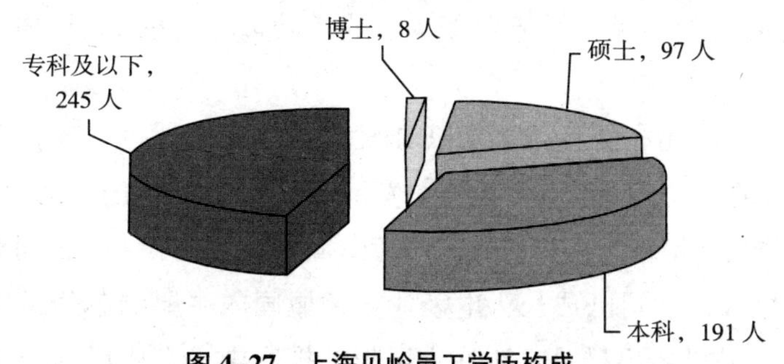

图 4–27　上海贝岭员工学历构成

二、从制造加工企业转型为以集成电路设计为主的 IDM 企业

上海贝岭最大的持股股东——中国电子集团成立于 1989 年 5 月，是中央管理的国有重要骨干企业，旗下拥有 37 家二级企业和 18 家控股上市公司。中国电子集团目前围绕平面显示、集成电路、信息安全与服务三大核心业务进行整合。在平面显示业务方面，中国电子集团打通了平面显示从液晶玻璃基板、液晶面板到电视、手机和显示器、PC 业务完整的平面显示“全产业链”。目前，中国电子旗下已拥有电子元器件企业振华科技、面板企业华东科技、全球第一大 PC 显示器、第三大液晶电视代工厂商冠捷科技、终端品牌企业熊猫电子、长城电脑、通信设备商南京熊猫、深桑达，以及主营液晶玻璃基板等产品的彩虹股份。在集成电路业务方面，中国电子集团以上海贝岭为整合平台，而信息安全与服务业务方面，主要以中国软件以及长城信息为核心。可以说，正是通过企业重组整合、压缩层级，中国电子集团开始聚焦核心业务，并剥离非核心业务。

目前，中国电子集团三大核心业务中，平面显示及信息安全与服务业务方面已调整到位或未来调整不大，而内部整合牵动最大的是集成电路业务相关企业。为此，中国电子集团已于 2012 年下半年成立“集成电路板块业务整合筹备组办公室”，负责拟定集成电路平台公司架构设想和业务发展规划等，加快推进板块整合。而上海贝岭作为中国电子旗下集成电路板块的主要上市公司，有望成为集团的集成电路平台公司。上海贝岭于 2008 年获得国家集成电路设计企业认定。公司上市以来，主营业务逐渐由集成电路制造企业转型为集成电路设计企业。作为中国微电子行业首家上市公司，上海贝岭在通信、电能计量、电源管理、音频功放等模拟集成电路领域处于国内领先水平。目前，公司已初步形成以电能计量、电源电路、通信电路三大产品线为主的产品布局，并成为国内十大集成电路设计企业之一。

上海贝岭是立足于特色工艺、以 IDM 为方向的芯片供应商，具有芯片设计能力和芯片制造能力，拥有 4 英寸、6 英寸 0.5 微米以上工艺芯片生产线。业务以自有产品的设计销售为主，产品方向为模拟器件。近年来，公司对新产品研发持续加大了投入，公司已成长为电表业务领域国内主要的芯片供应商，中高端 PLC 和 SOC 产品已经出样品，正在方案设计推广中，有望成为公司新的销售和

利润增长点；显示平台 TCON 和 VCOM BUFFER 已经设计出样品，客户正在确认中，通信平台 EPON 产品也已经出样品，这些新领域产品的开发给公司发展提供支持。上海贝岭明确以集成电路设计为主业的发展战略，自主品牌产品的市场地位进一步提高。2007 年、2008 年是公司战略转型年，公司已从制造加工企业转型为以集成电路设计为主业、制造为支撑的 IDM 企业。

成立之初，公司作为一家集成电路制造企业，经多年业务转型，自 2008 年起认定为集成电路设计企业，专业从事集成电路产品设计。2011 年 7 月，公司收到“新一代宽带无线电移动通信网”国家科技重大专项 2009 年立项课题地方配套资金 1764 万元；2011 年 12 月 16 日，公司实际控制人中国电子在向财政部申报的《2011 年中央国有资本经营预算重大技术创新及产业化资金项目》中，上海贝岭“TFT-LCD 平板显示驱动芯片的研发及产业化项目”获得了 1287 万元的拨款；2012 年 7 月，上海贝岭收到中国电子信息产业集团有限公司转拨的政府相关项目拨款 2500 万元。其中，财政部集成电路设计企业研发能力项目 1500 万元，国家发展和改革委员会 2010 年集成电路设计专项项目 1000 万元。有集成电路制造向设计公司的成功转型也体现在上海贝岭正越来越多地表现为“国家队”角色。

三、上海贝岭的商业模式创新路径分析

中国电子旗下集成电路设计业务将继续整合，由于上海贝岭是目前中国电子旗下唯一一家集成电路上市公司，因此，上海贝岭极有可能成为中国电子集成电路设计业务的重组平台。近年来，上海贝岭已经成功地从制造加工企业转型为以集成电路设计为主业、制造为支撑的 IDM 企业。上海贝岭志在成为世界一流的 IDM 公司，其商业模式创新路径如图 4-28 所示。

对于上海贝岭而言，其商业模式创新路径自然离不开六种力量。为致力于成为提供模拟电路及以模拟产品为主的解决方案的国内一流供应商，上海贝岭通过集成电路生产及贸易收入呈稳步增长，整合企业内外部一切可利用的资源，基于学习型组织的企业文化，并利用上市融资积极对外投资，进而为客户价值的价值创造。

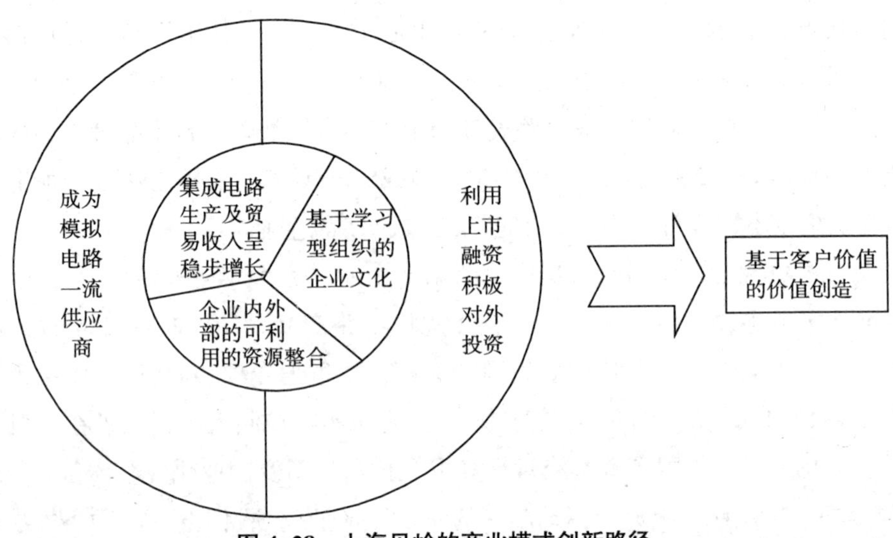

图 4-28　上海贝岭的商业模式创新路径

（一）行业选择与战略定位：致力于成为提供模拟电路及以模拟产品为主的解决方案的国内一流供应商

集成电路产业是我国国民经济和社会发展的战略性、基础性和先导性产业，是培育发展战略性新兴产业的核心与基础，是转变经济发展方式、调整产业结构、保障国家信息安全的重要支撑。国际金融危机后，世界各国都在努力探寻经济转型之路，加快培育发展战略性新兴产业，力争在后危机时代的全球经济发展和竞争中赢得先机。

2011 年底，工业和信息化部正式发布了《集成电路产业“十二五”发展规划》(以下简称《规划》) 作为行业发展的指导性文件。集成电路技术和产业具有极强的创新力和融合力，已经渗透到工业生产、社会生活以及国防安全和信息安全的方方面面，其战略地位必将进一步突出。根据《规划》目标，“十二五”期间集成电路产业的销售收入将倍增，到“十二五”末，集成电路产量超过 1500 亿块，销售收入达3300 亿元，年均增长 18%，占世界集成电路市场份额的 15%左右，满足国内近30%的市场需求。规划还提出，将培育 5~10 家销售收入超过 20 亿元的骨干设计企业，1 家进入全球设计企业前十位；1~2 家销售收入超过 200 亿元的骨干芯片制造企业；2~3 家销售收入超过 70 亿元的骨干封测企业，进入全球封测业前十位；形成一批创新活力强的中小企业。集成电路产业这一人们心中的高科技代表产业也将发挥重大作用，部分上市公司，如上海贝岭将力挺《规划》。

不仅如此，2013 年 9 月，中共中央政治局委员、国务院副总理马凯相继对百度、中国电子、中芯国际等企业调研后指出，集成电路产业是培育发展战略性新兴产业、推动信息化和工业化深度融合的核心与基础，是转变经济发展方式、调整信息产业结构、扩大信息消费、维护国家安全的重要保障。加快发展集成电路产业是当前和今后时期的一项重要而紧迫的任务。

根据集成电路产业未来的发展规划，上海贝岭确立了公司的发展战略，明确规定公司主营业务为模拟集成电路设计，致力于成为提供模拟电路及以模拟产品为主的解决方案的国内一流供应商。通过持续投入和努力，拥有一流技术开发与服务团队，成为客户最可依靠的伙伴。作为中国电子旗下的主要模拟产品及其应用解决方案供应商，上海贝岭在产品方面积极促进从中低端兼容性产品到中高端差异化产品、从聚集产品研发制造到整体解决方案并重的结构转型，以及努力成为中国电子信息产业国家队主力队员的发展目标。

2012 年上海贝岭技术中心开发了 PLC 电力线载波、国网电表 SOC、光纤通讯收发接收器 EPON 和高精度高速 ADC 等高端芯片，取得了产业创新一系列的阶段成果，对提升贝岭的产品研发能力、产品向中高端转型打下了坚实的基础。

具体来说，第一，国网 SOC：经过一年多的努力，上海贝岭第一款符合国网标准的智能电表芯片于 2012 年 11 月成功流片，目前处于芯片验证阶段。预计 2013 年 9 月可通过 R0/R1 认证，并且 2013 年实现客户试用小批量入市，实现一定的销售额。

第二，PLC：PLC 电力线载波是未来新一代智能电表采用的主要技术。上海贝岭的首款 PLC 芯片已于 2012 年 7 月流片成功，2012 年底通过 R0/R1 认证，目前处于应用系统开发阶段，预计 2013 年实现客户试用小批量入市，实现一定的销售额。

第三，EPON：上海贝岭首款用于光纤通讯的收发器芯片 EPON 于 2012 年 10 月成功流片，初步测试显示芯片基本功能正常，目前处于性能验证和应用系统搭建阶段。预计 2013 年实现客户试用小批量入市，实现一定销售额。

第四，高端通讯专用 ADC：上海贝岭 2012 年基于国家 01 专项项目开发了高端通讯专用 ADC 芯片。技术指标达到 14bit 125MSPS 频率。2012 年 5 月完成了 01 专项 AD/DA 项目的内部验收工作，2012 年底完成了“核高基”重大专项的预验收工作。项目所研发的 AD/DA IP 核在三个 SOC 中得到了应用和验证，申请了 13 项专利。

2013 年，上海贝岭将继续深化向 IC 设计企业的转型。转型的根本在于提升产品创新能力，并在升级中通过资本纽带加强与华虹半导体、先进半导体等集成电路制造资源的紧密结合，利用国家对战略性新兴产业的支持，做好集成电路产品创新，更好地为关乎国计民生的重大行业应用服务。

（二）盈利模式：集成电路生产及贸易收入呈稳步增长

上海贝岭股份有限公司属微电子制造行业，经营范围包括集成电路、分立器件、相关模块和多媒体信息系统配套产品的设计制造、技术服务与咨询；销售自产产品；电子专用设备及仪器的设计制造。公司的主要产品包括集成电路生产、硅片加工、集成电路贸易、RFID 系统集成。上海贝岭是我国集成电路行业的龙头，主营集成电路的设计、制造、销售和技术服务等，也是我国微电子行业的一家生产大规模集成电路的大型骨干企业。上海贝岭已完成了从制造加工企业转型为以集成电路设计为主业、制造为支撑的 IDM 企业。上海贝岭的成功转型必然会带来其盈利模式的变化。在此，从上海贝岭 2010~2012 年主营业务收入的构成变化就可见一斑。

近年来，上海贝岭集成电路生产及贸易等主营业务收入一直呈现稳步增长的趋势，如图 4-29 所示。2010 年，集成电路生产及贸易的营业收入为58607.97 万元，比 2009 年增长 14.85%；2011 年，集成电路生产与贸易实现营业收入 59920.88 万元，比 2010 年增长 2.4%；2012 年，上海贝岭集成电路生产及贸易实现营业收入 66840 万元，比 2011 年增长 11.55%。可以说，集成电路业务已成为上海贝岭公司最大的亮点。

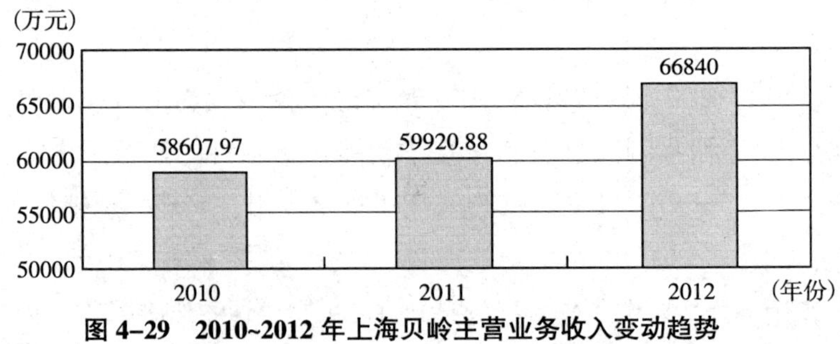

图 4-29　2010~2012 年上海贝岭主营业务收入变动趋势

不仅如此，上海贝岭公司的集成电路生产及贸易所占的比重都达到八成，

2010 年，集成电路生产及贸易的营业收入为 58607.97 万元。其中，集成电路生产收入为 35332.78 万元，所占比重为 60.3%。集成电路贸易收入为 12348.24 万元，所占比重为 21.1%。两者合起来达 81.4%。2011 年，集成电路生产与贸易实现营业收入 59920.88 万元。其中，集成电路生产为 31623.48 万元，所占比重为 52.78%；集成电路贸易为 17187.02 万元，占 28.68%，两者合起来达 81.46%。2012 年，上海贝岭集成电路生产及贸易实现营业收入 66840 万元。其中，集成电路生产的营业收入 32363.71 万元，占 48.42%；集成电路贸易的营业收入为 26582.62 万元，占 39.77%；两者合起来达 88.19%。特别值得一提的是，集成电路贸易营业收入比 2011 年增加了 54.67%。可见，集成电路生产及贸易业务已成为上海贝岭的核心业务。2012 年主营业务分产品构成情况如图 4-30 所示。

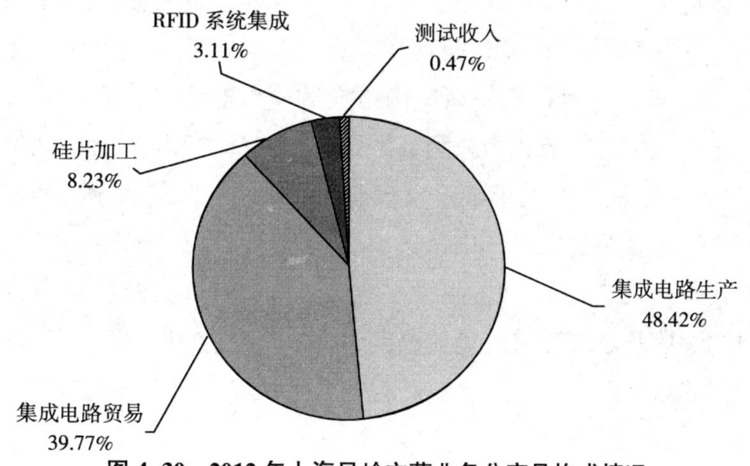

图 4-30　2012 年上海贝岭主营业务分产品构成情况

由此可见，上海贝岭主要以集成电路生产与贸易销售为主。为此，公司主营业务逐渐由集成电路制造企业转型为集成电路设计企业。为实现成为世界一流的 IDM 公司的企业愿景，上海贝岭就必须确保集成电路生产与贸易业务这一根本的盈利模式。

另外，新业务孵化也是上海贝岭盈利模式的一种。公司一方面直接提供业务开发、测试、验证功能；另一方面将通过业务开发培训以及对中小型物联网企业的能力集成和并购，得到更多新的业务。对于创新性强、用户体验好的业务，在资金上给予投入，保证项目的顺利进行，通过聘请在资金市场运作及运营方面具有丰富经验的业内人士对公司相关人员进行相关培训与指导，不仅能够满足技术需求，更能在复杂的市场运作中得到正确的指导。在合作项目开发、管理、实施过程中实现盈利。

（三）资源整合能力：整合企业内外部一切可利用的资源

1. 企业内部资源

上海贝岭公司集中力量，整合资源，以转方式、调结构为发展主线，从集成电路生产制造企业转型成为产品设计企业。可以说，上海贝岭在集成电路研发上发力，实现成功转型。目前，上海贝岭在集成电路领域已初步形成企业强大的内部资源。

第一，研发创新能力。目前公司已初步形成了以电能计量、电源电路、通信电路三大产品线为主的产品布局，并成为国内十大设计企业之一。经过近几年对新产品研发的持续投入，以及政策上对研发部门的倾斜性支持，各研发平台的核心竞争力有了持续加强。目前，公司集成电路产品的前期设计导入工作已有改进。目前公司已成为电表业务领域国内最大的模拟电路供应商，中高端 PLC 和 SOC 产品处于研发中，有望成为公司新的销售和利润增长点。"十一五"期间，公司共承担了 20 多个国家级、市级重大政府科研项目，公司技术创新体系不断完善，自主创新能力显著提升。其中，模拟电路设计从 0.35 微米向 0.18 微米升级；从单芯片开发解决方案向 SOC 解决方案升级；电源管理从低端 LDO 芯片向中高端DC-DC 和 PMU 升级。公司的集成电路设计、产品应用开发，以上千种集成电路产品服务于 153 个行业，约 2000 家最终用户，成为国内集成电路产品的主要供应商之一。

根据 2012 年报显示，公司目前已完成验收的有两个国家重大科技专项：极大规模集成电路制造装备及成套工艺重大专项（02 专项）——基于 0.18um BCD 工艺的大尺寸 LCD 驱动芯片的开发；新一代宽带无线移动通信网重大专项（03 专项）——TD-SCDMA 增强型多媒体终端基带芯片的研发和产业化。不仅如此，公司还有其他完成验收的政府项目，包括：财政部 2009 年中央企业重大技术创新及产业化专项——TD-SCDMA 增强型多媒体终端基带芯片的研发和产业化项目；财政部2011 年中央国有资本经营预算重大技术创新及产业化资金项目——TFT-LCD 平板显示驱动芯片的研发及产业化；国家发展改革委员会 2008 年新一代宽带及网络通信产业化专项——TD-SCDMA 及 LTE TDD 基站功放关键射频器件及芯片的开发和产业化。

第二，具有自主知识产权。长期以来，公司非常注重对知识产权的开发和保护工作。截至 2012 年底，公司及公司控股投资企业共申请专利 334 项，其中，发明专利 186 项（含 PCT 专利 1 件）；授权专利 183 件，其中，发明专利 76 件。申请集成电路布图设计登记 188 项，已获得授权 169 项。获得软件著作权登记 22 项。其中，2012 年公司及公司控股投资企业共申请专利 59 项，其中，发明专利 31 项；授权专利 43 项，其中，发明 16 项；集成电路布图设计登记 19 项，授权 23 项；计算机软件著作权申请 4 项，授权 2 项。其中，公司 BL65 芯片荣获"上海市专利新产品"称号。另外，根据《2011 年上海集成电路产业发展研究报告》援引上海硅知识产权交易中心（SSIPEX）的数据显示：2010 年底，公司以 108 件获得"2010 年上海集成电路布图设计专有权"累计数量第一名；在 2010 年国内新增集成电路布图设计主要权利人的排名中，上海贝岭同样位居榜首。

第三，在声誉资源方面。上海贝岭注册并使用集成电路产品上的"贝岭"文字商标及 LOGO"B"形商标，经上海市著名商标认定委员会审议通过，被继续认定为"上海市著名商标"，有效期自 2012 年 1 月至 2014 年 12 月。不仅如此，"贝岭牌集成电路芯片"顺利获得"2011 年度上海市名牌产品"称号。

2. 企业外部资源

无论是云计算产业还是集成电路，都成为战略新兴产业，而横跨两大产业的上海贝岭自然具有政策上的优势。另外，就是来自于上海贝岭的第一大持股企业中国电子集团。上海贝岭作为中国电子集团旗下集成电路板块的主要企业，有望成为集团的集成电路平台公司。

中国电子集团成立于 1989 年 5 月，是中央管理的国有重要骨干企业。中国电子集团以提供电子信息技术产品与服务为主营业务，产业分布于新型显示、信息安全、集成电路、信息服务等国家战略性、基础性电子信息产业领域，是中国最大的国有综合性 IT 企业集团。作为主营安全芯片和通信射频芯片的集成电路设计公司，中国电子集团加速集团整合集成电路业务。中国电子集团已于 2012 年 9 月成立了集成电路板块业务整合筹备组办公室，加快推进板块整合。该办公室负责拟定集成电路平台业务发展规划、架构设想；配合集团公司资产经营部和中介机构拟定整合实施方案等。从产业分布上看，中国电子旗下的集成电路业务资产多聚集于上海，上海贝岭若成为集成电路平台也具有地缘优势。甚至有人认为，中国电子集团计划将旗下所有集成电路资产未来都将逐步注入上海贝岭。

可以说，上海贝岭要想获得持续发展，进行内外部整合非常重要，这决定着贝岭以后是否在云计算以及集成电路领域内走得更远。唯有将内外部资源充分发挥和利用，上海贝岭才能更好地打造集团公司集成电路业务板块中模拟类产品平台，并力争成为国内一流的模拟 IC 产品及其应用解决方案供应商。

（四）资本运作：利用上市融资，积极对外投资

资本运作，就是利用资本市场，以小变大、以无生有的诀窍和手段，通过买卖企业和资产而赚钱的经营活动。上海贝岭股份有限公司于 1998 年 9 月 24 日在上海证券交易所上市，股票代码：600171，公司总股本：33418 万股，截至 2012 年底，公司总股本：67380 万股。上海贝岭资本的快速上升取决于其选择的资本运作模式。

2007 年，上海贝岭向上海岭芯微电子有限公司投资 700 万元，持有该公司 70%的股权，该公司经营团队持有 30%的股权。2008 年，上海贝岭向上海岭创微电子有限公司投资 1000 万元，现持有该公司 99%的股权； 2009 年，上海贝岭向上海韬井微电子有限公司投资 60 万元，占注册资本的 60%。2012 年，上海贝岭向苏州同冠微电子有限公司认缴出资 1950 万元，占注册资本的比例为 7.8%；2012 年 12 月，上海贝岭、贝岭微和其他股东一起同比例对上海阿法迪智能标签系统技术有限公司增资 1000 万元。其中，上海贝岭出资 801.76 万元，增资后股份比例保持不变，为 80.18%；通过这些系列投资，目前上海贝岭主要拥有上海贝岭微电子制造公司和三家子公司香港海华、阿法迪和上海岭芯微电子，如表4–8 所示。

表 4–8　上海贝岭主要子公司情况

	子公司	经营范围
上海贝岭	上海贝岭微电子制造有限公司	集成电路及微电子器件的制造、代加工及技术服务和咨询，销售自产产品
	香港海华有限公司（HYLINTEK LIMITED）	组织开发、设计和销售集成电路和相关产品、咨询服务、技术转让、投资集成电路设计、销售、应用及相关高科技产业
	上海阿法迪智能标签系统技术有限公司	智能标签系统技术开发、软件开发、系统集成、技术服务和技术咨询、网络工程的设计、安装、维护运营
	上海岭芯微电子有限公司	集成电路、软件设计、开发、测试，销售自产产品

综合上海贝岭近几年的投资筹资活动，公司当前的发展不应该固步自封，如何在原有业务基础上不断拓展创新，延伸产业链才是立于不败之地的秘诀。特别

是在全球化不断深入的今天，越来越多的新进入者正在逐步改变国内射频识别领域的技术格局。这些新进入者中不乏实力雄厚的外资企业、中外合资合作企业以及极具技术创新精神的国内民营高科技企业，这些企业凭借海外技术背景或敏锐的市场嗅觉，针对国内市场的研发一开始就建立在一个较高的起点之上，特别是在某些新的细分应用领域，已经走在了上海贝岭的前面。因此，仅仅立足于国内市场是不够的，在新竞争形势下寻求合作，实现共赢才是长久之策。上海贝岭和国外企业的合作目前较少，可以说几乎没有，这也可以作为企业长远发展的目标战略之一。上海贝岭应积极寻求和国外 RFID 先进技术企业的合作，发挥其在中国市场的二次研发能力，针对客户需求研发出有针对性的、个性化的产品，这样才能化外部威胁为自身发展的助推力，从而实现上海贝岭的再次腾飞。

（五）组织能力：基于学习型组织的企业文化

对于企业来说，组织能力是指开展组织工作的能力。它是指公司在与竞争对手投入相同的情况下，具有以更高的生产效率或更高质量，将其各种要素投入转化为产品或服务的能力。组织能力包括企业所拥有的一组反映效率和效果的能力，这些能力可以体现在公司从产品开发到营销再到生产的任何活动中。精心培养的组织能力可以成为竞争优势的一个来源。

上海贝岭引以为豪的当属公司内部不断吸取知识的能力，也就是学习能力。知识是组织能力的核心，知识既包括显性知识也包括隐性知识，这是组织能力产生和作用的基础，知识反映了企业能力的认知层面。组织能力体现出来的知识创新能力，成为推动持续的产品创新和流程创新的原动力。企业除了积极获取有利于企业发展的知识，特别学会利用外部的知识来源，充分利用外部知识是动态环境下企业取得竞争优势的关键环节；还应营造有利于知识共享和创新的学习环境，所以培养企业的学习能力非常重要。就上海贝岭来说，其学习型组织的建设为公司的发展不断带来新鲜血液。上海贝岭拥有不断开拓创新、组织自我激励，抛弃旧的思想束缚，改善心智模式，建立培养员工终身就业能力的人才培养体系，在集成电路领域具有典型的代表性意义。

上海贝岭在这些年的经营中逐渐建立了学习型组织的企业文化氛围，即公司在长期发展中培育了敢于承担责任、敢于创新及宽容的对待研发风险的企业文化。同时还注意培养员工的大局观，注意培养员工对公司的归属感，这些都与学习型组织对员工的要求十分契合。学习型组织是知识经济时代的产物，它的管理层次要比传统的“金字塔”式的管理结构层次少得多，传统的管理结构层次过多。相比之下，扁平化的组织更为有效。理论上的学习型组织要求公司内部形成共同愿景，员工注重大局，能从公司整体角度考虑问题，这就要求员工有进取心、大局观以及对公司的强烈归属感。根据公司现行发展阶段调整组织策略，这样才能保证公司时刻处于灵活机动的状态，保证上下级高效沟通，从而提升公司的整体效益。因此，上海贝岭对学习型组织的建设是十分有远见的。

目前，上海贝岭处于激烈竞争中的集成电路行业，其兴衰成败基于人才的得失多寡。上海贝岭视员工是公司最宝贵的资源和财富，提出“事业留人、环境留人、待遇留人”的人才策略，积极致力于提升企业文化、完善管理体系，帮助员工提高专业技能和促进个人发展，尊重和保护员工的各项权益，为员工营造良好的工作氛围和环境。可以说，上海贝岭非常重视员工、团队和组织不断的、自觉的学习，强化组织应变能力和学习能力，建立学习—创新力—生产力—竞争力的传导链条。所谓创新只是工作的灵魂，没有创新能力的企业在市场上不堪一击，尤其是像上海贝岭这样依托商科技的企业。

上海贝岭还注重加强培训，促进员工和企业共同成长。“养兵千日，用兵一时”，根据战略发展的需要，上海贝岭努力完善适合企业发展的人才培训和管理机制，在帮助员工符合岗位专业资质要求，达成业绩目标的同时，兼顾提高员工的通用技能，完善其综合素质，满足员工个人发展的需求，使员工与企业共同成长。因此，学习型组织的建立十分必要也十分有效，将“企业文化”与“家文化”相融合，将员工学习能力转化为公司创新能力，这样才能最大限度地凝聚员工，共创佳绩。

（六）价值创造：基于客户价值的价值创造

上海贝岭时刻关注客户的需求，与客户的技术人员保持实时的沟通，主动参与客户新产品开发和新技术运用，提供各种集成电路和芯片研发及应用，为客户提供高质量产品和优质服务，为客户创造更多的附加值。要实现快速健康发展，就需要寻求当前云计算企业的价值创造是什么，以及未来的云计算企业的价值创造路在何方。

目前，上海贝岭主要涉及集成电路、芯片研发制造，属于云计算基础设施这块，是云计算所有服务的基础。通过对集成电路的研发发力，上海贝岭已经成功地从制造加工企业转型为以集成电路设计为主业、制造为支撑的 IDM（设计+制造）企业。

目前，上海贝岭已经告别了仅专注集成电路的生产，开始向集成电路设计转型，形成强大的自主研发能力，实现企业可持续性的盈利能力。上海贝岭从三个方面提升自身的盈利水平，实现客户的价值。一是随着云计算大规模应用，利用低廉的劳动力成本、成熟的管理水平来降低企业的生产成本，通过扩大产品生产规模来实现企业的盈利。二是将产品技术与应用技术的研发作为企业的发展重点，通过技术领先来获取企业长期发展的核心竞争优势，形成技术壁垒。三是投身于跨领域拓展型的发展，将价值链延伸到网络层或应用层，与系统集成商、软件开发商及电信运营商合作，开拓更大的盈利增长空间。

在资源开发利用方面，上海贝岭集中多方资源，协同开展重大技术攻关和应用集成创新，争取尽快突破核心关键技术，形成完善的云计算技术体系。一旦在技术上形成突破，甚至领先于整个行业，将在盈利上取得先发优势，迅速占领国内外市场，这必将有利于贝岭在未来云计算的大规模发展及国际竞争中占据有利位置，站在价值创造的制高点。

未来云计算企业的发展依靠的是资源开发、利用和整合，通过自主研发充分建立起企业的技术、标准资源的行业壁垒。有了这些硬件条件的支撑，才能让公司持续引领云计算产业的发展。同时，还需要充分合理利用软性资源，把握政策未来的动向，利用政策倾向的优势，结合本企业的特点迅速做大做强。另外，云计算企业更需要通过建立品牌优势，创造出更具有价值的产品。在企业的开发、利用与整合的过程中，彼此相互呼应、相互渗透、相互作用，共同提升云计算企业的价值创造。

四、结论与启示

自云计算概念提出以来，云计算发展迎来了又一次新的市场浪潮。因此，对于善于抓住机遇的 IT 企业来说，云计算发展无疑是一次千载难逢的发展良机，上海贝岭则很好地抓住了这次机遇，利用自身十几年发展积淀的集成电路及稳固的市场占有率，在云计算领域不断扩张的环境下也得到了极大的飞跃。

基于此，类似上海贝岭的企业要想健康快速发展，就必须在商业模式上有所创新。

第一，技术创新。为了加快自主开发的进度，在技术上有所创新，贝岭一方面继续引进国外先进技术，另一方面则成立新品研发部（技术中心），从国内外聘请留学有成的博士、专家作为学术带头人，增添软硬件设施，招聘年轻人才来公司工作，形成一支有朝气、有水平的设计队伍。同时，加强信息收集和市场调研，为公司多多规划开发市场有需求、贝岭有专长的新产品。作为从事高科技的企业，技术创新是发展的不竭动力，因此，专业技术创新是首要考虑的因素。

第二，人才战略。高素质的人才队伍和完善的人才机制是企业发展的智力保障。现阶段产品和服务同质化趋势不断加强，要想实现企业的成功转型，在众多同质企业中脱颖而出，高效率人才队伍是必不可少的条件。贝岭之所以能在物联网高速发展时期快速抢占国内市场，是因为其拥有国内领先的 RFID 技术及相关产品。其中，高素质的研发队伍和科研人才以及“学习型组织”等人才培养、组织制度基础起了决定性的作用。因此，要想实现产品服务市场领先的目标，就要充分发挥人才的作用，将个人智慧融入群体智慧，在良好的人才制度保障下实现员工自身价值，进而提高整个团队整体的效率。

第三，合作联盟。就云计算领域而言，在国内属于新兴行业，技术还不成熟、资金投入相对较少，而国外发展历史较长，拥有较成熟的行业发展经验，在技术资金方面都有优势，却由于一些政策和个性化需求而难以进入国内市场，这便给国内企业提供了一个与国外企业合作的机会。为此，上海贝岭在自身发展的同时，引进外国先进技术和人才，创新出有针对性的、个性化的产品和服务，既节省了成本又获得了效益，是国内云计算技术企业在短期内提升自身竞争力、占领国内市场的必然选择。

本章小结

本章主要通过对四家具有代表性的云计算企业进行专门系统的案例研究，分析其是如何从原有的商业模式向云计算企业商业模式成功转型的。这四家云计算企业分别是天威视讯、金蝶软件、卓望数码和上海贝岭。其中，天威视讯是从传统的有线电视转型到基于云计算的有线电视平台，提供了一种新的基础设施平台架构。金蝶软件从软件业务向咨询服务业务转型，旨在打造一个基于自主创新、自主知识产权的一体化云计算应用服务平台。卓望数码基于移动互联网和移动云计算，为中国移动提供端到端（从云端到客户端）的整体解决方案。上海贝岭则致力于成为世界一流的 IDM 公司，从制造加工企业转型为以集成电路设计为主业、制造为支撑的 IDM 企业。通过这些云计算企业的应用实践，我们不难发现，企业之间的竞争不再是技术上的较量，而且围绕云计算这一技术而提供相关的云计算服务。虽然只是云计算企业商业模式创新的个案，但正是这些云计算企业的商业模式创新，体现出当前我国云计算企业各自独特的商业模式，再次验证了云计算企业商业模式构成的六大构成要素。也可以说，正是这些中国的本土企业，通过不断的商业模式创新，逐渐向云计算企业蝶变。这批新兴云计算企业既有传统的有线电视公司，也有比较现代的软件和信息服务公司，必将进一步丰富我国云计算企业的商业模式创新案例。

第五章 云计算企业商业模式创新实施路径和建议

2012 年，云计算的威力足以改变竞争格局，为商业模式创新和业务营收增长开辟了一条全新的战线。云计算很美，很飘逸，也很虚拟化。云计算其实是一种新型的计算模式，能够把 IT 资源、数据、应用作为服务通过互联网提供给用户；同时，云计算也是一种新的基础架构管理方法，能够把大量的、高度虚拟化的资源起来，组成一个庞大的资源池，统一提供服务。对于各行业的企业而言，云计算意味着 IT 与业务相结合而引发的突破式创新——它能将 IT 转化成生产力，推动商业模式的创新，从而引领企业开拓出一片经营蓝海；在不断增加的复杂系统和网络应用，以及企业日益讲求 IT 投资回报率和社会责任的新竞争环境下，在不断变化的商业环境和不断调整的产业链中，云计算能够为企业发展带来巨大的商机和竞争优势。伴随着国际云计算产业的飞速发展，云计算产业也逐渐应用在各行各业中。正确认识与思考中国云计算产业发展现状与趋势，发展云计算应用，促进产业转型升级，云计算商业模式创新的探索，对于中国企业的发展起着至关重要的作用。

前面重点对云计算企业的商业模式创新进行实证研究及案例研究，不仅构建了云计算企业商业模式创新的“5+1”模型，而且通过四家典型的云计算企业的商业模式的创新实践，再次验证了云计算企业商业模式创新模型。但是，我们的研究不能仅停留在纯粹的理论模型建构层面，而应该将商业模式创新理论模型应用于云计算企业的实践中来。为此，本书接下来将对云计算企业商业模式创新及其实施路径进行探究，并提出一些政策建议，期望为众多还处于迷茫状态的云计算企业指出一条商业模式创新的明路，更好地引导云计算企业的发展。

第一节 云计算企业商业模式创新动力与时机

商业模式创新最早可以追溯到熊彼特对技术创新的理解。熊彼特认为，技术创新囊括了产品创新、工艺创新、市场创新、供应来源创新和组织管理创新等几乎涉及了企业管理的所有方面的创新。其中，市场创新、供应来源创新和组织管理创新都可以纳入我们现在所讨论的商业模式创新范畴。自此，商业模式创新进入了我们的视线。商业模式创新是指企业以创造价值为核心，通过改变企业满足市场客户需求的方式或者模式而实现价值的过程。企业商业模式创新的目的就是从客户价值角度出发，为企业创造更大的价值；对此，作者认为，商业模式创新是营造出新的且优于现有商业模式的，真正为客户解决问题，带来顾客价值的方案。伴随着企业的商业实践，商业模式创新已经远远超越技术创新，其重要性也就不言而喻。正如 IBM 商业价值研究院 2009 年的一项研究表明，获得突出业绩的公司对商业模式创新的重视程度是业绩不佳者的 2 倍。可以说，在当今激烈的竞争中，企业家再怎么强调商业模式创新都不为过。

云计算企业商业模式创新更是技术创新和商业模式创新的完美结合。作为一种新兴的计算模式，云计算不仅推动了新一代云储存、云网络、云安全的巨大需求和服务模式的巨大创新，而且也产生了新的产业和新的商业模式。可以说，云计算企业商业模式本身就是一种商业模式创新。云计算企业之所以要实施商业模式创新，其目的不外乎是为企业、股东、客户和合作伙伴创造更多的价值。一般而言，单纯的技术创新只是云计算在企业的具体应用而已，商业模式创新才是云计算企业得以可持续发展的关键。通过商业模式创新，云计算企业不仅可以节省内部运营成本，而且可以强化企业的核心竞争力，帮助企业抑或通过出租多余 IT 资源实现新盈利。可以说，借云计算实现共赢，通过云计算来实现商业模式的变革，实现最终盈利的目标。只有让云计算在企业落了地，云计算企业才能真正实现价值创造，这才是云计算企业商业模式创新的根本。

一、云计算企业商业模式创新动力

云计算是通过计算机、互联网来应用其革命性技术的，它的典型特点是在虚拟世界里模拟现实世界里的需求应用过程，利用人们可以控制虚拟世界的特点，不断修改调整产品的设计方案，找到最佳的工业设计方案，推动产业革命的发展，也促进了企业的变革。云计算企业商业模式创新是指云计算企业在一定的动力驱动下进行的一种创新活动。这些动力包括所有直接或间接制约着云计算企业发展的各种力量。因此，云计算企业主要还是受到诸如产业推动、技术应用、竞争驱动、政策支持、客户需求、资源集中管理以及企业内部管理七大驱动力的共同作用（见图 5-1）。

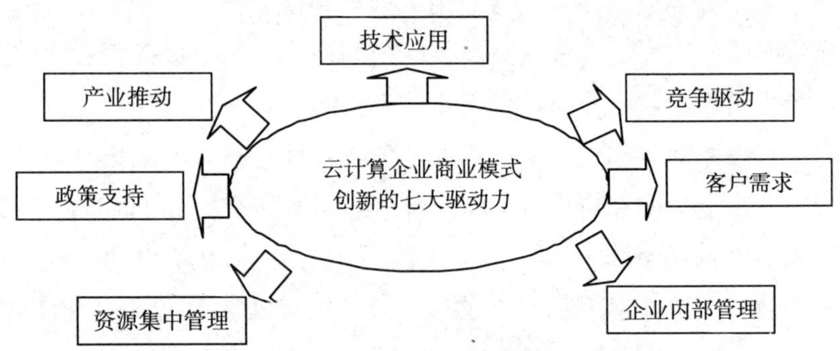

图 5-1　云计算企业商业模式创新的七大驱动力

第一，产业推动。云计算带来了信息产业的巨大变革，反过来，又再次推动了云计算企业商业模式创新。作为信息技术产业的重要组成部分，云计算必将引发信息产业商业模式的根本性改变。云计算必将成为我国信息产业快速发展的着力点。云计算不仅在技术层面上实现了信息物理运算能力和网络融合能力的提高，而且在商业模式上，云计算也为包括多个相关市场和行业都带来了质的变化和革新。中国电子信息产业发展研究院院长罗文表示：随着我国将云计算纳入战略性新兴产业的重点发展方向，云计算新技术、新产品、新模式、新业态不断涌现，这些变化正在有效促进行业生产方式变革，促进终端设备换代升级，降低企业运营成本，加速信息产业和信息基础设施的服务化进程，推动信息服务的社会化、集约化和专业化。

第二，技术应用。云计算技术在企业的广泛应用加速了云计算企业商业模式创新。云计算是继个人计算机、互联网变革之后的第三次 IT 浪潮，是商业模式的根本性变革，它已经渐行渐近、触手可及，成为全球 IT 战略性新兴产业的重要组成部分。云计算涉及虚拟化、云平台、分布式资源管理、海量分布式存储、云安全等核心技术。在云计算时代，决定商业模式的主要因素是云计算产品的核心和关键技术。云计算使得资源使用或者资源构建的方式发生变化，不仅导致 IT 产业变革，而且影响到各种商业运营模式，包括刺激新商业模式的出现、现有商业模式的演变。在技术层面上，云计算通过网络使用各种 IT 资源与服务的方式，将改变传统 IT 的资源提供与管理模式，实现 IT 资源的集约共享，降低能源消耗。在企业应用层面，云计算促使企业面向用户需求提供定制化和个性化服务，不断创造企业新的盈利模式，改变其原有商业模式，极大地促进云计算企业变革。因此，云计算等信息技术广泛应用，推动制造业服务业加速融合，实体经济与虚拟经济结合，引发商业模式变革，新盈利模式不断形成，大量新的产业形态出现，新投资机会大量形成，推动生产体系重构。

第三，竞争驱动。如今是一个高度竞争的年代，只有不断创新的商业模式才能让企业在未来竞争中保持持续的竞争优势。市场研究公司 Forrester 预计，全球云计算市场到 2020 年将增长至 2410 亿美元，远高于 2011 年的 410 亿美元。业内人士纷纷放言，IT 企业对云计算的争夺，已经从概念变成实践。中国云计算市场争夺更酣，有早已布局的国外 IT 巨头思科、Microsoft、IBM 等，也有刚刚宣布“跑步”进入的国内企业华为等。云计算的威力足以改变竞争格局，同时为商业模式创新和业务营收增长开辟一条全新的战线。云计算企业不仅打破了现有的产业竞争规则、价值规则，获取超额的收益，而且还构建了新型的商业模式。

第四，政策支持。云计算企业隶属于国家战略性新兴的信息技术产业，其商业模式创新自然离不开国家的政策支持。《国务院关于加快培育和发展战略性新兴产业的决定》明确提出，现阶段重点培育和发展的七大战略性新兴产业，新一代信息技术产业在其中处于重要地位。作为新一代信息技术的重点发展领域，云计算将成为新一代信息技术产业中的支柱领域之一。不仅如此，决定还指出，要支持战略性新兴产业的商业模式创新。工业和信息化部部长苗圩在 2011 年“中国发展高层论坛”上也明确指出，培育发展战略性新兴产业必须坚持把商业模式创新作为强大的动力。由此可见，战略性新兴产业要进行商业模式创新，云计算企业更要进行商业模式创新。

第五，客户需求。随着互联网的高速发展，许多企业对云服务的迫切需求驱动了云计算的持续发展与快速革新。从企业对云计算概念认知到逐步的实施“云”平台表明，云计算正快速获得认可，吸引更多企业的目光。如今的企业已经开始转向在线的云计算资源服务，通过明确的投资回报率，业务问题得到有效解决，并且获得了用户很高的评价，这些都表示云计算正在快步向企业走来。可以说，在互联网行业飞速发展的今天，各类企业对云计算服务的需求日趋涌现，云计算也从飘在空中的概念，逐步落地实践。特别值得一提的是，截至 2010 年，中国中小企业数量超过 4200 万家，占全国企业数量的 99%以上。云计算给这些中小企业提供了难得的契机，也开创了中小企业信息化服务应用的全新模式。云计算模式可以提供覆盖全业务流程、完整生命周期的“一站式”信息化服务，帮助中小企业降低管理成本、提升管理水平。

第六，资源集中管理。一般来说，云计算能相对集中和统一地存储及管理用户的数据，并且为之提供相当统一的服务。集中的数据存储、统一的云计算服务部署及运营。这使得用户接触到的云服务具有更新快、种类多、使用方便、便宜便捷等特点。因而，这十分类似于水电的集中生产。由电厂发电、水厂送水，由用户按需要自由消费。而云计算的商业模式恰好正是这么一种基于信息资源的集中式管理，并且为大家提供一种统一的使用方法。对于这种云计算服务，用户可以按需使用，使用多少，付多少钱，不使用不付钱。这就是未来的云计算商业模式之一。可以说，这种集中管理有利于云计算企业商业模式创新。

第七，企业内部管理。企业内部管理也可以带来云计算企业商业模式创新。云计算企业不仅打破了现有的产业竞争规则、价值规则，获取超额的收益，而且还构建了新型的商业模式。IBM 商业价值研究院的研究也验证了该观点，即在全球范围内，业绩出众的公司关注商业模式创新的频率要高于业绩欠佳者，并且商业模式创新可以帮助企业在营业毛利增长上每年超过竞争对手 5%。不仅如此，全球 69%的 CEO 表示，他们极为关注商业模式创新，并且几乎其他所有的 CEO 都在不同程度上实施商业模式创新，而业绩出众者往往比业绩欠佳者实施更为彻底的创新。另外，企业成功的关键已不再是所能直接控制的资源，而在于所能利用的资源。一方面，云计算企业必须加强与上下游环节企业之间的合作，合理利用对方的渠道、关系、技术、管理资源，在保持企业柔性的基础上，探寻新的业务活动开展方式。另一方面，企业所处的价值系统面临着外部环境各种各样的变化，如技术变革、顾客需求、法律环境、社会环境和竞争压力变化等，因此，企业必须不断对自身所处的价值系统的不同环节进行整合——或改变某些环节，或改变它们的组合方式，以实现商业模式变革。可以说，云计算内部组织管理都有力地推动了云计算企业商业模式创新。

综上所述，云计算商业模式创新是云计算企业通过整合企业内外部一切可利用的资源，来实现价值创造的一种创新过程。云计算企业商业模式创新主要受到上述因素的驱动，包括产业推动、技术应用、竞争驱动、政策支持、客户需求、资源集中管理和内部管理等，直接推动着云计算企业商业模式创新。

二、云计算企业商业模式创新时机

云计算企业要进行商业模式创新，不仅要具备上述几大驱动力量，更需要把握好创新时机的选择。因此，云计算企业要挑选好时机，借助各种驱动因素，力推企业商业模式创新。

第一，IT 企业应顺势而为。云计算是 IT 领域的一场技术变革，必将推动企业商业模式创新。对于云计算企业商业模式创新时机，作者认为，云计算是未来的大趋势，云计算企业不仅应热衷于应用云计算，而且还应该顺势而为，大胆进行企业商业模式创新。

第二，传统企业借力转型。对于传统企业而言，可以考虑借力云计算技术，实现从传统企业向云计算企业转型，实现云计算企业商业模式创新。2012 年，IBM 和 EIU（Economist Intelligence Unit）联合调查了全球多个行业的 572 个业务和科技高管。虽然只有 16%的受访者表示，已经在利用云计算进行商业模式创新，增加业务收入；但 35%的受访者表示，将在未来三年将云计算作为业务模式转型的平台。很多企业开始向云计算转型，这时正好推进商业模式变革。

第三，拓展新业务的需要。企业也可以采用云计算技术来拓展新业务。在提供云计算服务时，传统业务模式仍将长期存在，原有的商业模式短期内是不会被云计算服务所代替的，且拥有原有客户基础的传统企业，更有利于开展云计算服务。拓展这种新业务必然要对原有的商业模式进行变革。

第四，云计算平台管理需要。云计算技术主要是利用云计算平台提供云服务。而这种云服务会使企业与用户之间的关系越来越微妙。据 Gartner 预测，2012 年将有 80%的企业采用云计算的方式来构建信息系统。这些变化也会带来企业商业模式的改变。

总体来说，云计算企业商业模式创新时机选择尤为关键。云计算企业何时进行商业模式创新，还是要视具体情况而定。企业只有在合适的时机，选择正确的路径进行商业模式创新，才能获得持久的竞争力，保持持续盈利。企业借力云计算，实现业务模式转型，开拓多种渠道盈利模式，实现商业模式创新，这已经成为很多企业的一大共识。

三、云计算企业商业模式创新管理

在分析云计算企业商业模式创新的过程中，主要关注一些企业在市场中与用户、供应商、其他合作方的关系，尤其是彼此间的物流、信息流和资金流。商业模式创新管理应注意以下几点：

第一，不能脱离盈利之道。商业模式是一种包含了一系列要素及其关系的概念性工具，用以阐明某个特定实体的商业逻辑。它描述了公司能为客户提供的价值，这一价值是产生可持续盈利收入的要素。盈利是每个公司都要考虑的第一问题。盈利之道就是盈利的方法，盈利的思路。中国发展文化创意产业的盈利之道，在于积极努力，勇于探索，开辟道路，其实就是商业模式的创新管理。在所有的创新中，商业模式创新属于企业最本源的创新。离开商业模式，其他的管理创新、技术创新都失去了可持续发展的可能和盈利的基础。

第二，只有盈利的商业模式创新，没有所谓好的商业模式创新。企业要做到量入为出、收支平衡。这个看似不言而喻的道理，要想年复一年、日复一日地做到，却并不容易。现实中的很多企业，不管是传统企业还是新型企业，对于自己的钱从何处赚来，为什么客户看中自己企业的产品和服务，乃至有多少客户实际上不能为企业带来利润反而在侵蚀企业的收入等关键问题，都不甚了解。

第三，云计算企业在商业模式创新管理过程中要坚持四项原则：一是自我决策。云计算企业如果没有能力做出自我决策，本身没有主观思考，就只能跟着其他企业的路子走，很难有独特的创造。二是价值，与自我决策有异曲同工之妙。云计算企业除了发展自己，挣到钱，还要有指导产业前进的动力。三是影响，就是你可以让多少人跟着你去闯的问题。云计算产业仅靠企业的能力，没有影响力是不行的。政府必须作为一个领导者，一个好的政策可以带来影响力，可以有一呼百应的效果。四是能力，让人信服你可以把事做好做完。做任何事，资源是重要的成功要素，但能力是成功的关键。云计算产业的资源绝对没有问题，但商业模式创新的管理能力尚待提升。

另外，云计算企业进行商业模式创新必须要克服以下相关问题：

第一，客户价值主张研究的基础薄弱。云计算企业的营销过程向来都缺乏对客户价值的研究，而一味地依赖关系竞争、销售价格竞争等的低阶销售手段，缺乏系统的客户价值管理手段，销售数据的积累、消费行为数据的积累都相当缺乏。客户价值研究本身就是精细化营销的根本，是未来营销发展的趋势，云计算企业必须正视这些问题，依靠销售灵感创造的原始商业模式的概率越来越小，必须学会依靠科学的数据采集、分析等手段长期关注客户价值的变化。

第二，新老商业文明的融合。丢弃落后的商业文明元素，引入尊重、信任、合作、共赢等积极的元素；导入科学的新商业文明，强势的新商业文明让员工参与决策和管理，有利于保障战略决策与行动的成功执行，如果只是停留在老板文化，不与时俱进，则在商业模式创新的过程中难以成功。

第二节 云计算企业商业模式创新的盈利来源

云计算企业商业模式是指企业利用云计算的特点而造就的区别于传统网络服务的商业盈利模式。云计算商业模式平台是为用户提供云计算服务的软件、硬件平台（环境）。作为云计算服务的支撑平台，对提供云计算商业模式起着至关重要的作用。一个具有良好可扩展性、适用性的云计算平台，将可以为用户、第三方服务提供商提供良好的云计算服务接入环境。

从是否拥有第三方应用的接口来看，可分为两大类：一类是不具有第三方扩展的云计算平台，如 SaaS 服务。此类服务为运营商直接提供，不提供第三方扩展的接口。因而专用性强，可扩展性差。所提供的云计算服务全部为运营商提供。用户只能使用运营商提供的云计算商业模式。另一类是具有第三方扩展的云计算平台，如 Microsoft 的云计算操作系统 Azure 能为第三方提供托管服务。具有极强的可扩展性、用户自定制性。但由于需要更多更高级的虚拟化技术的支持，因而目前能提供此类平台的运营商并不多。此类平台可通过软件商店模式来迅速扩大自身平台提供的云计算服务的能力。

从运行的环境来说，可分为私有云和公共商业云这两大类。

第一，私有云，专属于某个组织、公司、单位所有，只用于内部，运行于私有的局域网中。这种云之所以产生，是为了方便降低企业的运维成本，以及减少硬件资源的浪费。这种私有云最终将与公共商业云相竞争。

第二，公共商业云，主要用于公共型、通用型的云计算商业模式。这种云所支撑的业务相对较为广泛。涉及云计算服务的方方面面。就像公共服务一样为众多的公众（当然也会包括一定量的企业）服务。

从商业模式的角度来看，可分为社区云、业务云、基础网络服务和电子交易市场四类。

第一，以社区为特点的云。此类云主要提供社区性云服务，如博客群等。俗话说“物以类聚，人以群分”。未来的云计算，将提供给用户更多更广泛的社区类云服务。例如，城区网上商业圈。

第二，以业务为区分的云。不同的应用领域，将诞生不同类型的云。如在线 ERP 服务等。未来将有更多的类似于 SaaS 的行业软件服务出现。

第三，基础性网络服务。如文档的存储管理等，还有搜索引擎提供的服务。这些服务加入了云计算的特点之后，将充分挖掘用户的信息，并据此提供更为优质的云计算商业模式，利用这点，可以做到精确广告的投放等。

第四，电子交易市场，如淘宝网，还有苹果的软件商店。都取得了较大成功。这类平台提供了基础的交易模式，并为用户的资金、商品提供一定的管理手段、营销手段，是未来最重要的云计算商业模式之一（不要问为什么淘宝网交易平台也是云计算的一种，因为他们是真正的统一数据、统一软件管理。交易数据统一存储在淘宝网的服务主机上，而他们提供的相应服务软件则维护了这些数据）。

综上，云计算企业商业模式是云计算企业面向市场的一种资源配置行为，用以保证企业创造价值并获取收益的创新过程。从云计算整个产业链的角度来看，涉及云计算的企业大致可以分为以下几大类：半导体供应商、大型服务器制造商、管理服务提供商、云计算运用开发商、云计算电信运营商（见图 5-2）。

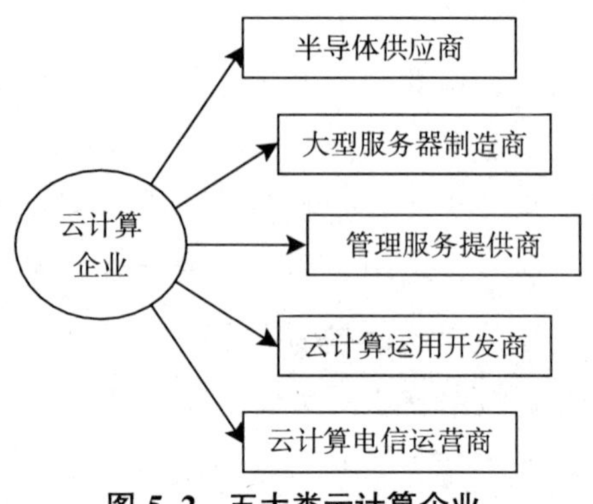

图 5-2　五大类云计算企业

第一，半导体供应商的利润来源。云计算效率的关键之一就在于服务器的运算能力，该技术会根据摩尔定律演进，即芯片处理能力每 18 个月翻一番。芯片供应商有英特尔和 AMD，其有个人电脑芯片和服务器芯片两大业务，而涉及云计算的业务大部分是服务器芯片业务。由于服务器芯片没有个人电脑芯片那样的问题，因此，服务器芯片业务是非有利可图的。服务器芯片的客户主要是企业（如惠普、戴尔、IBM），它们反过来又会将这些芯片制成的产品卖给其他企业，其区别主要在芯片处理能力等方面。这些企业客户对服务器芯片的价格并不敏感，因为它们是基于芯片性能推销其服务器产品的。半导体供应商生意的好坏取决于其产品，也就是芯片的尺寸和高速缓存等，它们的终极目标是在最小的芯片面积上集成“最密集”的处理能力，使单位晶圆的效益最大化。这些目标在个人电脑芯片上更容易实现，因为其所需要的处理能力“密度”要比服务器芯片来得小。因此，能够在服务器市场打出一片天地的半导体供应商能够获得更高的利润，并从云计算推高的需求中受益。

第二，大型服务器制造商的利润来源。硬件产品本身已经演变成一个价格竞争激烈的市场，制造商得到的奖励是市场份额而不是利润率。为了让事情更简单，服务器/存储器制造商倾向于向企业客户提供全方面的硬件产品，并通过把持最高的市场份额来赢取客户的信任。牺牲某个领域的利润以在利润率更高的领域赢得信誉，制造商通常这样做，即“放弃”硬件来推销服务，企业的大部分利润往往来自于其提供的各种服务，而不是硬件本身。如今，随着云计算的快速成长，大型云计算企业和地方大量建设云计算数据中心，其对硬件服务器和存储器需求将会上升。然而，在云计算的价值链中，服务器制造商仍然处于利润率等级的末端。

第三，管理服务提供商的利润来源。这类云计算企业包括亚马逊网络服务（AWS）、爱依斯（AES）和 Rackspace 等，其所提供的管理服务从一端的主机托管到另一端的全套“云”服务，不一而足。管理服务需要大量的前期资本投入，例如，建立一个数据中心需要支付昂贵的设备费用、基础设施费用和设备更新费用。主机托管的运营成本较高，这导致其利润率较低。同时，由于昂贵的设备前期投入，以至于对这些设施的使用也成了实现盈利的目标。然而，单纯的云计算服务是让客户从一个标准化的服务菜单中进行选择，其运营成本会随着客户群体的扩大而分散消解，数据自动化和软件管理服务也是这个道理。随着众公司将主机托管扩张至云计算服务，其利润率也相应提高了。

第四，云计算运用开发商的利润来源。一般更有机会获得较高的利润率，因为其对中小型企业的价值主张尤为明显。中小型企业只能支付它们需要的东西，较之自主研发，外面有更多性能可靠的应用可供选择，这能让它们避免招募 IT 员工以及相关费用。随着应用开发商的客户规模从中小型企业扩大到大型企业，其成本结构也会扩大，这是因为开发商对自身销售队伍的投资会变成公司的一项资本投资，这其中的挑战同样是公司在增长过程中对销售成本或资本投资的管理。

第五，云计算电信运营商的利润来源。电信运营商在使用云计算之后，预计将会从以下几个方面获得收入：一是云计算的运用将会加速移动互联网运用的普及，“云”端超强的计算能力和存储能力使手机成为计入云端的主要方式。二是随着云计算时代的到来，移动用户设备的功能将会更加强大，复杂的服务和强大的存储功能将由云计算来完成，这一目标的实现将使电信运营商在应用层面上相对于其他提供商占领更多的市场份额。三是随着云计算的成熟，用户将通过移动互联网访问云端服务器，获得各种资讯和交友等服务，从而为运营商带来可观的数据流量收入。四是电信运营商通过云计算可以为企业提供 IDC 业务，包括主机托管类、资源出租类、增值服务类以及运用类等，增强了电信运营商在 IDC 业务上的竞争力，并增加了电信运营商在平台与运用聚合层面上的市场份额。

第三节 云计算企业商业模式创新的实施路径

云计算企业商业模式创新实施主要探讨的是云计算企业该如何构建创新商业模式以及具体的实施路径。一要明确云计算企业商业模式构建需遵循的原则；二要分析并指出云计算企业商业模式的具体实施路径。

一、云计算企业商业模式创新的构建原则

云计算已经开始由概念转变成为各信息技术企业已开始重点关注甚至付诸实施的重点，成为信息技术产业新的发展领域。在全球云计算风起云涌的环境下，无数企业都想从云计算中分得一杯羹。为此，本书对云计算企业商业模式进行构建。构建云计算企业商业模式，主要遵循谨慎性、适应性、可行性和成长性四大原则（见图 5-3）。

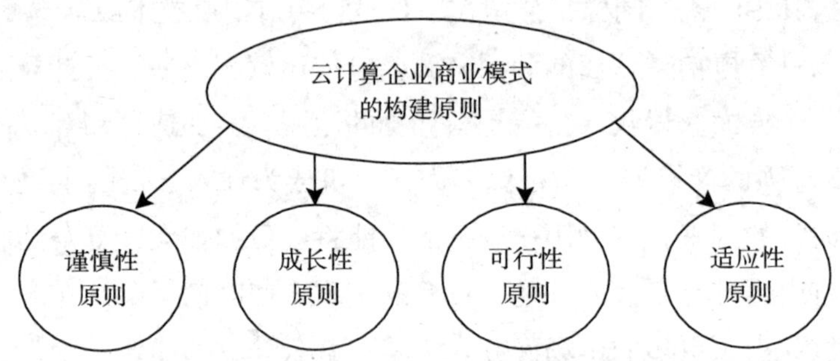

图 5-3 云计算企业商业模式构建的四大原则

第一，谨慎性原则。虽然云计算存在巨大的发展空间和投资机会，但是不确定因素同样巨大。众所周知，云计算的前期投入是非常巨大的，例如，Microsoft、Google、Amacon 等国外大型企业，投入云计算的经费以上百亿美元计；而国内云计算企业如华为、中兴、阿里巴巴等，也为云计算投入几十亿元或上亿元的资金；而各地"公有云"及云计算中心的建设更是耗费巨资。然而，根据估计，云计算要真正实现盈利尚需时日，IT 企业如若要进军云计算就必须谨慎，时刻关注

企业运作的资金链条。

第二，适应性原则。在构建云计算企业商业模式的过程中，应该兼顾公司所处的内外部环境，进行系统全面的分析，使得其商业模式能够适应企业的内外部环境变化。一方面，立足公司的长远发展，在现有的企业资源和能力的条件下，配合企业的发展战略；另一方面，从整个宏观环境和行业环境出发，积极、稳妥地改进现有的商业模式。

第三，可行性原则。构建云计算企业商业模式必须符合可行性原则，其商业模式必须能够运作，纸上谈兵的商业模式对于一个企业来说是毫无意义的。在构架其商业模式的时候必须对其执行后可能出现的风险、利害进行综合权衡，在此可行性分析的基础之上，通过实际的调查研究、预测，并严格予以执行。同时，商业模式能够达到预期的盈利效果，只有这样的商业模式才能称为有效运行的模式。

第四，成长性原则。一个好的商业模式必须具有成长空间，商业模式的一个很重要的特征就是具有成长性和创新性。商业模式是动态发展的，一个企业无论其商业模式多么成熟，随着内外部环境的变化，其商业模式会产生变化。同时，就云计算本身来讲，其是一个新兴的行业，整个产业都处于一个高速发展时期，云计算本身具有很大的发展潜力。因此，在构建云计算企业商业模式的过程中，必须充分考虑其成长性，企业所采取的模式必须符合其发展的要求。

二、企业商业模式的创新路径分析

企业商业模式代表的不仅是一种经营思想、价值观念或者某种营销创新思路，更是一种经营创新思想的具体实现形式，是一套经营机制，是企业如何组织内部各部门之间有机联系而最后落实到“如何运作”的价值创造模式。企业商业模式创新本质上是企业高层次的创新行为。它与传统意义上的产品创新、技术创新、制度创新和观念创新有很多不同，商业模式创新本质上是一种再设计的过程，是企业以顾客需求为中心，从内到外的一种高层次的资源、制度、模式等的整合创新，涉及企业的各个方面。因此，企业商业模式实施的难度可想而知。

具体来说，企业商业模式的创新贯穿于企业经营的全过程，是在现有市场细分中发现顾客新的需求，或者发掘出全新的市场需求的基础上，创造出新的消费群体，新的产品和服务，新的盈利模式和新的运作方式，进而实现企业价值创造的过程。对于企业商业模式创新，不同研究者也有不同的研究角度。例如，Linder 等（2000）认为，依据企业原有运作方式发生变化的程度，将商业模式转变分为四种类型：第一种是实现模式（Realization Model），指在不改变现有商业模式本质的前提下，充分挖掘企业现有商业模式的潜力，从而实现收入最大化。第二种是更新模式（Renewal Model），是指通过改变产品或服务的平台、品牌、成本结构以及技术基础来调整企业的核心技能，从而改变其在价格或价值曲线上的位置。第三种是扩张模式（Extension Model），是指将企业的商业逻辑扩展到新的领域。这种模式与下述旅行模式的主要区别在于是对原有模式进行补充，而不是对原有模式的替代。第四种是旅行模式（Journey Model），指采取一种全新的商业模式，为企业引入一种全新的商业逻辑。而 Knecht 等（2002）认为，企业实施商业模式变革时必须重点考虑两个方面的内容：一方面是企业应当为顾客创造什么样的价值；另一方面是企业应当如何实现这些价值。Osterwalder（2004）则认为，企业商业模式变革可以分三步走：首先，对商业模式进行显化，同时对商业模式的不同部分进行描述，即将企业的隐性知识转化为显性知识。其次，对商业模式进行深入分析，据此形成新的商业创意，即将显性知识转化为隐性知识。最后，对商业创意进行整合，形成新的商业模式，即将隐性知识再次转化为显性知识。Peter Senge 认为，商业模式的创新包括在以下三个问题上的创新：公司为目标消费者提供什么样的产品或服务；公司如何将产品和服务传递至目标消费者；公司在其所处的商业生态网络中该如何定位自己的角色三个问题。这就意味着，要进行商业模式的创新可以从以下几方面着手：重新定义顾客需求；重新定义产品和服务；重新定义顾客接触方式；充分利用网络协同效应。高闯、关鑫（2006）从价值链创新角度来分析商业模式创新，提出商业模式的五种基本类型也是创新方法：价值链延展型、价值链分拆型、价值创新型、价值链延展与分拆结合型、混合创新型。原磊（2007）在其提出的商业模式的“3-4-8”构成体系的基础上，提炼出三种商业模式变革路径：一是基于价值模块的商业模式变革路径；二是基于界面规则的商业模式变革路径；三是基于两者混合的商业模式变革路径。

对此，作者基于价值创造这一根本目的对企业商业模式创新进行划分，将企业商业模式创新分为基于产品服务、基于资源能力、基于盈利模式、基于价值链和基于价值网络五类（见图 5-4）。通过挖掘企业的产品服务、资源能力、盈利模式、价值链、价值网络来实现顾客价值，进而创造企业价值。

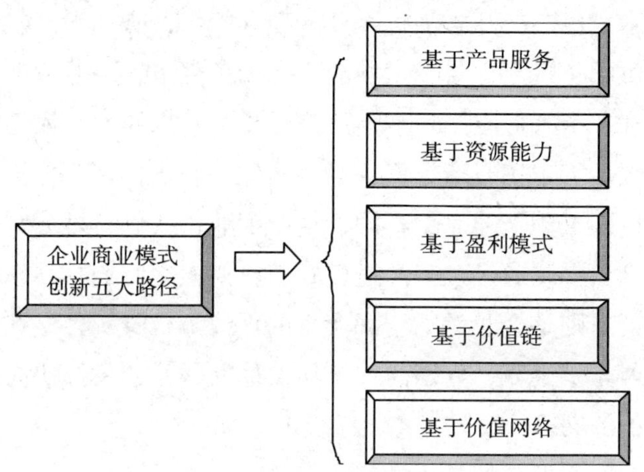

图 5-4　企业商业模式创新的五大路径

第一，基于产品服务的商业模式创新。这种商业模式创新主要在于提供独特的产品或服务，满足顾客个性化需求，进而实现顾客价值，拉动企业的成长。

第二，基于资源能力的商业模式创新。这种商业模式创新侧重于对企业资源的发掘、利用和整合，或是充分挖掘现有资源的潜在价值，从而依靠企业资源以及内在的核心能力，构建起企业的竞争优势。

第三，基于盈利模式的商业模式创新。所谓盈利模式是企业获取利润的方式。这种模式主要在于通过创新企业获取利润的方式来实现企业价值创造。

第四，基于价值链的商业模式创新。这种创新把关注的焦点放在价值活动的定位、设计与匹配上。具体来讲，有三种创新策略可供选择：其一是价值链上的新定位。通过专注于价值链上的某些活动（通常是高利润的活动），而将其余活动外包出去，从而实现商业模式的创新。其二是重组价值链。通过对产业价值链进行创造性的重新组合，也能创造出新的商业模式。其三是构造独特的价值体系。许多企业通过构建多个价值优势，并将之整合，形成了独特的价值体系。

第五，基于价值网络的商业模式创新，这种创新的重点在于打造独特的价值网络，设计各种交易机制将企业自身与价值创造伙伴有机联系起来，形成价值创造的合力。

此外，企业商业模式创新的还有其他的实施路径可供选择。例如，根据创新所引起的组织结构和市场变化的程度，创新可分为破坏性创新和维持性创新。维持性创新是在保持现有技术发展方向不变的条件下，使现存产品或工艺发生微小变动，维持企业技术发展趋势并且强化企业的现存能力；破坏性创新是指在企业所提供的技术性能供给超过用户对技术性能需求的条件下，企业偏离主流市场用户所重视的绩效属性，引入低端用户或新用户看重的绩效属性或属性组合的产品或服务，通过先占领低端市场或新市场，再逐渐破坏和取代现存主流市场的产品或服务的一类创新。根据创新的对象不同，企业商业模式创新可分为要素创新和价值链创新。要素创新强调通过改变商业模式组成要素之间的关系来实现商业模式创新，而价值链创新则是企业考虑利润产生的环节和自身实力，在价值链中选择合理的位置，发展与供应商、分销商、合作伙伴的联系，发挥协同效应，形成共同为顾客提供价值的网络。

总体来说，企业商业模式创新是必需的，只是基于不同的考量，可以选择的角度和方法不太一样，所以才有了不同的实施路径。但无论如何，商业模式实施路径还是要针对企业的具体问题具体分析。

三、云计算企业商业模式创新的实施路径选择

根据上述对企业商业模式创新路径的分析，再加上云计算企业自身的具体情况，我们将云计算企业商业模式创新的实施路径大体分为三种情况：路径一，完善性商业模式创新；路径二，选择改良性商业模式创新；路径三，进行颠覆性商业模式创新（见图 5-5）。对于云计算企业的商业模式创新，作者认为，没有唯一的有效路径，或者放之四海而皆准的万能模式，其实这本身就是一种创新，企业要随着动态的环境，不断创新企业的商业模式，这是企业与时俱进的体现。至于云计算企业具体选择何种路径，还需要结合企业具体情况具体分析。

如图 5-5 所示，要想实现从企业原有的商业模式向真正的云计算企业创新的商业模式转型，云计算企业面前有三条路径可供选择，以实现商业模式创新。一是通过完善企业原有商业模式中存在的问题，不断加以修复，最后实现企业创造价值的过程。二是通过改良性商业模式，就是在原有的商业模式基础上，在某些方面试图采用改良的方法，在原有商业模式上做一定程度的革新，对原有商业模式有所保留但也有所破坏。三是通过完全的破坏性创新方式，颠覆原有商业模

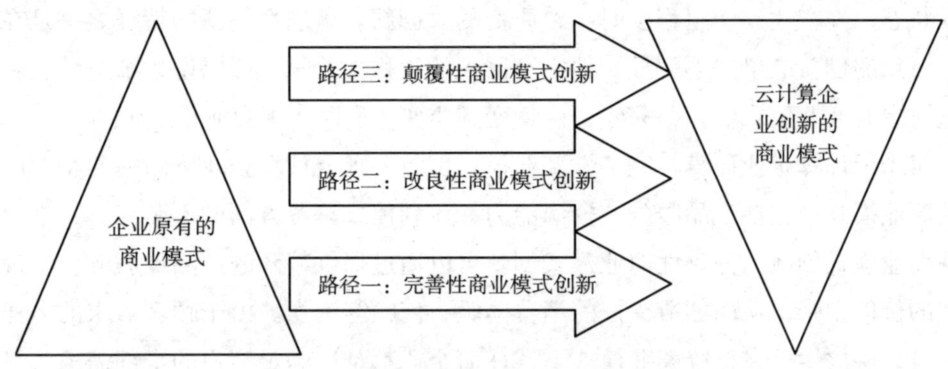

图 5-5　云计算企业商业模式创新的路径选择

式，创造出全新的商业模式，最后实现商业模式的创新。可以说，这三种路径是依据企业创新的程度而有所差别。也就是说，这三条路径都可供选择，主要还是看企业创新的风险和企业变革的压力的大小而定。不过作者还是比较倾向于第三种颠覆性的商业模式，一种破坏性商业模式创新。对于云计算企业而言，云计算本身就是一大技术创新，云计算企业要进行商业模式变革自然就要采取最为革命性的、最有破坏性的颠覆性商业模式创新。云计算企业商业模式创新的具体实施路径分析如下。

（一）云计算企业完善性商业模式创新

完善性商业模式创新是对企业原有商业模式进行不断完善，类似于我们之前提及的维持性创新，维持性创新是指根据企业既定的战略定位以及市场的发展动向，渐进性地完善企业现有产品，向市场提供更具需求性的产品，逐步抢占更多消费人群以及销量。维持性创新的目的在于保持既定的市场规则和模式，强化现有的市场格局和公司地位，它主要被某些行业及细分市场的主导者或既得利益者所采用。通过这种维持性创新，企业不断完善自身的商业模式，从而实现企业价值的创造。

完善性商业模式创新的本质就是一种维持性、渐进性的商业模式创新。美国哈佛大学著名管理学者克莱顿·克里斯滕森（1997）认为，维持性创新是指对现有市场上主流客户的需求不断进行产品的改进和完善，以满足客户更挑剔的要求。维持性创新本身也是一种渐进性创新。“渐进性创新”源自经济学界广受推崇的“学习经济”理念，这一经济学说注重强调企业（和产业）的学习能力培养，即认为学习过程就是一种渐进性创新的过程。大量的小创新不断地改善着企业的技术状态，并在达到一定程度时导致质变的大创新。渐进性创新的特征之一是在某个时点的创新成果并不明显，但它有巨大的累积性效果。所以说，渐进性创新注重对原有商业模式的不断完善，由量变到质变，进而实现商业模式创新。

对于云计算企业而言，完善性商业模式创新要求云计算企业不断完善企业原有的商业模式，包括产品服务、资源能力、盈利模式等各方面的不断完善，进而实现商业模式创新。完善性商业模式创新可以通过提供特殊的产品或服务，实现顾客的价值主张，从而创造更好的消费体验，使顾客满意。由于顾客需求的多样化且具有层次性，在传统商业模式下，任何企业都难以满足客户的全部需求，只能选择满足其中的部分需求；而云计算技术使云计算企业利用互联网和云平台，解决企业客户的多样需求，从根本上对客户的需求进行了无缝整合。如 20 世纪 90 年代末用友软件公司，进行了产品创新，推出了 ERP 产品，由产品创新带动一系列的资源配置变革，同时对渠道、关系网络和收入模式也进行了调整。2003 年进行了第二次转型，改变产品经营为客户经营，成立了 ERP 与行业解决方案事业本部等四个新的部门，加强与 IBM、Microsoft 等企业的技术合作开发，推出“产品+服务”的一整套解决方案。在 2005 年成立了用友移动商务公司，试图以“ERP+移动平台”为中小企业提供服务。再如 IBM，IBM 最开始靠做大型商务机器起家，安身立命的本钱是其强大的技术优势。1990 年从一个以产品为导向的企业转型为一个以服务为导向的企业，IBM 实行了第一次重构，即扩展产品线来满足不同层次用户的需求。之后，IBM 开始意识到，产品的组合可以产生更大的竞争力，以收购普华永道为特征，IBM 进入了提供整体解决方案阶段，即知识集成阶段，在这个阶段，IBM 为企业提供 IT 相关的服务，帮助企业改变商业流程，外包非核心业务甚至核心业务。

可以说，云计算企业完善性商业模式也是借力云平台和云服务，提供丰富的个性化产品或服务，以满足市场上日益膨胀的个性化需求。这种云服务的商业模式包括提供资金、推广、支付、物流、客服等一整套服务，把自己的运营能力像水和电一样让外部随需使用。

（二）云计算企业改良性商业模式创新

改良性商业模式创新，是介于完善性商业模式创新和颠覆性商业模式创新之间而又与之有所区别的一种商业模式创新形式。改良性商业模式强调的是，在原有的商业模式上有所完善，同时又在某些方面有一定的破坏性和颠覆性的创新，从而形成一种完善与颠覆相互结合的创新。在创新的程度上，改良性商业模式创新对原有商业模式有所变革，同时变革的力度仍有限。所以，对原有商业模式有所改良，但又缺乏革命性。

改良性商业模式创新，我们一般可理解为构成要素的创新。就是通过改变商业模式的构成要素以及它们之间的关系，来实现商业模式创新。一般而言，我们认为，企业产品服务（或价值主张）、目标客户、供应链（或伙伴关系）以及成本与收益模式是商业模式的核心构成要素。为此，Weill 等（2001）强调了改变要素之间关系的重要性，他们提出了“原子商业模式”的概念，并指出每个原子商业模式都具有战略目标、营收来源、关键成功因素和必须具备的核心竞争力这四个特征，通过改变原子商业模式的组合方式就可构成新的商业模式。Voelpel、Leidold 和 Tekie（2004）认为，商业模式创新要从客户、技术、组织基础设施和盈利四个方面进行系统考虑，同时还强调了商业模式创新思维的系统性和与外部环境匹配的重要性。Osterwalder（2004、2007）更具体地指出，在商业模式这一价值体系中，企业可以通过改变价值主张、目标客户、分销渠道、顾客关系、核心能力、价值结构、伙伴承诺、收入流和成本结构等因素来激发商业模式创新。可以说，上述构成要素创新都是基于改良性商业模式创新的具体实施可选择途径。

对于云计算企业而言，也是在探讨如何对原有商业模式的构成要素进行有效组合，进而实现云计算企业商业模式创新。对于很多云计算企业，要想实现价值创造，就不能仅停留在盈利模式方面，还要考虑资本运作、考虑组织能力、考虑资源整合能力等，通过对云计算企业主要涉及的六大主要构成要素，来实现对原有商业模式进行的改良性商业模式创新。

（三）云计算企业颠覆性商业模式创新

颠覆性商业模式创新是对原有的商业模式实现破坏性毁灭的同时，创造出一种全新的商业模式。这种商业模式创新是通过破坏性创新方式对原有商业模式进行全颠覆。破坏性创新是使企业显著改变传统竞争规则，并改变现有市场需求的创新。破坏性创新是开拓新的技术、产品、服务、过程或商业模式，使企业改变其原有的竞争规则，转变现有市场的需求，破坏先前关键竞争者的竞争力。

颠覆性创新源自熊彼特的破坏性创新，也就是对企业进行完全颠覆性或者破坏性创新。“破坏性创新”这一理论的最早提出，是 20 世纪上半叶最重要的创新学派奥地利经济学家熊彼特所称的“创造性毁灭的过程”，即“通过新产品、新市场、新产业组织，不断地破坏旧结构，创造新结构”。后来，克莱顿·克里斯滕森（1997）也提出了破坏性创新。所谓破坏性创新是利用技术进步效应，从产业的薄弱环节进入，颠覆市场结构，进而不断升级自身的产品和服务，爬到产业链的顶端。要实现破坏性创新必须具备三个条件：是否由于新技术的发展，使得应用这样的产品和服务变得更加简便；是否存在一些人愿意以较低价格获得质量较差但尚能接受的产品和服务；该项创新是否对市场现存者都有破坏性。可以说，破坏性创新具有如下特征：一是非竞争性。与维持性创新旨在满足高端市场不同，破坏性创新初期通常立足于低端市场或新市场，使其能够避免过早地与大企业发生正面冲突，从而为自身成长创造一个良好的外部环境。二是低端性和简便性。尽管破坏性创新产品的性能没有高端市场产品好，但它为消费者带来了极大便利，使原本必须由专业人士解决的问题，消费者自己就可以解决。低端和简便使产品的价格更低廉，进而吸引更多的消费者。三是顾客价值导向性。破坏性创新能够帮助顾客解决问题，这是其价值所在，即帮助顾客创造价值。四是产业竞争规则的颠覆性。技术和需求的变化会导致产业竞争规则的改变。

不仅如此，“破坏性创新”的表现形式也各种各样，具体包括以下几种：

第一，破坏性技术。某些技术取代常规技术，它在价格上更优、性能上能满足直接客户基本的需要，这种技术可以是技术的升级，也可以是破坏性技术、颠覆性技术。例如，在计算机产业，光盘驱动器取代了磁盘驱动器，因为前者能以更低的价格存储更多信息；移动U盘取代了传统的磁盘；这些都是具有颠覆性的技术。这些具有升级性、破坏性和颠覆性的技术，就有可能催生出破坏性产品、催生出新的细分市场以及催生出具备颠覆性的商业模式。

第二，破坏性产品。这些产品或服务以更佳性能或更低价格取代了已有的相似产品或服务。例如，移动电话已成为固话的补充，甚至通常作为替代品。经济型酒店以其更低的价格和能满足旅客基本的商旅服务需求的优势，对传统星级酒店进行了破坏性颠覆。

第三，破坏性方法。随着产业的发展，一些具备破坏性质的方法被发明出来，这些方法经常比传统方法好，而且由于其更佳性能或更低价格，还将为那些采用它们的企业带来竞争性优势。当戴尔公司采用准时制（Just-in-Time）方式组织电脑配件生产时，充分降低了仓储费用，从而超越了竞争者。类似地，从消费者直到供应商的集成供应链管理，为思科公司的互联网设备销售带来了竞争性优势。

第四，破坏性商业模式。在许多现有的或新的行业领域，通过破坏性技术、破坏性产品或破坏性经营方法，都可以催生出一种新的破坏性商业模式，并依靠这种商业模式对原有企业商业模式形成挑战或超越。例如，西南航空公司依靠低成本的短线飞机的商业模式，对传统的航空公司造成了巨大冲击。百度公司依靠网络技术和竞价排名的商业模式，满足了众多中小企业寻找客户的需求，从而为百度创造了巨大的利润。而这里说的颠覆性商业模式创新指的就是破坏性商业模式。也就是说，通过颠覆之前的商业模式，而破坏性技术、破坏性产品或破坏性经营方法都可以催生出一种新的具有颠覆性的商业模式，并依靠这种商业模式对原有企业商业模式形成挑战或超越。

可以说，云计算企业商业模式本身是一种破坏性商业模式，是对原有商业模式的完全颠覆性的商业模式创新，即重新定义顾客价值、改变提供产品或服务的路径、改变收入模式等方式实现。如何整合企业内外创新资源，实现创新要素的有效配置和运用，以创造出全新的商业模式，是企业商业模式创新成败的关键。基于价值创造这一目的，通过云计算这一破坏性技术、面向企业提供云存储、云搜索、云服务等破坏性产品或服务，以及利用云平台这种集中资源管理的破坏性方法，从而实现云服务的多种盈利模式，进而实现云管理的商业模式创新。

综上，作者认为，云计算企业应该选择的实施路径必然是基于颠覆性商业模式创新。一方面，云计算企业商业模式必须是对原有商业模式进行完全颠覆，并重新构建新的商业模式；另一方面，云计算企业商业模式根据其服务的特性，运用云计算平台，提供云服务，满足企业需要，确保企业价值创造的实现。

第四节 云计算企业商业模式的风险控制与评价标准

云计算企业商业模式创新是基于上述实施路径来进行商业模式创新的。在实施过程中，肯定会存在诸多风险要加以控制。与此同时，对于云计算企业商业模式的具体实施结果我们也要进行评价，为此我们也制定了专门的评价标准。

一、云计算企业商业模式创新风险控制

云计算从诞生之日起，就受到信息产业、学者、政府和企业的追捧。就目前来看，云计算在很多信息高科技企业都获得了一定的成功，企业争相“入云”，很多企业和地方开始建立大型云计算中心，云计算大有席卷神州之势。然而，在这个云计算热潮的背后，我们应该清醒地看到云计算企业背后的风险。主要的风险包括资金风险、云计算泡沫风险、全球市场竞争加速以及企业转型风险，如图5-6所示。

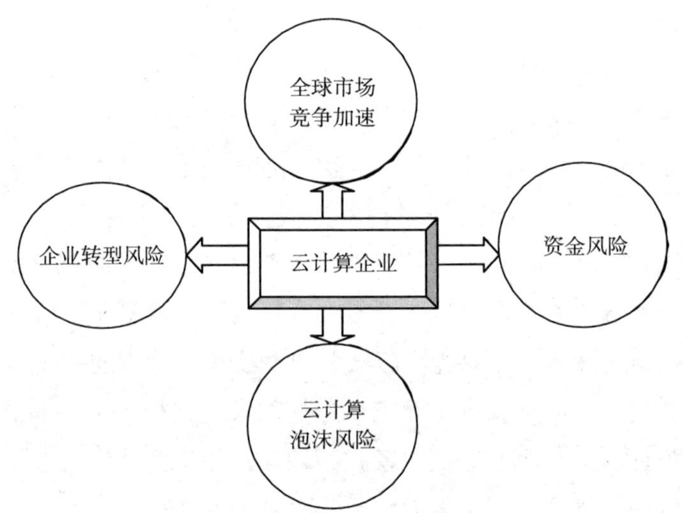

图5-6 云计算企业的四大风险

第一，资金风险。云计算是一个新兴的技术，是一种成长中的商业模式，需要大量的资金和技术投入，其前期成本是非常巨大的，导致了云计算企业前期利润和营业收入下降。例如，Microsaft、Google Amazon等国外大型企业投入云计算的经费以上百亿美元计；而国内云计算企业，诸如华为、中兴、阿里巴巴等，也为云计算投入了几十亿的资金；而各地“公有云”及云计算中心的建设更是耗费巨资。虽然，随着Microsaft、Google Amazon规模巨大数据中心的建设，其成本越来越低，但是其部分合作伙伴仍然将面临长期的成本挑战。就目前来看，云计算还是一个不成熟的事物，虽然这些企业“入云”之后取得了一些成果，但是其收入目前远不能弥补其投入。如此巨大的资金投入对于企业来讲是一种风险，只

有实力异常雄厚的企业才能抗击这种风险。

第二，云计算泡沫风险。技术生命周期理论是由R.弗能和M.G.哈维提出的，他们认为，技术也像商品一样，从发明到普及，再到消亡，存在一个生命周期。同时在这个周期里存在一个“新兴技术生命炒作周期”，所谓“炒作周期”（Hype Cycle）指的是由Gartner公司发现的硅谷科技公司及相关技术的成长曲线，Gartner通过“炒作周期”曲线将一项新技术从产生到成熟，直至被市场广泛接受的全过程浓缩为五个阶段。这五个阶段分别为技术触发期、过热期、幻灭期、复苏期、生产力成熟期。所谓的“过热期”就是概念炒作达到顶峰，被业界和媒体广泛关注，并对新技术产生了大量期望，并开始大量的投入。目前，特别是在国内，各级政府大量上云计算项目，大量企业也跟着急忙“入云”，媒体和业界对云计算的关注也达到顶峰，同时，很多地方政府和企业假借云计算圈钱圈地，然而，却很少有人关注能真正用在实际的云计算究竟有多少。市场容量究竟如何，其背后的市场泡沫又有多少，这对于云计算企业来讲是一个重要风险，不得不加以防范与调查。

第三，全球市场竞争加速。在云计算里，竞争是经常发生的事情，而没有先后顺序的集体行为更可怕。如亚马逊宕机事故，每一个可用空间、每一个节点都在抢，其结果就是大量的连接流量被用来分配空间该给哪个节点而进一步延迟整个系统。由于看到云计算的未来前景，世界各大信息科技企业无不争相“入云”，以期在这个新兴市场中抢占先机。云计算会对传统的硬件和软件制作商造成冲击，原有的计算机硬件设备或软件卖给用户的，现在只能卖给几个超级计算中心，这使得这些厂商随之衰落，现有厂商的利益受到威胁。而且，如果市场上仅有几家云计算提供商进行竞争，势必会导致竞争的激烈化。这些云计算服务提供商面对的不只是国内的竞争，其要面对的还有全球竞争，在全球范围内争抢资源。这些企业如何面对全球竞争加剧的风险，是企业进入云计算领域必须面对的问题。

第四，云计算带来的企业转型风险。可以认为云计算是信息经济的一场革命，它不单单是一种技术创新，而且是一种商业模式的变革。作为云计算运用者的中小企业，由于运用云计算改变了企业的信息管理基础架构，企业的管理模式和方法也会发生改变；同时，作为云计算服务提供商，其企业的业务、管理模式、成本收益等都会发生变化，例如，由于云计算的兴起，用户也开始增加虚拟服务器的投入，而不是购买物理服务器，业务模式可能由服务器硬件提供商模式转变为客户方案解决模式。这种变革导致的企业转型是一种机遇，然而，企业转型背后的风险确实不可忽视。

二、云计算企业商业模式的评价标准

云计算是未来发展的方向，它使各个组织真正实现业务需求和IT供应的整合，同时减少资源的浪费。云计算是正处于一个发展中的事物，在业界或者是学界还没有一个统一的标准来衡量云计算企业商业模式，本书尝试着从以下几个方面对云计算企业的商业模式进行衡量：

第一，相关性标准。这里的相关性是指云计算与现有企业应用模式之间的匹配相关程度，这种相关性体现在以下几个方面：云计算需要统一的平台，使用户可以方便地从现有系统转换到云计算；云计算需要解决离线使用的问题；云计算仍需要与丰富的本机应用相结合，在使用云计算服务的同时，需要提供足够的服务来满足客户的体验。

第二，可靠性标准。对于使用或者准备使用云计算服务的公司来讲，可靠性可谓是一个非常重要的衡量标准，只有解决了可靠性问题，云计算企业的商业模式才能算较为成熟。可靠性主要来自以下几个方面：服务器可能遇到问题而停止工作进而影响用户的使用；在数据传输方面的潜在问题也可能会影响用户使用，如网络连接出现问题。可靠性是影响客户对云计算是否放心的一个重要因素，故云计算企业应该重点关注可靠性标准。

第三，资源虚拟化。资源虚拟化将帮助云计算平台更加高效地进行资源管理和调配，从而提升云计算平台的竞争力。把资源虚拟化并聚合成池能够增强业务灵活性和连续性、增强资源可管理性、减少整体拥有成本。同时，服务的提供由一组资源支撑，对于服务来讲，资源组中的任何一个物理资源都应该是抽象的、可替换的（现有IT服务的部署与物理资源绑定）；同一份资源被不同的客户或服务共享，而非隔离的、孤立的。

第四，具有大规模的计算及存储资源。大规模的计算与存储资源是云计算的基础，而且这些资源被集中存放并管理，就好比是发电厂，源源不断地对外提供计算能力和存储能力。与带宽一样，计算资源与存储资源也经历了性能从低到高，成本从高到低的过程，这成了信息时代的源动力。

第五，持续的服务更新与孵化。云计算提供的各种服务能力可随使用者需求的变化而不断演化，并孵化出新的能力。同时，这种改变可做到向下兼容，即保证原有使用者的持续使用，而现有的软件使用模式缺乏这种持续更新的能力。

第六，可计量的资源使用。在现有 IT 服务管理模式下，缺乏对资源使用的计量，运营商和服务提供商只能按照流量或者是具体产品进行收费。云计算与资源共享相关，在共享的基础上，服务提供者可通过计量判定每个服务的实际资源消耗，用于成本核算或计费，能够像水电一样，按需求消费，使用的资源也能够计量。

第五节 政策建议

在当前的云计算产业链中，除了作为云计算的用户，政府在产业政策制定、信息基础设施建设、运行监控审计、国际标准制定、国际合作交流等方面承担了重要的作用。为此，对发展云计算企业，建立云计算产业链向政府提出如下政策建议：

第一，产业政策与法规的制定。云计算在中国掀起的热潮不仅受益于 IT 厂商的推动，政府在其中发挥了不可替代的重要促进作用。没有政府的规划和引导，就没有云计算产业的健康、良性发展。没有政府制定的产业促进措施，云计算产业就不可能在中国市场获得如此高速度成长。同时，一个适度宽松的云计算发展环境，对产业的整体推进甚为重要。一方面，只要政府保持“自主、可控、高效”的原则，对于新兴的云计算服务模式可以充分鼓励其成长与发展；另一方面，地方政府在大力贯彻落实中央政府制定的规划和政策的同时，需立足于本地区、城市的发展现状，制订切合实际的地区、城市云计算发展规划、行动计划。因此，明确我国发展云计算应用和云计算产业的总体思路，确定云计算发展不同阶段的战略步骤，并以政府机构的名义发布相关的研究成果，为云计算产业的发展指明方向。同时，借鉴美国、日本等发达国家的经验，总结各地方、各大企业探索云计算应用的利弊，在充分调研的基础上，制定未来几年云计算产业的发展规划或指导意见，为云计算应用发展建立一个良好的市场预期和政策环境。此外，还要制定云计算安全法律法规，明确各方责任。应以法律形式明确云服务提供商与用户之间的责任和义务，并以此法规为指导确定云服务的合同范本。用户与服务商之间需要签订协议，具体规定一些详细的责任条款及承担的后果。用户应理解法规的影响、服务提供商处理数据安全的方式以及公司的知识产权是否存在风险等问题。最后不得不强调的是，对于产业政策和法规制定，目前我国也出台了一系列有关云计算实施和试点的政策和法规，但是，政策和法规还必须具体地实施到位，落到实处才行。

第二，加强信息基础设施建设。“十二五”规划信息技术基础设施建设布局，一定要充分考虑云计算发展的需求，避免基础设施成为云计算应用的“瓶颈”。为此，工业和信息化部已经提出，要以新一代网络为契机，进一步加强网络基础设施建设，尤其是下一代宽带互联网的建设，但是目前的规划主要是基于多网业务融合的需要考虑的。同时，在基础设施建设规划中，应统筹考虑大规模数据中心的建设和布局。应在规划基础设施时，考虑全国性数据中心的建设和布局，基于云计算技术建设整合虚拟化、自动化、广域数据加速、安全以及绿色节能的新一代数据中心，为云计算市场增长提供有力保障。在市场准入方面，应考虑对有条件的云计算服务商发放全国性数据中心牌照，同时注意区域布局问题，避免不必要的重复建设。

第三，加强对云计算产业的监管和审计工作。政府是云计算产业的环境营造者、规则制定者以及产业运营监督者。政府通过相关法律法规的制定，对产业准入资格审核、数据安全、灾备、云技术和服务标准、服务水平协议等内容进行清晰的界定，例如，清晰界定政府的哪些数据可以入云，哪些不可以，为产业有序运行打造良好的环境。与此同时，政府还要建立云计算安全审计制度。应建立审计标准和制度，定期对云服务提供商进行以安全为主要内容的全面评估，以提高服务商内部操作的透明度，保证其可靠性。建立审计制度的目的在于通过第三方验证来确保、促使云服务供应商对客户数据提供保护。对审计的结果应该予以公示，不符合审计标准的厂商应勒令其停业整顿。

第四，完善各种云计算标准的制定。由政府带头，由业内企业参与制定统一的云计算标准，结束目前云计算按各自标准提供服务的境况，实现用户数据和应用程序从一个云计算服务到另一个云计算服务的无缝迁移。目前，以跨国公司为主导的国际组织已经开始成立相关机构，并在有关国家成立分支机构，积极倡导和参与云计算国际标准的制定。在这种形势下，应由国内社会团体出面，积极开展云计算国际标准研讨交流活动，争取获得同国际云计算机构对等交流的资格。鼓励国内企业或者机构尽快加入云计算国际组织，成为组织成员，并在我国成立分支机构，直接参与国际标准的制定工作。同时，应该在接受国际先进技术标准的同时，大力提倡自主知识产权标准的制定，并将知识产权政策、产业研发政策和标准化政策协调起来，逐步建立云计算的国家标准体系。政府部门在制定标准时，应该使标准的制定程序和过程更加公开、透明，积极鼓励国内龙头企业参与国家标准的制定工作。

第五，培育扶持具有国际竞争力的领头试点。当前，我国云计算应用的不足之一就是缺乏有说服力的最佳实践，也缺少成功的示范点。因此，一方面，国家应该主抓有国际竞争力的标杆企业，形成行业应用示范。形成行业应用示范对整个云计算产业的良性发展甚为重要。政府与龙头企业合作成为促进产业发展的最常见、最经典的方式，效果显著。但是依据何种标准选择合作企业，需要地方政府具有超凡的决策智慧。另一方面，着力试点示范，由点到面推进云计算产业全国统筹规划布局。政府应当全面评估云计算的影响，选择重点领域进行示范试点。梳理本地重点产业的发展需求，评估云计算的产业价值和经济带动力，以明确云计算应用领域的方向与发展定位。在产业链角度，选择有影响力和带动性的重点产业环节作为发展重点。因此，在核心产业环节，应适度扶持具备关键技术能力与产业优势的企业，发挥积极的示范与导向作用。可以考虑以各个产业环节的骨干企业为主体，建立国内的云计算产业联盟，通过上下游产业的相互协调、相互带动，提高国内云计算厂商的制造和服务能力。

第六，加强云计算国际合作交流。云计算最早由国外厂商提出并付诸应用，且当前国际上主流的云计算服务提供商主要集中在美国和欧洲。云计算在欧美等发达国家已经有了较为成熟的应用模式和盈利方式。因此，加强与欧美等国政府和相关机构及企业的合作，推进世界级的中国云计算实践极为必要。一是政府层面的合作可以集中在云计算相关产业政策和立法上面，包括云计算相关标准的国际化方面，以此形成具有国际视野的云计算实践。二是鼓励中国企业和国际领先企业交流、合作，力促吸取国际推广云计算应用和服务的成功经验，引进先进的服务理念和技术，以增强中国本土企业在云计算产业中的核心竞争力，从而提高政府对云计算产业的自主、可控。三是牢牢把握“自主、可控、高效”的原则，欢迎国内外所有企业参与中国云计算产业的发展。四是在引进外资方面，政府可以制订云计算服务提供商的准入制度，对提供商的基础资源情况、运维能力、安全资质、信用水平等各方面提出严格要求。

第七，总结地方政府推进云平台建设的经验，适时启动中央政府云平台的建设。可先以某一种重要公共服务为试点，建立面向全社会的电子政务和便民服务云平台。在建设和运营过程中，探索发展云计算应用的问题与经验，为云计算行业的发展起到引领带动作用，并为政策制定提供依据。同时，可以考虑将各部委内部信息基础设施予以整合，按照统一的规划和标准，主要依托国内设备和自主技术，建立中央政府的“内部信息云”，使信息在中央政府各部委之间实现内部共享。“内部信息云”的建设将有利于降低建设成本，节约财政支出，通过统一的设备升级和安全管理，提高政府内部信息系统的可靠性。

第八，除了资金支持之外，政府也应对云计算企业加以政府采购扶持。“2011年，我国政府采购将加大对服务类采购项目的实施力度，争取将更多的公共服务、专业服务等传统服务项目纳入政府采购范围；积极探索合同能源管理、‘云计算’等新型服务业态的政府采购工作，不断拓展服务类采购领域。”为此，财政部发布的《2011年政府采购工作要点》首次把新型服务业态的采购纳入政府采购范围，也预示着提供云计算、云服务等新型服务业态的企业将迎来新的机遇。

本章小结

本章主要是对云计算企业商业模式创新的实施路径与政策建议进行阐述。首先，本章就云计算企业商业模式创新动力、时机进行分析，指出创新动力包括产业推动、技术应用、竞争驱动、政策支持、客户需求、集中资源管理和企业内部管理，创新时机则包括IT企业顺势而为、企业转型升级、拓展新业务和云平台管理等，还就云计算企业商业模式创新管理进行了介绍。其次，针对云计算企业，如半导体供应商、大型服务器制造商、管理服务提供商、云计算运用开发商、云计算电信运营商等，分析其商业模式的盈利来源。然后，就云计算企业商业模式创新的实施路径展开剖析，包括构建原则以及具体的实施路径等。对于云计算企业商业模式创新实施路径选择中，首次提出了完善性商业模式创新、改良性商业模式创新和颠覆性商业模式创新。再次，就云计算企业商业模式实施的风险控制和评价标准展开分析。最后，指出了发展云计算产业需要政府的政策支持，并提出了几大建议。

第六章 结论与展望

尽管商业模式可谓千差万别，但是商业模式背后是通过为特定客户群体提供价值从而获得丰厚的利润回报。目前，对商业模式的研究还不够深入，但已成为一个独立的研究领域，不仅成为学者研究的一大热点，而且也开始受到很多企业家的关注。正如管理学大师彼得·德鲁克所言："当今企业之间的竞争，不是产品之间的竞争，而是商业模式之间的竞争。"因此，在此背景下，研究企业商业模式创新及其关键因素可以获得企业产品如何寻找盈利点、企业如何盈利、企业有多少种好的盈利方式等问题的答案，且该研究具有十分重要的理论价值和现实意义。

本章主要是对前面的研究成果进行最终盘点，初步总结出研究的基本结论，并对未来研究进行展望。此外，本章还就研究的创新点和不足之处分别进行阐述，并根据在研究过程中碰到的难点问题，经过独立思考，大胆提出后续研究的方向建议。

第一节 基本结论

作为商业模式研究领域的一大热点，商业模式创新是打造一种全新的企业价值思维逻辑，通过全新的方式创造性地破坏来实现企业价值的全新增长。并不是改变商业模式中的某些要素，甚至改变这些要素后给企业的营业额、利润率等带来了绩效改善，就可以称为商业模式创新。商业模式创新是全方位的系统性创新，以全新的方式重新组合企业的各项业务及其流程。对于商业模式创新的研究，主要有三个关键问题需要突破：一是基于企业商业模式创新建立机制的模型研究。二是相关因素之间的内在逻辑规律、相关因素的假设及实证分析是否成立。三是多个公司不同角度的分析和推理是否具有普遍性，对类似公司是否具有借鉴价值和现实意义。由于相关文献和公司的成功案例并不多，所以这也是本书的重点和难点所在。

本书以云计算企业为研究对象，以商业模式创新为研究视角，对云计算企业商业模式创新展开实证和案例研究，以期探索出适合我国云计算企业发展的创新商业模式。为此，本书以我国云计算试点地区的深圳、北京等地有代表性的云计算企业为调研对象，展开了问卷调研和实证分析，在此基础上，构建了云计算企业商业模式创新的理论模型。不仅如此，本书还对国内四家比较有特色且具有代表性的本土云计算企业，包括深圳的天威视讯、金蝶软件、卓望数码和上海贝岭分别进行了案例研究，指出每家公司如何从原有的商业模式向云计算商业模式转型的，同时进一步验证之前所构建的云计算企业商业模式创新的“5+1”模型。因此，本书的主要研究结论总结如下：

第一，本书以本土的云计算企业为调研对象，采用随机抽样的方式，搜集了来自深圳、北京等地有代表性的云计算企业的中高层管理人员关于企业商业模式创新的问卷调研数据，并通过对数据处理，采用SPSS的探索性因子分析和问卷的信度和效度分析，一方面验证了调查问卷的有效性，另一方面也提取出了构成云计算企业商业模式创新的六大因子，并分别将其命名为行业选择与战略定位、盈利模式、资源整合能力、资本运作、组织能力、价值创造，这六个潜在变量又具体分别由3个、5个、7个、3个、4个、9个观测指标来反映。可以说，正是这些因子的存在和相互作用，才使得云计算企业不断创新自身的商业模式。

第二，根据实证调研，我们发现，云计算企业商业模式创新由六大因子构成，包括价值创造、资源整合能力、盈利模式、组织能力、行业选择与定位和资本运作。这些因子都直接影响着云计算企业的商业模式创新。为此，我们还拟构建了云计算企业商业模式创新模型。云计算企业商业模式创新“5+1”模型主要是由来自云计算企业的5种源动力和1个同一目标共同组成的。其中，5种源动力相互构成了一个同心圆，类似于一个包括外圈和内圈的轮子。内外圈在价值创造这一共同目标的作用下，轮子不断转动，云计算企业也才能不断前行。在云计算企业商业模式创新模型中，组织能力、盈利模式、资源整合能力，这三个因素共同构成了云计算企业发展的内部动力，而行业选择与战略分析和资本运作则是云计算企业发展必不可少的外部因素。云计算企业发展的内、外部因素共同作用也是为了价值创造。可以说，正是基于这六大构成要素之间的相互配合，也就构造了如今走向成功的云计算企业商业模式创新的“5+1”模型，即云计算企业五力合一创新企业商业模式。

第三，为验证实证分析结果，本书不仅构建了云计算企业商业模式创新的构成模型，而且还通过对云计算试点城市深圳、北京等地的四家本土云计算企业的商业模式创新展开案例分析，包括天威视讯、金蝶软件、卓望数码和上海贝岭，分析了这些企业如何从传统的商业模式向云计算商业模式成功转型，阐述了它们的云计算商业模式的创新路径，也就是它们的云计算商业模式的六大构成要素。其中，天威视讯从普通的有线电视转型到基于云计算的有线电视平台，提供了一种新的基础设施平台架构。金蝶软件从软件业务向咨询服务业务转型，旨在打造一个基于自主创新、自主知识产权的一体化云计算应用服务平台。卓望数码基于移动互联网和移动云计算，为中国移动提供端到端（从云端到客户端）的整体解决方案。上海贝岭则致力于成为世界一流的IDM公司，从制造加工企业转型为以集成电路设计为主业、制造为支撑的IDM企业。可以说，案例研究再次验证了我们之前所构建的云计算企业商业模式创新的“5+1”模型，同时也与之前的实证调研分析结果不谋而合。可以说，这些中国的本土企业，通过不断的商业模式创新，逐渐向云计算企业蝶变。这批新兴的云计算企业，既有传统的有线电视公司，也有比较现代的软件和信息服务公司，这必将进一步丰富我国云计算企业的商业模式创新案例。

第四，本书是在总结前人学者研究成果的基础上，对国内外关于企业商业模式及其创新进行了理论回顾与展望。通过搜集和整理有关国内外学者对企业商业模式及其创新的相关研究，对企业商业模式及其构成要素、企业商业模式创新及其理论进行了全面系统的研究综述。首先，对于企业商业模式的概念界定，作者主要从经济类、运营类、战略类和整合类的发展路径进行定义，并最终倾向于整合类的商业模式的概念界定。不仅如此，作者还对国内外学者关于企业商业模式构成要素的不同观点进行了汇总，并指出，基于不同的研究视角，不同学者对商业模式的构成要素提出了各自不同的见解。其次，对企业商业模式创新相关理论展开研究，包括对企业商业模式创新进行定义，从点、线、面及过程的角度对企业商业模式创新理论进行了阐述，以及对企业商业模式创新的动力、途径、实施、阻力等。最后，对企业商业模式创新进行了综合评述和研究展望。通过对商业模式及其创新的研究成果的系统梳理，并对其未来做出如下展望：商业模式创新的“合法性悖论”研究；企业商业模式创新的案例研究；商业模式及其创新价值评价。

第五，在对云计算企业商业模式创新的理论模型构建及相关云计算企业案例研究的基础上，本书还就云计算企业商业模式的实施路径和政策建议进行详细阐述。分析了云计算企业发展过程中存在的风险和障碍；指出了云计算企业商业模式的盈利来源、评估标准、构建标准和考虑因素；提出了实施路径和政府的政策支持。

第六，本书以云计算企业为例，第一次对云计算企业商业模式创新展开系统研究。可以说，云计算企业商业模式本身就是一种商业模式的创新。通过实证研究和案例研究相结合，同时验证了本书所提出的云计算企业商业模式创新的“5+1”模型，即由相互独立且相互关联的六个维度共同作用。通过对本土云计算企业商业模式创新研究，旨在探讨适合我国云计算企业的创新商业模式，进而对云计算企业未来发展提供借鉴和参考。

我们虽然做了大量的研究，但商业模式创新并没有固定的模式，某种程度上甚至比普通的产品和服务创新要难许多，需要企业打破传统思路，对企业文化、组织结构和资源配置进行深度变革。一个好的商业模式需要我们回答如下问题：能给客户带来什么价值？怎么赚钱？有什么资源和能力实现前两点？如何来实现前两点？仔细分析不难发现，这些要素相互关联，互相作用，从而创造价值并传递价值。

第二节 研究的创新点

通过对商业模式及其创新的国内外文献研究，我们发现，很多学者对商业模式及其创新主要还停留在以下几个问题："什么是商业模式?""企业如何选择适合自己的商业模式?""商业模式如何创新""老企业如何顺应时代的发展创新自己原有的商业模式，新生企业又该如何创造出新的模式以避开激烈的竞争"，到目前为止，还未形成一整套的理论体系，相关的研究成果也比较少。基于此，本书重点将研究影响企业商业模式创新的建立及其构成等关键因素，并形成如下主要创新点：

第一，通过对国内外商业模式创新理论及其构成要素进行分析、归纳研究，第一次提出了云计算企业商业模式创新的原创模型，即云计算企业商业模式创新的"5+1"模型，即以行业选择与战略定位、盈利模式、资源整合能力、资本运作、组织能力、价值创造六个内外部构成因素作为主因子，其理论模型可以说既具有一定的理论价值，也具有很强的实践意义。

第二，本书还首次对云计算企业商业模式创新展开相关的实证研究，根据文献研究法、电话访谈法、开放式问卷调查法等方法搜集此次问卷的有效项目，编制出有关云计算企业商业模式创新的调查问卷，并对深圳、北京等地的一些极具代表性的云计算上市公司和一批正准备进入云计算领域的 IT 企业中高层管理人员进行问卷调查，接下来，利用 SPSS17.0 统计分析软件，对调查数据进行探索式因子分析，最后提取出了六大因子，即云计算企业商业模式创新的六大构成要素。基于此，构建了云计算企业商业模式创新的理论模型。

第三，在参考国内外专家就企业商业模式的构成要素学说的基础上，结合云计算企业商业模式的实证调研结果，首次提出了云计算企业商业模式创新"5+1"模型，并从行业分析与战略选择、盈利模式、资源整合能力、组织能力、资本运作以及价值创造六个维度来研究云计算企业商业模式创新与企业经营绩效的关系。可以说，正是这六大构成要素的有机组合，才构建了云计算企业商业模式创新"5+1"模型。

第四，首次对我国本土云计算企业的商业模式进行案例研究，分析了这些云计算企业如何从原有的商业模式向云计算商业模式进行转型，并阐述了这些云计算企业商业模式创新的六大构成要素。

第五，通过相关的实证研究与案例分析，我们也发现，云计算商业模式创新模型的五大因子的重要性也有所不同，对此，我们专门做了研究，并首次提出我们的看法和见解，具体权重比例分别为：盈利模式（30%）、资源整合能力

(20%)、价值创造(20%)、行业选择与战略定位(10%)、资本运作(10%)、组织能力(10%),这说明盈利模式是商业模式最重要的要素。

对云计算及其商业模式创新理论研究才刚刚开始,未来的研究还有漫长的路要走,但对我国正在建设的云平台具有指导意义。相信这样的研究为现有理论创新增添了新的亮点和研究方向。

第三节 研究不足之处

在云计算企业商业模式创新的实证和案例研究中,一方面,采用调查问卷的方式逐一收集报告所需的测量数据,并加入数据分析;另一方面,选取自己熟悉的云计算企业为案例进行研究,但由于人力、物力、财力及各方面能力的限制,在研究过程中仍存在很多不足之处:

第一,本书主要定位于云计算企业的商业模式创新研究。也就是说,本书的研究结果对云计算企业的应用更具有代表性,但是目前云计算是一个新事物,云计算企业更是一个很模糊的概念,经常很难界定清楚,这就直接影响到本书的未来应用价值。所以,对云计算企业本身的研究有效性就存在一定的质疑,更何况是对其商业模式创新研究,更是有待商榷。至于本书的研究成果对其他领域的企业的借鉴价值就成问题。

第二,由于能力与精力所限,且本研究的样本总量需求较大,无法做到对全国各地云计算企业进行均匀抽样,包括按地域与行业,而只能采取随机抽样,特别是就近原则,选择对象大部分是深圳地区企业,所以,样本在数量和代表性方面有一定的局限性,有待在下一步研究中改进。

第三,对于本书的问卷而言,被调查者的素质,如对云计算行业的了解,对企业商业模式的熟悉程度都将影响问卷质量,虽然本次问卷调查的对象是企业的中高层管理者,但是对于高科技民营企业、外资企业的管理者来说,理解调研的问题相对深入一些。而对国有企业的管理者来说,还存在很多认知的误区。所以被调查者的选取也直接关系此次研究的有效性,因此,问卷收集信息也会存在问题。

第四，对于部分潜在变量的观察指标可能不够科学，但通过小规模的试调研与信度测试发现，很多被调查者对于一些词语表达比如价值需求、价值共享、价值传递、价值保护、价值载体、价值定位等理解还是不够，在填写问卷时显得力不从心，甚至出现乱填的情况，最后虽然简化了部分观察指标。对于这些部分观察指标的衡量其实也有待商榷和完善。

第五，本书还采用案例研究，选取了天威视讯、金蝶软件、卓望数码和上海贝岭四家云计算企业商业模式创新案例，在案例选择上可能有些主观成分，没有充分考虑云计算行业发展、地域分布、服务类型等来选择更多更具特色的代表性企业，以后有望加以改进。

第六，本书尝试对云计算企业商业模式创新的构建、实施等方面展开研究，但对创新动力、创新时机、策略选择、实施及其创新价值评价等方面研究还不深入。

总之，本书通过对现有理论和实践进行搜集、分析和归纳，提出了云计算企业商业模式创新理论模型及实证和案例分析，但该项研究才刚刚开始，未来的路还很长，虽然具有以上不足，但给后续研究提供了理论探讨基础和依据。

第四节 后续研究

云计算是一个新生事物，而商业模式创新又是一大研究热点。因此，云计算企业商业模式创新更是很多人都未曾想过的一个全新的研究领域。本书正是以此作为研究的出发点和归宿点。虽然大胆进行了实证分析和案例研究，可以说这只是一次很好的尝试，但研究还是远远不够的，存在很多局限性。作为未来的研究热点，云计算企业商业模式创新已引起了学者和企业家的高度关注。对此，我们认为，日后研究主要体现在如下几个方面：

第一，理论研究。目前，云计算企业商业模式创新的研究尚处于初步阶段，大多是关于定性的概念与定义讨论、研究框架讨论等，而且基于不同的理论视角，没有一个统一的说法，这就有存在整合各种流派观点的可能。当然，也有可能结合其他边缘学科或者新兴的科学技术。关于商业模式及其创新可以说是理论与实践相结合的产物。所以，企业的未来实践会极大丰富云计算企业商业模式创新理论。

第二，实证研究。目前对于云计算企业商业模式创新的研究非常少，几乎没有现成的参考资料，所以从初始问卷以及正式问卷的项目设计开始，到问卷的数据处理，包括采用 SPSS 进行探索式提取因子，以及信度和效度分析，都没有任何相关联的资料进行借鉴和参考。不过，随着研究过程的深入，有关云计算企业商业模式创新研究项目的内容也必将细化，提取的主要因子也会越来越得到认可。希望日后更多的研究会极大丰富并修正云计算企业商业模式构成的几大因子。

第三，案例研究。我们所选取的案例可以说是近年来研究成果的结晶。随着云计算产业的发展壮大和成熟，更多的云计算企业商业模式创新案例层出不穷，那么关于云计算企业商业模式创新的构成要素的研究和总结就更有说服力，同时也将再次验证我们之前所提出的云计算商业模式创新模型。案例研究是企业商业模式创新研究广泛采用的一种方法，后续商业模式创新研究应该加强更多案例研究工作，以弥补现有案例普遍性不足的问题。

另外，本书研究还仅仅停留在单一企业的商业模式创新研究上，随着云计算产业价值链的逐渐形成，研究方向会延伸到产业价值链上来分析企业商业模式创新，这就不是一个企业要打造的商业模式，而是围绕一个核心企业、一条价值链而打造的新型商业模式。也就是说，云计算企业的商业模式也不仅停留在自身，而是从云计算企业相关联的利益相关者方面去分析，并与其关联的供应商和客户建立一种长期的、更紧密的战略合作关系，这也就是基于价值链和供应链的商业模式创新思维。

参考文献

[1] Prahalad C. K., Hamel G. Thecore Competency of the Corporation [J]. Harvarvard Business Review, 1990 (5-6).

[2] Timmers P. Business Models for Elect Ronic Markets [J]. Journal on Electronic Markets, 1998, 8 (2).

[3] Hamel G. Lead the Revolution [M]. MA: Harvard Business School Press, 2000.

[4] Linder J., Cantrell S. Changing Business Models: Surveying the Landscape [R]. Accenture Institute for Strategic Change, 2000.

[5] Mahadevan B. Business Models for Internet-based E-Commerce: An anatomy [J]. California Management Review, 2000, 42 (4).

[6] Afuah A., Tucci C. Internet Business Models and Strategies: Text and Cases [M]. Boston: McGraw-Hill/Irwin, 2001.

[7] Applegate L. M. E-business Models: Making Sense of the Internet Business Landscape [A]. In Dickson G., Gary W., De Sanctis G (Eds.). Information Technology and the Future Enterprise: New models for managers [C]. New York: Prentice Hall, 2001.

[8] Amit R., C. Zott. Value Creation in E-Business [J]. Strategic Management Journal, 2001, 22 (6-7).

[9] Gordijn J., Akkermans J., Van Vliet J. Designing and Evaluating E-

Business Models [J]. IEEE Intelligent Systems, 2001, 16 (4).

[10] Hawkins R. The Business Model as a Research Problem in Electronic Commerce [J]. SPRU–Science and Technology Policy Research, 2001.

[11] Petrovic O., Kittl Teksten R. D. Developing Business Models for E–Business [R]. International Conference on Electronic Commerce, October31–November 4, Vienna, Austria, 2001.

[12] Weill P., Vitale M. R. Place to Space: Migrating to E–Business Models [M]. MA: Harvard Business School Press, 2001.

[13] Thomas Powell. Competitive Advantage: Logical and Philosophical Considerations [J]. Strategic Management Journal, 2001.

[14] Chesbrough, Henry, Richard S.Rosenbloom. The Role of the Business Model in Capturing Value from Innovation: Evidence from Xerox CorPoratien's Teehnology Spin–off Companies. Industrial and Corporate Change, 2002, 11 (3).

[15] Dubosson–Torbay M., Osterwalder A., Pigneur Y. E–Business Model Design, Classification and Measurements [J]. Thunderbird International Business Review, 2002, 44 (1).

[16] Gordijn J. Value–based Requirements Engineering–Exploring Innovative E–Commerce Ideas [D]. Vrije Universiteit, Amsterdam, 2002.

[17] Knecht F., Friedli T. Wege zur Intelligenten Positionerung von Industrielieferanten [R]. 2002.

[18] Magaly Dubosson, Alexander Osterwalder, Yves Pigneur. E–Business Model Design, Classification and Measurement [J]. Thunderbird International Business Review, 2002, 44 (1).

[19] Yogesh Malhotra. Knowledge Management and New Organization Forms: a Framework for Business Model Innovation [J]. Information Resources Management Journal, 2002, 13 (1).

[20] Michael Morris, Minet Schindehutte, Jeffrey Allen. The Entrepreneur's Business Model: Toward a Unified Perspective [J]. Journal of Business Research, 2003, 58 (1).

[21] Fumio Kodama. Measuring Emerging Categories of Innovation: Modularity

and Business Model [J]. Technological Forecasting & Social Change, 2004, 71 (4).

[22] Michael Hammer. Deep Change: How Operational Innovation can Transform Your Company [J]. Harvard Business Review, 2004, 82 (4).

[23] Michael Rappa. The Utility Business Model and Future of Computing Services [J]. IBM Systems Journal, 2004 (1).

[24] Mahadevan B. A Framework for Business Model Innovation [R]. IMRC 2004 Conference, Bangalore, India, December 16-18, 2004.

[25] Osterwalder A. The Business Model Ontology-a Proposition in a Design Science Approach [R]. Universite de Lausanne, 2004.

[26] Voelpel S., Leidold M., Tekie E. The Wheel of Business Model Reinvention: How to Reshape Your Business Model Leapfrog Competitors [J]. Journal of Change Management , 2004, 4 (3).

[27] Christoph Zott, Raphael Amit. Business Model and the Performance of Entrepreneurial Firms [Z]. The INSEAD Working Paper, December 5, 2005.

[28] Osterwalder A., Yves Pigneur, Chirstopher L. Tucci. Clarifying Business Models: Origins, Present, and Future of the Concept [J]. Communications of the Information Systems, 2005, 15 (5).

[29] Chesbrough H. Open Business Models: How to Thrive in the new Innovation Landscape [M]. Boston: Harvard Business School Press , 2006.

[30] Chesbrough H. The Open Innovation Model: Implications for Innovation in Japan [A]. Whittaker D. H., Cole, R. E. Recovering from Success: Innovation and Technology Management in Japan [C]. Oxford: Oxford University Press , 2006.

[31] IBM Global Services1 Business Model Innovation-the New Route to Competitive Advantage [EB/OL]. http: //www-051ibm1com/services/fi/cio/flexible/enflex_wp_ibm_businessmodel1pdf, 2006.

[32] Osterwalder A. Business Model Design and Innovation [EB/OL]. http: //business-model-design. Blogspot.com/, 2007.

[33] Andrew Brown. What Does Cloud Computing Really Mean for the Enierprise and Mobility. Strategy Analytics, Oct.2008.

[34] Carl Hewitt. ORGs for Sealable, Robust, Privacy-Friendly Clieni Cloud

Computing. IEE E Intemct Computing, Vol.12, No.5, Sep/Oct.2008. Earl Perkins. Identity Services in the Cloud.Gartner Researeh, June, 2008.

[35] Daryl C. Plutnmer, David W. Cearley, David Mitehell Smith. Cloud Computing Confusion Leads to Opportunity. Gartner Research, Jun. 2008.

[36] Frank E. Gillett. Future View: The New Tech Ecosystems of Cloud, Cloud Serviees, And Cloud Computing.Forrester Aug, 2008.

[37] Jonathan Edwards. Cloud Computing Steals the Show at Software 2008. Yankee Group Research. May 2008.

[38] Paul T. Jaeger, Jimmy Lin, Justin M. Grimes. Cloud Computing and Information Policy: Computing in a Policy Cloud? Journal of Information Technology & Politics, 2008 (7).

[39] Mark W. Johnson, Clayton M.Christensen, Henning Kagermann. Reinventing Your Business Model [J]. Harvard Business Review, 2008 (12).

[40] Brian Hayes. Cloud Computing.Conununieations of the ACM, Vol.51, No.7, Jul.2009.

[41] Greer Melvin B. Software as a Service Inflection Point: Using Cloud Computing to Achieve Business Agility [M]. Iunivese, INC.New York Nloomington, 2009 (4).

[42] Michael Armbrust, Armando Fox. Above the Clouds: A Berkeley View of Cloud Computing [R]. Technical Report No.UCB/EECS-2010-5, RAD Lab, EECS Department, UC Berkeley, 2009.

[43] Markus Klems, Jens Nimis, Stefan Tai. Designing E-Business Systems. Markets, Services, and Networks [M]. Springer Berlin Heidelberg, 2009.

[44] Rajkumar Buyya. Market Oriented Grid and Utility Computing [M]. Wiley Press, New York USA, 2009.

[45] Tianze Xia, Zheng Li, Nenghai Yu. Cloud Computing [M]. Springer Berlin Heidelberg, 2009.

[46] Christoph Zott, Raphael Amit, Lorenzo Massa.The Business Model: Theoretical Roots, Recent Development, and Future Research [P]. Working Paper WP-826, June, 2010.

[47] Deng Jiabin, Hu Juanli Liu Anthony Chak Ming. Virtualization, Application Streaming & Private Cloud Computing In a Training Laboratory [J]. Journal of Software, 2010 (11).

[48] Fabio Baroncelli, Barbara Martini, Piero Castoldi. Network Virtualization for Cloud Computing [J]. Annals of Telecommunications-Annales des Telecommunications, 2010 (12).

[49] Katarina Stanoevska-Slabeva, Thomas Wozniak. Grid and Cloud Computing [M]. Springer Berlin Heidelberg, 2010.

[50] Lizhe Wang, Gregor Laszewski, Andrew Younge, Xi He, Marcel Kunze, Jie Tao, Cheng Fu. Cloud Computing: a Perspective Study[J]. New Generation Computing, 2010 (4).

[51] Marcos Dias Assunção, Alexandre Costanzo, Rajkumar Buyya. A Cost-benefit Analysis of Using Cloud Computing to Extend the Capacity of clusters [J]. Cluster Computing, 2010 (1).

[52] Nabil Sultan. Cloud Computing for Education: A new Dawn [J]. International Journal of Information Management, 2010 (30).

[53] Belalem Ghalem, Bouamama Samah, Sekhri Larbi. An Effective Economic Management of Resources in Cloud Computing [J]. Journal of Computers, 2011 (3).

[54] Chin-Nung Liao, I-Liang Chih, Yan-Kai Fu. Cloud Computing: A Conceptual Framework for Knowledge Management System [J]. Human Systems Management, 2011 (6).

[55] Wang Lizhe, Tao Jie, von Laszewski Gregor, Marten Holger. Multicores in Cloud Computing: Research Challenges for Applications [J]. Journal of Computers, 2011 (6).

[56] 罗珉，曾涛，周思伟. 企业商业模式创新. 基于租金理论的解释 [J]. 中国工业经济，2005 (7).

[57] 王伟毅，李乾文. 创业视角下的商业模式研究 [J]. 外国经济与管理，2005 (11).

[58] 袁新龙，吴清烈. 顾客价值下的商业模式创新分析 [J]. 商场现代化，2005 (30).

[59] 李东. 基于结构特征的商业模式创新：路径类型、产业效应与策略体系[J]. 中国软科学，2006 (11).

[60] 李振勇. 商业模式：企业竞争的最高形态 [M]. 北京：新华出版社，2006.

[61] 高闯，关鑫. 企业商业模式创新的实现方式与演进机理 [J]. 中国工业经济，2006 (11).

[62] 张鸣. 价值链管理理论研究与实证分析 [M]. 辽宁：东北财经大学出版社，2007.

[63] 陈传明. 西方管理学经典命题 [M]. 江西：江西人民出版社，2007.

[64] 原磊. 商业模式体系重构 [J]. 中国工业经济，2007 (6).

[65] 原磊. 国外商业模式理论研究评介 [J]. 中国工业经济，2007 (10).

[66] 李曼. 略论商业模式创新及其评价指标体系之构建 [J]. 现代财经，2007 (27).

[67] 陈晓萍，徐淑英，樊景立. 组织与管理研究的实证方法 [M]. 北京：北京大学出版社，2008.

[68] 曾涛. 变者生存：创富时代的商业生态法则 [M]. 北京：机械工业出版社，2008.

[69] 钱志新. 新商业模式 [M]. 南京：南京大学出版社，2008.

[70] 刘世英，谢文辉. 赢在模式 [M]. 北京：中国民主法制出版社，2008.

[71] 乔为国. 商业模式创新 [M]. 上海：上海远东出版社，2008.

[72] 刘艳巧. 探析企业商业模式创新路径 [J]. 企业活力，2008 (10).

[73] 谢乃明，刘思峰. 关于家电流通企业商业模式的探讨 [J]. 商业经济与管理，2008 (10).

[74] 陈苏美. 企业商业模式创新研究 [J]. 合作经济与科技，2008 (13).

[75] 原磊. 商业模式分类问题研究 [J]. 中国软科学，2008 (5).

[76] 张婷婷，原磊. 基于“3-4-8”构成体系的商业模式分类研究 [J]. 中央财经大学学报，2008 (2).

[77] 邓仲华. 论云计算的价值 [J]. 图书与情报，2009 (4).

[78] 王龙. 基于服务架构的云计算研究及其实现 [J]. 计算机与数字工程，2009 (7).

[79] 陈全，邓倩妮. 云计算及其关键技术 [J]. 计算机应用，2009 (9).

[80] 袁国骏. 浅谈云计算及其发展应用 [J]. 实验室科学，2009 (2).

[81] 任锦鸾，吴妹. 服务业商业模式构建方法比较研究 [J]. 科学学研究，2009 (12).

[82] 洪峥. 创造独特的商业模式 [J]. 国际融资，2009 (12).

[83] 罗珉. 商业模式的理论框架述评 [J]. 当代经济管理，2009 (11).

[84] 蔡寿松，李玉荩. 新经济下企业商业模式创新与资本市场应对 [J]. 经济研究导刊，2009 (27).

[85] 张玉利，李海月. 新创企业的模式创新与竞争优势——多案例的比较分析 [J]. 学习与探索，2009 (5).

[86] 黄谦明. 论商业模式创新与企业家精神——基于资源基础观的分析框架 [J]. 改革与战略，2009 (8).

[87] 王勇. 阿里巴巴商业模式分析及借鉴 [J]. 价格理论与实践，2009 (12).

[88] 陈秋英. 国外企业开放式创新研究述评 [J]. 科技进步与对策，2009 (23).

[89] 王鑫鑫，王宗军. 国外商业模式创新研究综述 [J]. 外国经济与管理，2009 (12).

[90] 张权，高记平. 中外商业模式比较研究 [J]. 西安邮电学院学报，2009 (4).

[91] 霍春辉，刘力钢，张兴瑞. 供应链服务集成商业模式解析 [J]. 经济问题，2009 (7).

[92] 陈继祥，王敏. 破坏性创新理论最新研究综述 [J]. 科技进步与对策，2009 (11).

[93] 陈志武，孟群舒. 从全球首富看商业模式价值 [J]. 沪港经济，2009 (5).

[94] 王阅，谷丽丽，陈刚. 基于供应链管理的商业模式创新研究 [J]. 现代管理科学，2009 (11).

[95] 孙黎. 颠覆性创新的路径 [J]. 企业科技与发展，2009 (5).

[96] 季丹，郭政. 破坏性创新：概念、比较与识别 [J]. 经济与管理，2009 (5).

[97] 李建华，娄永海. 高新技术企业商业化运作个案分析 [J]. 经济纵横，

2009 (5).

[98] 张述冠. 商业模式与市场想象力 [J]. 21 世纪商业评论，2009 (4).

[99] 郭毅夫，赵晓康. 商业模式创新研究及发展展望 [J]. 企业活力，2009 (3).

[100] 原磊. 零售企业的商业模式创新 [J]. 经济管理，2009 (3).

[101] 郑晖. 危机下如何调整商业模式? [J]. 宁波经济，2009 (3).

[102] 张玉利，田新，王晓文. 有限资源的创造性利用——基于冗余资源的商业模式创新 [J]. 经济管理，2009 (3).

[103] 孙鳌. 以研发联盟推动企业集群的产业升级 [J]. 当代经济研究，2009 (2).

[104] 郭朝阳，吕秋霞. 成员参与动机对虚拟社区商业模式的影响 [J]. 中国工业经济，2009 (1).

[105] 王萌，王晨，李向民. 数字内容产品特征及其商业模式研究 [J]. 科技进步与对策，2009 (2).

[106] 王颖晖. 创新内涵下的知识密集型服务业盈利模式研究 [J]. 经济问题，2009 (1).

[107] 王阅，谷丽丽，陈刚. 基于供应链管理的商业模式创新研究 [J]. 现代管理科学，2009 (1).

[108] 王少海，胡晓娣. 基于价值链演变视角的商业模式创新研究 [J]. 商场现代化，2009 (10).

[109] 黄谦明. 论商业模式创新与企业持续竞争优势 [J]. 商业时代，2009 (16).

[110] 乔为国. 大力推动商业模式创新 [J]. 中国经贸导刊，2009 (11).

[111] 彭晓燕. 微笑曲线与中小制造企业商业模式的转变 [J]. 技术经济与管理研究，2009 (3).

[112] 乔为国. 商业模式创新 [M]. 上海：上海远东出版社，2009.

[113] 吕振通. SPSS 统计分析与应用 [M]. 上海：机械工业出版社，2009.

[114] 贾丽艳. SPSS 统计分析标准教程 [M]. 北京：人民邮电出版社，2010.

[115] 罗应婷. SPSS 统计分析从基础到实践 [M]. 北京：电子工业出版社，2010.

[116] 魏炜，朱武祥. 发现商业模式 [M]. 北京：机械工业出版社，2009.

[117] 彭志强，刘捷，胥英杰. 商业模式的力量 [M]. 北京：机械工业出版社，2009.

[118] 李兰. 企业家精神：2009 中国企业家成长与发展报告 [M]. 北京：中国人民大学出版社，2009.

[119] 金焕民，刘春雄. 持续增长 [M]. 北京：企业管理出版社，2009.

[120] 纪永英. 创新的盈利模式 [M]. 北京：机械工业出版社，2009.

[121] 王方华，徐飞. 盈利模式 3.0 [M]. 北京：机械工业出版社，2009.

[122] 王炳成. 商业模式研究综述及展望 [J]. 经济与管理评论，2009 (6).

[123] 杨国安. 组织能力的“杨三角”企业持续成功的秘诀 [M]. 北京：机械工业出版社，2010.

[124] 孟鹰，余来文. 企业战略：基于动态战略能力的观点 [M]. 北京：中国经济出版社，2010.

[125] 刘旗辉. 何为商业模式 [J]. 企业管理，2010 (1)：73-74.

[126] 曹阳. 信息安全问题云计算 [J]. 科技信息，2010 (3).

[127] 王锡秋. 基于商业模式创新的企业能力发展研究 [J]. 商业研究，2010 (7).

[128] 欧阳峰. 商业模式创新研究的演化路径与展望 [J]. 科技管理研究，2010 (12).

[129] 张艾斌. 云计算模式与云安全问题研究 [J]. 科技论坛，2010 (6).

[130] 王炳成，李洪伟. 破坏性创新商业模式“合法性悖论”的突破方式研究 [J]. 科技进步与对策，2010 (11).

[131] 倪宁，蒋勤峰. 商业模式的内涵与应用价值小议 [J]. 现代管理科学，2010 (7).

[132] 庄建武. 基于构成要素的企业商业模式重塑问题探讨 [J]. 商业时代，2010 (5).

[133] 丁敏. 社会企业商业模式创新研究 [J]. 科学经济社会，2010 (1).

[134] 徐苏涛，王德禄. 商业模式创新从讲故事开始 [J]. 国际融资，2010 (8).

[135] 陶冶. 物联网产业商业模式的探索与创新 [J]. 南京理工大学学报，

2010（4）.

［136］梁云志，司春林. 孵化器的商业模式研究：理论框架与实证分析［J］. 研究与发展管理，2010（1）.

［137］纪慧生，陆强，王红卫. 商业模式设计方法、过程与分析工具［J］. 中央财经大学学报，2010（7）.

［138］张敬伟. 商业模式的五种创新［J］. 企业管理，2010（3）.

［139］王鑫鑫，王宗军，涂静. 基于系统视角的软件企业商业模式创新研究［J］. 情报杂志，2010（6）.

［140］王晓明，谭杨，李仕明，沈焱. 基于“要素—结构—功能”的企业商业模式研究［J］. 管理学报，2010（7）.

［141］韩炜. 基于商业模式创建的新企业成长过程研究［J］. 软科学，2010（9）.

［142］李东，王翔，张晓玲，周晨. 基于规则的商业模式研究——功能、结构与构建方法［J］. 中国工业经济，2010（9）.

［143］司春林，梁云志. 孵化器的商业模式与自身发展——典型案例分析［J］. 经济管理，2010（10）.

［144］郭锴. 企业价值链与商业模式创新的路径关系——基于电视传媒企业的分析［J］. 经济管理，2010（7）.

［145］王茜. IT 驱动的商业模式创新机理与路径研究［J］. 管理学报，2011（1）.

［146］姚伟峰. 公司治理与商业模式创新路径的选择［J］. 商业经济与管理，2011（3）.

［147］余来文. 创业型企业商业模式的构成要素研究［J］. 当代财经，2011（12）.

［148］陈明，余来文. 商业模式：创业的视角［M］. 厦门：厦门大学出版社，2011.

［149］徐耀. 中国互联网商业模式之殇［J］. 企业管理，2011（1）.

［150］林子鱼，卢渐. 哪类商业模式最受宠？［J］. 21 世纪商业评论，2011（8）.

［151］吕鸿江，刘洪. 基于匹配视角的商业模式与战略关系分析［J］. 东南大学学报，2011（2）.

[152] 高柱. 重构商业模式 [J]. 经理人，2011 (3).

[153] 陈倩如，杨成森. 商业模式发展综述 [J]. 经济研究导刊，2011 (19).

[154] 李其中. 物联网技术及其商业模式探讨 [J]. 商业时代，2011 (18).

[155] 高峻峰，银路. 基于生命周期的网络企业商业模式研究——以腾讯公司和金山软件公司为例 [J]. 管理学报，2011 (3).

[156] 格雷格·莱弗里，克里斯. 曼宁，张沁. 寻找未来的增长引擎 [J]. 21 世纪商业评论，2011 (2).

[157] 沈永言，吕廷杰. 商业模式创新的五大基本理念 [J]. 企业管理，2011 (3).

[158] 龚丽敏，江诗松，魏江. 试论商业模式构念的本质、研究方法及未来研究方向 [J]. 外国经济与管理，2011 (3).

[159] 张敬伟，王迎军. 商业模式与战略关系辨析——兼论商业模式研究的意义 [J]. 外国经济与管理，2011 (4).

[160] 王雎，曾涛. 开放式创新：基于价值创新的认知性框架 [J]. 南开管理评论，2011 (2).

[161] 初冬梅，韩冰. 商业模式创新途径 [J]. 经营与管理，2011 (6).

[162] 祝小江. 从云计算产业链探讨中国云计算商业模式 [J]. 经济视角，2011 (9).

[163] 张纪元. 云计算产业链和基本特征及电信运营商的盈利模式 [J]. 广东通信技术，2011 (8).

[164] 姚伟峰，卢桐. 利益相关者博弈对企业商业模式创新的影响 [J]. 中国流通经济，2011 (1).

[165] 肖志良. 浅谈云计算模式面临的问题及应对策略 [J]. 信息与电脑，2011 (3).

[166] 李东，苏江华. 技术革命、制度变革与商业模式创新 [J]. 东南大学学报，2011 (2).

[167] 项国鹏，周鹏杰. 商业模式创新：国外文献综述及分析框架构建 [J]. 商业研究，2011 (4).

[168] 华婷，张鲲，余来文. 基于整合视角论企业商业模式的作用与发展趋势 [J]. 商业时代，2011 (31).

[169] 华婷，余来文，张鲲. 企业商业模式构成要素探讨 [J]. 商业时代，2011 (33).

[170] 迈克尔·波特. 竞争战略 [M]. 北京：华夏出版社，2012.

[171] 韩卫兵，余来文，封智勇. 中集帝国 [M]. 福建：福建人民出版社，2012.

[172] 李锋贵，余来文，蔡辉. 商业模式与其他模式的关系 [J]. 现代企业，2012 (1).

[173] 李莹，余来文. 金蝶创新商业模式 [J]. 中国高新技术企业，2012 (2).

[174] 廖欣，余来文. 上海贝岭商业模式创新 [J]. 物联网世界，2013 (5).

[175] 桑培光，温著彬，余来文. 云计算企业商业模式的构建与实施路径 [J]. 江苏科技信息，2012 (8).

[176] 钟亚玲，徐彩红，余来文. 从天威视讯转型看有线电视运营商模式 [J]. 无线互联科技，2012 (8).

[177] 周萌萌，徐彩红，余来文. 卓望数码公司云计算商业模式 [J]. 江苏科技信息，2012 (11).

[178] 刁玉柱，白景坤. 商业模式创新的机理分析：一个系统思考框架 [J]. 管理学报，2012 (1).

[179] 李长云. 新一代信息技术引致商业模式创新路径研究 [J]. 商业研究，2012 (10).

[180] 郭毅夫. 中美上市企业商业模式对比与创新走向 [J]. 当代经济管理，2012 (9).

[181] 吴艳. 浅析云计算商业模式在中小企业的应用 [J]. 科技风，2012 (6).

[182] 方志远. 我国商业模式构成要素探析 [J]. 中山大学学报，2012 (3).

[183] 吴艳. 浅析“云计算”对新型商业模式形成的推动力 [J]. 辽宁科技学院学报，2012 (2).

[184] 杨舰友，唐彦. 云计算总体架构及其应用与商业模式探讨 [J]. 数字通信，2012 (3).

[185] 王昊. 基于 GAE 云计算的 Web 应用与开发 [D]. 南京邮电大学硕士论文，2013.

[186] 陈芳. 云计算架构下云政府模式研究 [D]. 武汉大学博士论文，2012.

[187]《中国云计算产业发展白皮书》，赛迪顾问，2011.

[188] 王丁. 研发人员培养研究 [D]. 厦门大学博士论文，2009.

[189] 汪孔. 互联网环境下零售商业模式创新 [D]. 华侨大学硕士论文，2011.

[190] 薛璟. 基于价值链的展会代理商业模式研究 [D]. 东华大学硕士论文，2011.

[191] 刘力然. 电信运营商物联网商业模式 [D]. 北京邮电大学硕士论文，2011.

[192] 李殿伟. 基于价值网理论的电信企业商业模式研究 [D]. 天津大学博士论文，2007.

[193] 华婷，张鲲，余来文. 基于整合视角论企业商业模式的作用与发展趋势 [J]. 商业时代，2011 (31).

[194] 张其翔，吕廷杰. 商业模式研究理论综述 [J]. 商业时代，2006 (30).

[195] 侯妨. 中国家电连锁企业商业模式及创新研究 [D]. 山东大学硕士论文，2012 (4).

[196] 孙永波. 商业模式创新的动力机制及其路径选择 [J]. 发展研究，2011 (11).

[197] 郭锴. 价值链视角下电视传媒企业商业模式创新研究 [D]. 辽宁大学博士论文，2009.

[198] 项国鹏. 商业模式创新：国外文献综述及分析框架构建 [J]. 商业研究，2011 (4).

[199] 杨希若. 基于商业模式创新的资源整合研究 [D]. 东华大学硕士论文，2012.

[200] 钱文霞. 高管团队特征对商业模式创新的影响研究 [D]. 山东大学硕士论文，2013.

[201] 吴子竑. 我国软包装行业商业模式创新探析 [D]. 苏州大学硕士论文，2013.

[202] 康传义. A 银行员工岗位角色适应实证研究 [D]. 暨南大学硕士论文，2006.

[203] 李莹，余来文. 金蝶创新商业模式 [J]. 中国高新技术企业，2012 (2).

［204］胡永来. 卓望公司供应商选择与评价的优化研究［D］. 兰州大学硕士论文，2012.

［205］康传义. A银行员工岗位角色适应实证研究［D］. 暨南大学硕士论文，2006.

［206］王欣，温著彬，余来文. 云计算企业的盈利来源与评价标准［J］. 商业时代，2013（10）.

［207］高莉莉. 企业商业模式创新路径研究［D］. 武汉理工大学硕士论文，2010.

［208］田杰棠. 我国云计算产业发展趋势及政策建议［J］. 经济纵横，2011（8）.

［209］有关天威视讯、金蝶国际、卓望数码及上海贝岭等云计算上市公司公开发表的年报以及相关报道和公司网站资料等。